4차산업시대
성공적 창업

전 삼 현

탑북스

서문

2016년부터 불기 시작한 4차 산업혁명 열풍은 실질적으로 현장보다는 국민들의 마음 속에서 더 큰 파장을 몰고 온 듯하다. 특히, 일자리 상실에 대한 두려움들이 4차 산업혁명이라는 화두에 더 민감하게 반응했던 것이 아닌 가 생각게 한다.

그러나 분명한 것은 있다. 과거 산업혁명의 예를 보건대, 미래에도 여전히 일자리는 증가할 것이며, 이러한 일자리를 창출하는 새로운 산업들 역시 탄생하고 성장할 것이라는 점은 분명하다.

이 책은 기존의 1차, 2차 산업과 3차산업간 융합을 통한 새로운 산업이 태동할 수밖에 없는 4차 산업혁명의 시대에 창업을 통해 제2의 페이스 북과 구글, 아마존, 알리바바로 성장하고자 하는 이들에게 그 길을 알려주는데 목적을 두고 있다.

4차 산업은 기존 산업을 융합한 새로운 시장을 창조해야 하는 만큼 자신만의 독창적인 사업 아이템과 기술력을 확보한 이들에게 창업의 기회가 주어질 것으로 생각되며, 이러한 요건을 갖춘 창업자들만이 창업에 성공할 가능성이 점차 높아지고 있다.

따라서 4차 산업시대를 맞이한 현시점에서 과거와 같은 방법으로 창업하는 것은 분명 문제가 있을 수밖에 없다. 즉, 4차 산업시대에 적합한 인재들이 창업을 준비하고 이들에게 창업의 길을 알려주는 새로운 형태의 창업가이드북들이 필요하다고 본다.

이런 의미에서 이 책은 창업자들이 소유한 독창적인 아이템과 기술로 생산한 상품이 시장의 지배력을 확보할 수 있는 제도인 지식재산권을 활용하는 방안을 알려주고자 하였다. 그리고 이를 기반으로 회사를 설립하여 기업을 성장시키고자 하는 경우 그 과정에서 발생할 수 있는 시행착오를 줄일 수 있는 방법 역시 이 책을 통해 알려주고자 노력하였다.

특히, 회사설립 방법과 경영권 확보방안, 자금조달방법, 인사관리 등은 창업 후 회사를 성장시키는 과정에서 불가피하게 겪어야 할 난제들을 어떻게 극복해 가야 하는지를 알려주고자 노력하였다.

물론, 이 책은 창업 시 절대적으로 필요한 아이템 선정과 비즈니스 모델 구축과 관련한 사항들에 대하여는 전달하지 못하는 부족한 점들이 있다. 그러나 4차 산업혁명시대 때 창의적이어야 하는 아이템을 법학자의 식견만으로 전달하는 것이 오히려 더 큰 문제를 야기할 수도 있다. 또한 4차 산업에 적합한 비즈니스 모델을 저자의 제한된 시각만으로 전달하는 것 역시 더 큰 부작용을 가져 올수도 있기 때문에 이 책에서 제외하여다는 점을 고백하면서 독자들에게 심심한 양해를 구하고자 한다.

향후에는 이를 보완할 수 있는 방안을 모색하여 독자들의 요구를 충족할 수 있도록 노력할 계획임도 밝히고자 한다.

이 책이 나오기까지에는 많은 분들의 협력이 있었다. 이 책이 교재로 활용될 "4차산업혁명과 창업"이라는 무크 강좌를 기획하고 추진해주셨던 안형준 교수님과 양귀섭 팀장님, 그리고 서주환 선생님을 비롯한 최선규, 이윤정 조교, ㈜감동 임직원, 교정을 기꺼이 담당해준 바른사회시민회의의 유은실 실장님께도 감사의 말씀을 전한다.

또한 무크 강좌촬영에 동참해 주신 최자영 교수님과 최국현 박사, 허희도 전무님, 이 책의 출판을 흔쾌히 승낙해 주신 탑북스의 김광식 대표님께도 이 자리를 통해 노고에 깊은 감사의 말씀을 드린다.

마지막으로 원고를 작성하는데 옆에서 성원해준 나의 가족 한은경 박사와 전민선, 전진희에게 이 책의 공(功)을 돌리고자 한다.

2018년 1월

숭실캠퍼스에서

전삼현

차례

제1장 총 설

제2장 창업과 자금조달

제3장 기업지배구조

제4장 경영관리

제5장 지식재산권

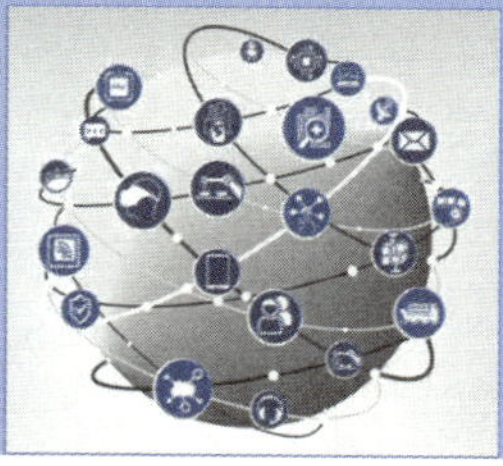

제1장 총 설

제1장 총 설

Ⅰ. 창업시대의 도래

21세기 들어 4차 산업혁명이 본격적으로 화두가 되면서, 세계 각국은 이에 대한 대비책 마련에 고심을 하고 있다. 문제는 이러한 4차 산업혁명시대를 맞이하여 대부분이 희망보다는 두려움을 갖고 있다는 점이다. 특히, 일자리의 변화와 동시에 업무영역에서도 큰 변화를 가져올 것이라는 예견이 증가하면서 실직에 대한 두려움과 업무적응상의 어려움 발생에 대한 우려들이 저변에 널리 확산되고 있다. 2016년 고용정보원이 발표한 보고서[1]에 따르면 4차 산업혁명이 가져올 향후 직업의 변화에 대한 설문조사를 한 결과 향후 기술적 요인(전산화/자동화/인공지능/생명공학 등)에 의해 현재 종사하는 직업에서 일자리가 증가할 것인가 혹은 감소할 것인가에 대한 질문에 대하여 응답자의 44.7%는 일자리가 줄어들 것이라고 응답했다고 한다.

반면에 기술적 변화에도 불구하고 일자리가 증가할 것이라고 응답한 사람은 13.2%에 불과했으며, 일자리에 변화가 없을 것이라고 응답한 사람은 42.0%로 나타났다고 한다.

이와 관련하여 영국의 옥스퍼드 대학교에서 발간한 보고서에서도 4차 산업혁명과 관련된 과학기술의 발전이 단순 업무는 물론이고 복잡한 업무까지도 자동화시킬

1) 김한준, "4차산업혁명이 직업세계에 미치는 영향－4차산업혁명에 대한 재직자 인식조사", 2016년 9월호 고용이슈 (한국고용정보원), 91면.

으로서 일자리뿐만 아니라 업무영역에서도 커다란 변화가 나타날 것이라고 전망한 바 있다. 특히 소프트웨어 및 빅데이터, 인공지능 등의 정보통신기술이 발전하면서 업무영역이 자동화되고, 자율주행기술 및 3D 프린팅 기술 등의 등장으로 일자리는 물론이고 업무방식에도 큰 변화가 올 것으로 예측한 바 있다.[2)]

그러나 과거의 산업혁명의 예를 보건대, 산업혁명과 함께 일자리가 감소한 것은 분명하지만 동시에 새로운 일자리가 창출됨으로써 총량적으로 보건대 산업혁명 후가 산업혁명 전보다 일자리가 증가하는 현상을 보여 왔다.

실제로 2016년 세계경제포럼(WEF)이 발간한 『일자리의 미래』의 보고서에 따르면 전문지식이 필요한 경영 · 금융 서비스(49만2000개), 컴퓨터 · 수학(40만5000개), 건축 · 공학(33만9000개) 등의 직군에선 오히려 일자리가 늘어날 것으로 전망한 바 있다. 즉, 4차 산업혁명 기술이 인간의 모든 직업을 대체하지는 못한다는 것이다. 미국 보스턴대 제임스 베센 교수는 "어떤 직업이 완전히 사라진다면 고용은 줄어들 수밖에 없지만, 부분적으로 자동화가 이뤄지는 직업이라면 오히려 관련 노동이 늘어날 수 있다"고 주장한 바 있다.[3)]

이러한 관점에서 본다면 막연히 4차 산업혁명에 대하여 두려움을 갖기 보다는 이와 친숙해지려는 노력이 더욱 필요하다고 본다. 즉, 옛말에 '지피지기면 백전백승'이라 했다. 4차 산업혁명이 무엇이고, 이를 위해 어떠한 대비를 하면 되는지를 알면 오히려 두려움이 희망으로 변할 수도 있다.

특히, 창업에 대한 꿈을 갖고 있는 사람들의 경우에는 4차 산업이 무엇인지를 충분히 알면 창업 시 아이템을 선정하는데 매우 유리할 것으로 생각된다.

이 책은 4차 산업혁명시대를 맞이하여 성공적인 창업을 꿈꾸는 모든 이들에게 길라잡이가 되는 것을 목표로 하고 있다.

---

2) K. Eric Drexler, MDL Intelligence Distillation : Exploring strategies for safe access to superintelligent problem-solving capabilities, Technical Report #2015-3, Future of Humanity Institute, Oxford University : pp.1-17.

3) Interview with Professor James Bessen, Boston University School of Law, YouTube (2016. 2. 12.: Maximising skills for jobs and jobs for skills: the power of partnerships, 7 and 8 December 2015).

Ⅱ. 4차 산업혁명의 의의

1. 산업혁명의 개념

산업혁명이란 "인간의 노동력을 기계가 대체하여 생산성을 제고하는 것"이라고 정의되어 왔다. 이러한 산업혁명은 현재까지 4단계로 그 시대를 구분해 오고 있는데, 1차 산업혁명은 1784년 영국에서 James Watt가 증기기관을 발명한 시점부터 시작되었다고 보고 있으며, 이 산업혁명은 기계화를 통한 노동력감소 및 생산성 제고 혁명이라고 부르기도 한다.

2차 산업혁명은 1870년 Thomas Alva Edison이 전기를 발명하면서 시작되었다고 보고 있으며, 이는 전기를 이용한 대량생산 혁명이라고도 부른다. 이러한 2차 산업혁명은 1차 산업혁명의 연장선상에서 진화한 것으로 이해되며, 대량생산은 공장에 전력이 공급되고 컨베이어 벨트 (conveyer belt)를 이용하면서 가능해졌다. 미국 포드 자동차 회사가 개발한 'T형 포드'와 같이 조립 설비와 전기를 통한 대량생산체계가 구축된 것이 대표적인 2차 산업혁명의 사례라고 할 수 있다. 1903년 포드자동차를 창립한 헨리 포드(Henry Ford)는 일반대중도 살 수 있는 저렴하고 실용적인 차를 만들기 원했으며, 1908년 '모델T'를 내놓으면서 그 꿈이 실현됐다고 한다. 이 차는 부품 표준화에 의해 호환성 있는 부품으로 조립된 최초의 대량생산형 자동차였으며, 모델T의 초기 판매가격은 8백50 달러였는데, 이전까지의 차 가격이 2천 달러 정도였다는 것을 고려하면 획기적인 판매가격이었다고 한다. 그리고 1927년에는 판매가격을 3백10 달러까지 낮췄다고 한다.[4)]

그리고 3차 산업혁명은 2000년대 초 세계적인 미래학자 제레미 리프킨(Jeremy Rifkin)이 저서 『3차 산업혁명』을 통해 처음 소개됐는데, 그 개념으로서 인터넷과

4) 김상권, 한국경제신문, 2003.8.19. 기사.

재생에너지 등이 신성장 동력으로서 작용하는 것을 말한다고 하였다. 그러나 그 후 많은 학자들이 그 개념을 확대하여 연구하면서 3차 산업혁명은 1969년 인터넷의 탄생과 함께 시작되었다고 보고 있으며, 이를 컴퓨터 정보화 및 자동화 생산시스템이 주도한 정보혁명이라고도 부르고 있다.

이처럼 과거의 산업혁명은 기계가 인력을 대체하는 효과를 가져왔으며, 초기에는 일자리 감소에 대한 우려가 많았지만 점차적으로 새로운 일자리가 지속적으로 창출하는 효과를 보았다.

현재 진행되고 있는 4차 산업혁명 역시 일자리 감소보다는 새로운 일자리 창출의 시대로 인식하고 이에 대응하는 것이 바람직하다.

2. 4차 산업혁명의 개념

4차 산업혁명은 2016년 1월 스위스 다보스에서 열린 '세계경제포럼'[5]에서 처음 언급된 것으로 알려지고 있다. 이 세계경제포럼에서는 '제4차 산업혁명'을 "3차 산업혁명을 기반으로 한 디지털과 바이오산업, 물리학 등의 경계를 융합하는 기술혁명"이라고 정의한 바 있다. 즉, 4차 산업혁명은 3차 산업혁명의 연장선상에 있는 것으로 이해하고 있는 것이다.

일반적으로는 4차 산업혁명을 "인공지능, 로봇기술, 생명과학이 주도하는 차세대 산업혁명"으로 개념정의를 하고 있다. 이러한 정의에 따르면 로봇이나 인공지능(AI)을 통해 실재와 가상이 통합돼 사물을 자동적, 지능적으로 제어할 수 있는 가상 물리 시스템의 구축이 기대되는 산업상의 변화를 4차 산업혁명이라고 할 수 있는 것이다. 이는 온라인과 오프라인의 결합, 즉 융합을 통한 신산업이 산업의 변화를 주도한다는 것을 의미하기도 한다.

5) 세계경제포럼은 전 세계 기업인, 정치인, 경제학자 등 전문가 2천여 명이 모여 세계가 당면한 과제의 해법을 논의하는 자리로 매년 개최된다. 이 세계경제포럼에서 '과학기술' 분야가 주요 의제로 선택된 것은 2016년 포럼이 창립 이래 최초였던 것으로 알려지고 있다.

이와 관련하여 전문가들은 4차 산업혁명으로 촉발된 기술은 과거의 혁명과는 비교되지 않을 정도로 급속히 발전함은 물론이고 그 범위 역시 광범위 할 것으로 보고 있다.

그리고 그 이유로 4차 산업 혁명의 본질 자체가 '융합과 연결'을 통하여 새로운 가치를 기하급수적으로 창출하는 것이기 때문이라고 한다. 이는 '파괴적 기술'에 의해 각국의 산업들이 대대적으로 재편해야 하는 상황에 직면하고 있다는 것을 의미한다. 따라서 각국은 각종의 법제도를 개선하여 기업들이 경영악화로 인한 구조조정방식의 사업재편보다는 경영정상화 상태에서도 선제적으로 사전 예방적 사업재편을 할 수 있도록 제도를 개선하는데 박차를 가하고 있다.

우리나라도 2016년 「기업 활력 제고를 위한 특별법(약칭: 기업활력법)」을 제정하여 시행하고 있다. 이 법은 공급과잉 업종 기업이 신속하게 사업 재편을 할 수 있도록 인수합병(M&A) 등과 관련된 상법 · 세법 · 공정거래법 등의 규제를 특별법으로 한 번에 완화시켜주는 법률로 알려져 있다. 그러나 이 법률은 정부가 사업재편의 타당성 여부를 판단하여 승인한다는 점에서 4차 산업혁명시대에 효율성을 극대화하기에는 한계가 있을 것으로 예상된다. 특히, 인공지능, 자율주행자동차, 유전공학 등과 같이 종래의 시스템으로는 감당할 수 없을 정도의 기술혁신이 현실화되는 경우 사전적 사업재편을 하지 않은 기업들은 생존 자체를 위협받을 수 있다는 점에서 기업들 스스로의 사업재편 노력도 필요하지만 정부의 추가적인 법제도의 개선 역시 시급하다고 할 수 있다.

이러한 점에서 볼 때 창업 역시 새로운 시스템 하에서 새롭게 형성될 시장을 예상하여 아이템을 선정하는 것이 필요하다.

3. 4차 산업혁명시대의 창업

전문가들의 평가에 따르면 4차 산업 혁명시대에는 대기업과 1인 기업이 상생하는 창업시대가 도래할 것이라고 전망하고 있다. 이는 대기업들이 기술력이 있는 소규모 또는 1인 기업에 지분투자하거나 인수합병(M&A)하여 함께 성장한다는 것을 의미한다.

'CB 인사이트(CB Insights)'[6]에 따르면, 4차 산업혁명을 이끄는 선도적 분야인 인공지능산업분야에 대한 투자건 수와 투자액이 급속히 증가하고 있다고 한다. 즉, 2012년 2분기부터 2017년 2분기까지 인공지능분야에 대한 투자가 총 2,424건 성사되었으며, 투자 금액은 약 176억 달러(약 18조원)에 달하였다고 한다. 그리고 가장 투자가 활발히 이뤄진 업종으로는 핀테크(fintech)와 보험, 헬스케어(health care), 소셜커머스(social commerce), 판매와 고객관리, 사이버 보안 영역이었다고 한다.

이와 맥을 같이 하여 구글, 애플, 페이스북, IBM, MS 등과 같은 대형 IT 기업뿐만 아니라 포드, GE 같은 제조기업들도 IT관련 벤처기업들을 인수합병하여 4차 산업혁명 대열에 동참하고자 총력을 기울이고 있다.

물론, 대기업과 벤처기업이 상생하려면 대기업이 정당한 가격에 스타트업 기업을 인수하거나 지분투자 또는 M&A하는 것이 전제되어야 한다.

결론적으로, 4차 산업혁명시대에는 고도의 기술력 있는 인재들이 창업을 하는 경우 성공할 가능성이 높아지고 있는 것은 사실이다.

4. 성공적 창업 사례

4차 산업혁명이 화두가 되면서 그 성공사례들 역시 세간에 관심을 끌고 있다. 일반적으로 4차 산업혁명에 성공한 기업들의 예로 유니콘(unicorn) 기업을 들고 있다. 즉, 유니콘 기업이 4차 산업혁명의 아이콘으로 등장한 것이다.

2017.3.20. 한국무역협회가 발간한 '유니콘으로 바라본 스타트업 동향과 시사점'에 관한 보고서에서는 창업 후 10년이 안되었지만 기업 가치가 10억 달러(한화로 약

---

6) CB Insights Research Brief June 29, 2017. 'CB 인사이트'는 미국의 벤처캐피털 데이터베이스 기업이다.

11조 5천억 원) 이상인 비상장 스타트업 기업을 유니콘기업이라고 정의하고 있다.

그리고 이에 해당하는 기업으로 미국의 우버(Uber)[7], 에어비앤비(Airbnb)[8], 핀터레스트 (Pinterest)[9], 깃허브(GitHub)[10], 에버노트(Evernote)[11], 중국의 샤오미(Xiaomi, 小米)[12], 디디추싱(Didi Chuxing, 滴滴出行)[13], 한국의 쿠팡(Coupang)[14] 등을 들 수 있다.

---

7) 우버(Uber)는 승객과 운전기사를 스마트폰 버튼 하나로 연결하는 기술 플랫폼을 말한다. 즉, 택시를 소유하지 않으면서 택시 서비스를 하는 사업을 말한다. 우버는 모바일앱을 통해 승객과 운전기사를 연결해주는 허브 역할만 수행하면서도 모든 결제를 우버 앱을 통해서만 진행되도록 함으로서 수수료를 확보하는 것을 수익모델로 하고 있다. 2009년 창업한 우버는 2017년 2월 현재 680억 달러(약 77조원)를 넘는 대표적 유니콘 기업이다.

8) 에어비앤비(Airbnb)는 2008년 8월에 창업한 숙박 공유 플랫폼 스타트업이다. 본사는 캘리포니아주 샌프란시스코에 있으며, 2016년 기준으로 기업가치가 300억 달러 이상인 것으로 평가받는 대표적인 유니콘 기업이다.

9) 핀터레스트(Pinterest)는 온라인에서 자신이 관심 있는 이미지를 핀으로 캐취하여 포스팅하고, 이를 페이스북이나 트위터 등 다른 소셜네트워크(SNS) 사이트와 연계해 지인들과 공유하는 이미지 기반 소셜네트워크 서비스다. 2010년 3월 창업하였는데 2017년 6월 현재 기업가치가 123억 달러(약 13조 5천억원)로 평가받고 있다.

10) 깃허브는 '깃'(Git)을 보다 편하게 이용할 수 있게 만든 전문 호스팅 서비스업체이다. 깃은 2005년에 개발된 분산형 버전관리 시스템(DVCS)을 말하며, 이러한 깃을 이용하면 특정 코드를 수정한 자를 기록하고 추적할 수 있다. 깃허브는 2008년 창업한 깃허브의 기업가치는 2017년 2월 현재 20억달러 (약 2조 3천억원)으로 평가받고 있다.

11) 에버노트(Evernote)는 메모용 크로스 플랫폼(cross-platform) 어플리케이션을 만든 회사이다. 에버노트는 PC, 태블릿, 스마트폰용 소프트웨어와 서비스를 지원하고 있으며, 안드로이드, 안드로이드 웨어(wear), 블랙베리, iOS, Mac OS X, 크롬 OS, 마이크로소프트 윈도우즈, 윈도우즈 모바일, 윈도우즈 폰과 같은 다양한 OS를 지원한다. 2008년 창업한 에버노트의 기업가치는 2013년에 이미 10억 달러 이상인 것으로 추정된 바 있다.

12) 샤오미(小米)는 2010년 창업하여, 2011년 안드로이드 기반의 스마트폰 미원(MI 1)을 발표하였다. 2014년 샤오미의 기업가치는 우버보다 높은 450억 달러(약 51조 7000억 원)로 평가받은 바 있다.

13) 디디추싱(滴滴出行, Didi Chuxing)은 모바일 앱을 통해 가장 가까운 곳에 있는 택시 및 개인 자가용 차량을 배차해 주는 중국의 차량 공유 서비스 또는 그 회사이다. 중국판 우버(Uber)라고 부르며 2015년 2월 탄생했으며, 2016년 5월에는 미국 애플이 10억 달러(=1조원)를 투자한 바 있는데, 당시 기업 가치는 350억 달러(한화 약 39조 원)에 달하는 것으로 평가받은 바 있다.

14) 쿠팡(Coupang)은 전자상거래(E-Commerce) 웹사이트로서 2010년 8월 10일 서비스를 개시하여 22개월 만에 월간 흑자로 전환하였으며, 3년 만에 연간 거래액 1조원을 기록하였는데, 2015년에는 기업가치가 5조원으로 평가받은 바 있다.

이러한 유니콘 기업수는 전세계적으로 2016년 기준 총 147곳이며, 이들 평균기업가치는 40억 7000만달러(한화로 약 4조 6011억 원)에 달하는 것으로 평가된 바 있다.

2016년 말 기준으로 이러한 유니콘 기업에 속하는 한국기업으로는 쿠팡(25위), 옐로모바일(31위), CJ게임즈(69위) 등 3개 기업이 있었다. 반면에 미국은 99개 기업, 중국은 42개 기업이 이에 속하며 전체 유니콘 기업 중 75.8%를 미국과 중국이 차지하고 있다. 그리고 이러한 유니콘 기업 중 기존 산업에 IT 접목한 융합기업이 110개 기업으로 전체의 59%를 차지하는 것으로 보고서는 분석한 바 있다.

그러나 1년이 지난 현재는 전혀 다른 결과가 나왔는데, 중국이 미국보다 유니콘 기업의 성장속도가 매우 빠른 것으로 나타나고 있어 우리에게 시사하는 바가 매우 크다. 2017년 11월 22일, 스타트업 정보 업체 CB인사이트 발표에 따르면 중국의 세계적인 인공 지능 회사인 바이트댄스(ByteDance Ltd)와 2014년 상하이에서 탄생한 자동차 스타트업 니오(Nio) 등 중국 스타트업 21곳이 올해 새로 유니콘 기업에 편입되었으며, 이 기업들의 전체 가치가 467억달러(약 50조9200억원)에 달한다고 발표한 바 있다. 미국은 2017년 11월 현재 23개의 유니콘 기업이 탄생했지만 총기업 가치는 322억 달러(약 34조9000억원)에 불과했다는 점을 감안하여 볼 때 중국의 성장세는 모든 국가들을 위협하고 있는 것은 사실이다. 이러한 현상은 2012년만 하더라도 중국 유니콘 기업이 2개에 불과하였음을 감안해보면 놀라운 성장세라고 할 수 있다.

이와 관련하여 2017년 9월 보스턴컨설팅그룹(BCG: boston consulting group)이 발표한 자료에 따르면 현재 전 세계 유니콘 기업 221개 중 64곳이 중국 기업이고 이 기업들의 가치는 전체 유니콘 기업 가치의 41%에 달한다고 한다,

이처럼 중국의 스타트업 열풍은 인공지능(AI) · 드론(무인기) · 교통 · 인터넷 보안 · 헬스케어 · 교육 · 미디어 등 거의 모든 분야에서 전방위적으로 확산되고 있는 실정이다. 심지어는 이제 미국이 중국의 제품을 카피하고 있다는 지적들도 나오고 있다. 예를 들어 자전거 공유 업체인 모바이크(Mobike)는 2016년 4월 자전거 공유 서비스와 모바일 앱을 연계한 사업 모델을 제시하고 현재는 중국 · 영국 · 일본 · 미국

등의 180여 도시에 진출하고 있다. 그리고 2017년 1월에는 미국 실리콘밸리에서 모바이크를 그대로 카피한 스타트업 라임바이크(LimeBike)가 등장하기도 하였다.

애플은 2017년 6월 초 자사의 모바일 메신저에 결제와 송금 기능을 추가하였으며, 이는 2013년 중국 최대 규모의 IT기업으로 포털 사이트, 메신저, 게임 등을 서비스하는 인터넷 기업 텐센트(腾讯, Tencent)가 처음 선보인 '위챗페이(微信, WeChat Pay)'를 카피한 것으로 평가받고 있다.

이처럼 4차 산업혁명의 지표로 평가받는 중국의 유니콘 기업들이 급진적으로 성장하여 미국을 위협하고 있는 상황이라고 할 수 있다.

이와 관련하여 한국무역협회는 대한민국에서 더 많은 유니콘 기업이 탄생하기 위하여는 ① 벤처투자 활성화 ② 대기업과 벤처기업간 협력 강화 ③ 인허가 등 정부 규제 완화 등을 통하여 국내 벤처기업들이 지속적으로 성장할 수 있도록 제도적 환경을 만들어야 한다고 제언한 바 있다. 그리고 중장기적으로는 정부와 대기업이 벤처기업과 스타트업 기업을 육성하는데 필요한 법제도적 환경을 만들어야 한다고 제언한 바 있다.

Ⅲ. 4차 산업혁명시대, 창업의 성공조건

1. 규제시스템

4차 산업혁명은 오프라인과 온라인의 융합을 통한 새로운 시장과 창출을 의미하므로 창의성을 최대한 존중하지 않으면 해당 국가에서 4차 산업혁명이 성공할 수 없다.

IT플랫폼 사업자는 물론이고 유니콘 기업들 중 대부분이 미국에서 탄생한 이유는 미국이 창의성을 존중하는 법제도를 갖추었기 때문이라고 생각된다.

대표적으로 미국은 기업경영과 관련하여 최소한의 규제만을 가하는 일명 '네거티브 법제도(negative legal system)'를 갖고 있다.

반면에 대륙법계에 속한 대부분의 국가들은 '포지티브 법제도(positive legal system)'를 택하고 있어 경영활동에 대한 정부의 규제가 강한 편이다.

따라서 특정 국가의 4차 산업혁명의 성공여부는 정부의 규제시스템에 달려있다고 해도 무방하다. 네거티브 법제도란 문제가 되는 특정 행위만을 법으로 규제하고, 그 외의 모든 행위를 제도적으로 허용하는 것을 말한다. 반면에 포지티브 법제도란 특정 행위만을 법으로 허용하고 그 외의 모든 행위는 법으로 규제하는 것을 말한다.

결론적으로 네거티브 법제도를 택한 국가에서는 4차 산업혁명의 본질인 온라인과 오프라인의 통합을 통한 융합적 기업과 상품의 탄생이 자유로운 만큼 4차 산업의 육성과 발전이 가능한 반면, 포지티브 법제도를 택한 국가에서는 4차 산업에 속한 기업과 상품의 탄생을 위해 법률을 개정해야 하는 어려움이 있다. 최근에는 이러한 문제를 해결하기 위해서는 4차 산업 군을 법률로 정의하고, 이에 대하여는 각종 규제의 적용을 배제하는 일명 '규제 프리존 법'을 제정하는 방안들이 제시되고 있다.

2. 창업성공을 위한 경영전략

창업자는 경영자이므로 스스로 경영을 할 수 있는 능력을 보유하여 창업에 도전해야 성공할 수 있다. 즉, 사업에 대한 '기획 - 실행 - 점검 - 분석'을 스스로 할 수 있어야 창업에 성공할 수 있다.

이를 효과적으로 실천하기 위해서는 제일 먼저 경영전략을 수립하여야 한다. 그리고 이러한 경영전략수립 절차를 보면 ① 사업구조파악, ② 외부환경분석, ③ 내부역량분석, ④ 비전과 전략적 과제도출, ⑤ 사업별/기능별 전략수립, ⑥ 실행 및 피드백 순으로 경영전략을 수립하여야 한다.

사업구조파악이란 창업을 하기에 앞서 경영목표 및 경영전략을 수립하기 위한 추진조직의 구성 및 상세추진계획을 수립하는 단계라고 할 수 있다.

외부환경분석이란 창업후 사업을 하는데 필요한 경영전략 및 평가체계를 수립하기 위해 외부환경 변화를 파악하고 분석하여 이에 대한 기회 및 위협요인을 도출하는 단계를 말한다.

내부역량분석이란 기존의 경영이념 및 사업영역을 바탕으로 경쟁자와 기능별 역량을 비교하는 과정으로서 자신의 재무능력과 이해관계자에 대한 평가와 분석을 통해 강점 및 약점요인을 도출하는 단계를 말한다. 특히, 경쟁사업자와의 차별성이 무엇인지를 평가하고 분석하는 것은 매우 중요하다.

비전과 전략적 과제도출이란 전략수립 주체의 실천 및 구체화 작업으로 SWOT 분석을 통해 전략적 과제를 도출하고 사업별 및 시기별 전략적 방향을 설정하는 단계라고 할 수 있다. SWOT분석이란 기업의 내부 환경과 외부 환경을 분석하여 강점(strength), 약점(weakness), 기회(opportunity), 위협(threat) 요인을 규정하고 이를 토대로 경영 전략을 수립하는 기법이다. SWOT 분석의 가장 큰 장점은 기업의 내・외부 환경 변화를 동시에 파악할 수 있다는 것으로서 기업의 내부 환경을 분석하여 강점과 약점을 찾아내며, 외부 환경 분석을 통해서는 기회와 위협을 찾아내는 것이다. 이러한 SWOT 분석은 외부로부터 온 기회는 최대한 살리고 위협은 회피하는 방향으로 자신의 강점은 최대한 활용하고 약점은 보완한다는 논리에 기초를 두고 있다.

사업별 및 기능별 전략수립이란 경영목표를 설정하고 사업별로 경영자원과 경영전략의지를 마케팅전략, 개발전략, 물류전략, 재무전략 등의 하부구조에 대한 재분배 및 세부계획을 수립하는 단계이다.

마지막으로 실행 및 피드백이란 수립된 비전과 전략적 의지를 구체적으로 실천함으로써 전략적 타당성을 증명하고 핵심전략 요소와 기능별 전략의 일체화를 전개하는 단계를 말한다.

이러한 경영전략수립절차를 세우는 것이 창업자입장에서는 부담스러울 수 있다. 그러나 이러한 경영전략을 수립하지 못하면 주먹구구식의 사업을 할 수밖에 없으며, 이는 실패의 주된 원인이 되어왔다는 점에서 경영전략수립을 회피해서는 아니 된다.

3. 정부의 정책적 성공전략

2016년 12월 기획재정부가 '2017년 경제정책방향'을 발표하면서 4차 산업혁명 시대를 맞이하여 기술 · 산업뿐 아니라 경제 · 사회 전반에 걸쳐 4차 산업혁명을 주도하고 조정할 콘트롤타워를 신설하겠다고 발표한 바 있다. 그리고 이를 위해 국가중점개방데이터[15]를 현재 36개에 추가로 38개를 선정하기로 하고, 연구개발(R&D) 예산도 39.2% 확대하기로 한 바 있다. 2017년 5월 출범한 문재인 정부 역시 2017년 6월 '4차 산업혁명위원회'를 대통령 직속으로 설치하여 업무를 시행하고 있다.

그리고 그 모델은 독일의 인더스트리 4.0인 것으로 알려지고 있다. 독일은 Industry 4.0(산업4.0)을 위한 계획을 수립하고 2011년 2억 2천유로(약 2,800억 원)를 IoT, Cloud, Big data, Mobile, Security 분야에 예산을 집중 투자하기로 한 바 있다. 민간차원에서도 지멘스(Siemens), 폭스바겐(Volkswagen), 보쉬(Bosch), 도이취텔레콤(Deutsche Telekom) 등 대기업들이 대학, 연구기관들과 공동으로 연구개발에 박차를 가하고 있다. 대표적인 예로 지멘스의 경우에는 'Vision 2020'을 작성하고 디지털화, 자동화, 전장화(Electrification) 등에 대한 비전을 제시한 바 있다. 또한 제조업의 핵심솔루션인 전사적자원관리시스템(ERP: Enterprise Resource Planning)을 통괄하는 새로운 프로세스 디자인을 제시하고 자동차, 가전, 공장설비, 주택 등 다양한 사물을 인터넷에 연결하는 사업을 추진하고 있다. 그리고 센서로 취득한 빅 데이터를

15) 국가 중점개방데이터란 국가가 국민들에게 제공하는 데이터를 말한다. 한국정보화진흥원은 2014년부터 사회 · 경제적으로 개방효과가 큰 36대 분야 국가 중점개방 데이터를 선정하여 정보수요자에 유용한 데이터를 제공하고 있다.

분석하여 최적 제어시스템으로 화상, 위치, 가동상황 등을 표시하는 작업을 진행하고 있다. 그럼에도 불구하고 발생하는 취약분야를 보완하기 위해 클라우드 분야에서 SAP[16]와 제휴하여 협업하고 있는 것으로 알려지고 있다. 이와 관련하여 독일산업연맹이 조사한 바에 따르면 독일 기업들은 향후 연간 매출액의 3.3%인 40억 유로를 매년 인더스트리 4.0에 투입하고 있는 것으로 발표된 바 있다.

한국 정부도 독일처럼 정부차원에서 4차 산업 분야에 중점적으로 재정적 지원을 함과 동시에 민간기업들도 산학협력을 통하여 IT산업과 제조업 및 서비스업간에 융합을 통한 신산업을 창출할 수 있도록 조정자 역할을 하는 것은 매우 중요하다고 생각한다.

그 밖에도 4차 산업의 탄생과 발전에 걸림돌이 될 수 있는 각종 규제들을 완화시키는 입법정책적 노력도 동시에 병행되는 것이 필요하다.

〈표 1-1〉 주요국 4차 산업 준비도 순위

	미국	일본	독일	중국	한국
법률시스템	23	18	19	64	62
노동시장	4	21	28	37	83
교육시스템	6	21	17	68	23
전체	5	12	13	28	25

자료: UBS, 2016.1. 표편집: 아이뉴스24.

16) 독일의 IT기업이다. 1972년 독일의 바인하임에서 5명의 전직 IBM 엔지니어가 설립하였다. 에스에이피(SAP)라는 이름은 시스템 분석과 프로그램 개발을 뜻하는 "Systems, Applications, and Products in data processing"의 약자이다.

4. 법제도적 환경 개선전략

전통적으로 우리나라 정부는 온라인사업과 오프라인사업에 대하여 각기 달리 규제하는 법제도를 제정하고 운영해 오고 있다. 예를 들어 온라인사업에는 전기통신사업법, 개인정보보호법, 정보통신망 이용촉진 및 정보보호 등에 관한 법률, 콘텐츠산업진흥법 등이 규제하고 있으며, 오프라인 사업에 대하여는 공정거래법, 환경관련법, 상법, 자본시장법, 금융회사지배구조법 등이 규제를 가하고 있다.

그러나 4차 산업이란 융합산업을 의미하는 것이라는 점을 감안해 보면 현재와 같은 규제제도로는 4차 산업혁명에 성공적으로 대응하기에는 한계가 있다고 할 수 있다. 즉, 온라인사업에 대한 규제와 오프라인사업에 대한 규제를 2원적으로 동시에 완화해주지 않는 한 융합형 신산업이 탄생하고 발전하기란 쉽지 않다. 우리나라는 이미 최근 문제가 된 인터넷전문은행이나 드론, 우버택시 등의 사업이 규제 때문에 전혀 진전이 없다는 지적들이 많은 것이 사실이다.

이와 관련하여 4차 산업에 주도적 위치를 확보하고 있는 미국의 법제도를 참고하여 한국형 규제시스템을 새로이 창안하는 법제도적 노력이 필요하다고 본다. 미국은 전통적으로 기술정책 과 관련하여서는 입법부가 사실상 불간섭주의를 견지해 왔으며, 이것이 네거티브 시스템(negative system)을 유지하는 원천이라고 할 수 있다. 즉, "기술이 야기한 문제, 기술이 스스로 풀어야 한다"는 원칙 때문에 첨단기술분야에는 정치적 영향력행사를 억제하는 전통을 유지하여 왔다. 즉, 정부가 나서서 기술분야에 지원을 하거나 규제하는 정책을 자제해 왔던 것이다.

그러나 4차 산업혁명시대를 맞이하여 미국도 이러한 전통적인 정책에 대한 변화를 추구하고 있는 것으로 나타나고 있다. 다만, 미국정부지원 위주로 정책이 변화하지만, 이에 상응하는 규제를 도입 내지 강화를 수반하지 않고 있다. 즉, 미국정부는 2012년부터 2016년까지 4차 산업을 육성하기 위한 연방차원의 다양한 지원과 투자 프로그램을 가동한 바 있다. 구체적으로는 차세대 데이터 과학자를 양성하기 위해 6개의 연방 정부기관이 참여하여 2억 달러 이상의 정책 자금을 투자한 바 있다. 미국 국립과학재단(National Science Foundation)도 약 5백만 달러를 투자하여 중서부, 동북부, 남부와 서부 각 지역에 하나씩 전국 4개의 BD 허브를 설립하였다. 미국국립보건원(National Institutes of Health)도 생물의학 분야의 디지털화를 위한 연구개발의 촉진 및 지원을 위해 Big Data to Knowledge(BD2K) Initiative를 출범하여 사업을 수행 중에 있다. 미 국방부(DoD) 역시 Defense Advanced Research Projects Agency(DARPA)를 통해 빅데이터 연구개발에 집중투자하고 있으며, 기술개발, 활용, 인프라, 인력양성, 법/제도, 생태계 조성, 보안/윤리 빅데이터 등과 관련한 모든 영역을 총괄하는 개발 정책을 계획하고 실행하고 있다.

이러한 점들을 고려하여 볼 때에 4차 산업혁명시대를 맞이하여 우리나라가 선도적 역할을 담당하기 위해서는 2가지 방향의 정책적 개선노력이 필요하다고 본다. 하나는 미국처럼 현재의 포지티브식 규제시스템을 네거티브식 규제시스템으로 전환할 필요 있다. 그 첫 걸음은 정부의 인허가 및 승인제도를 대대적으로 등록제나 신고제로 전환하는 것이라고 할 수 있다.

그리고 또 다른 하나는 4차 산업혁명 분야에 속한 각종 주체들에 대한 지원제도를 운영하는 것도 필요하다고 본다. 다만, 과거의 사례를 보면 정부지원제도가 탄생하면 동시에 정부규제제도도 동시에 탄생하는 문제점이 나타난바 있다. 앞으로의 과제는 정부의 규제를 최소화하면서도 성공적으로 재정적 지원효과를 극대화하는 방안 모색이 필요하다.

이와 관련하여 중소기업연구원이 2017년 9월 발표한 보고서[17)]에서 우리나라의 제도적 개선방안을 제시하였는데, 그 모델로 일본과 미국의 입법정책을 제시하였다. 이에 따르면 일본은 「산업경쟁력강화법」을 시행하여 신사업 창출・신기술 회사를 위한 특례・지원 등의 혜택을 주는 그레이존해소제도와 기업실증특례제도를 추

17) 최수정・권선윤・장윤섭, “4차산업혁명시대 대비를 위한 중소기업 규제혁신방향”, 중소기업포커스 제17-15호(2017.9.25.), 중소기업연구원.

진하였다고 한다. 여기서 말하는 '그레이존(gray zone) 해소제도'란 기업이 하려는 새로운 사업이 법령에 근거한 규제의 대상이 되는지 명확하지 않는 경우, 경제산업성, 후생노동성 등 사업과 관련 있는 부처들이 규제 적용여부에 대해 해석하여 알려주는 제도를 말한다.

그리고 '기업실증 특례제도'란 신사업 창출·신기술의 활용 등을 목적으로 기술력이 있는 기업이 규제 완화를 제안하면, 규제소관부처가 협의하여 안전성의 확보를 조건으로 기업 단위로 규제의 특례조치 적용을 인정해 주는 제도를 말한다.

중소기업연구원은 결론적으로 신산업을 추진하는 벤처·창업기업들에 대한 규제의 불확실성을 제거하고 규제의 이행력을 제고하기 위해서는 ① 신사업을 추진하려는 벤처·창업기업들이 사업활동을 시작하기 전 규제의 적용여부 및 범위를 정확히 확인하는 규제확인제도 도입 필요, ② 일정기간 신산업을 추진하려는 기업에게 규제특례를 적용하고 안정성 확보 시 소관부처가 해당규제 완화를 추진하는 기업특례제도 도입 필요, ③ 신사업의 제한적 실험을 위한 임시허가제도로서, 벤처기업이 새로운 기술·제품·서비스 등을 개발·제공하는 사업 등을 제한된 범위에서 실험할 수 있도록 모든 규제를 일시 정지하는 규제 샌드박스 제도의 도입 및 확대 필요, ④ 신산업을 위한 제도 도입도 중요하지만 기업에게 접근성을 높이기 위하여 규제이행체계에 대한 고려 필요, ⑤ 규제부담의 형평성 확보를 위하여 신설·강화 규제의 기업규모별차등적용 제도의 법제화가 필요하다는 제안을 한 바 있다.

여기서 말하는 규제 샌드박스란 신산업, 신기술 분야에서 새로운 제품, 서비스를 내놓을 때 일정 기간 동안 기존의 규제를 면제 또는 유예시켜주는 제도를 의미한다.

Ⅳ. 일자리의 구조적 변화

1. 효율적 고용

산업혁명이란 기계가 사람의 노동력을 대체하도록 함으로써 인간을 노동의 굴레로부터 벗어나게 하는 것뿐만 아니라 생산성도 제고하는 것을 의미한다. 동시에 산업혁명에 성공하는 순간 기존의 일자리가 감소하는 현상은 불가피하다. 4차 산업혁명 역시 인간의 노동력을 감소시킴과 동시에 기존의 일자리를 감소시키고 새 일자리를 창출시키는 환경을 초래하게 된다.

새로운 일자리의 창출이란 기존의 일자리의 구조적 변화를 의미하기도 한다. 이런 관점에서 본다면 새로이 창출되게 될 노동시장의 구조적 변화에 대하여 예상하고, 이에 대한 대비책을 마련하는 것이 필요하다.

지금 이 시점에서 창업을 준비하는 예비창업자들 역시 새로이 형성될 일자리의 구조적 변화를 인식하고 있어야 적절한 인사관리는 물론이고, 효율적인 고용전략을 수립할 수 있을 것으로 본다.

일자리란 일반적으로 시장이 형성되는 곳에서 탄생되는 점을 고려하여 볼 때에, 창업 역시 4차 산업시대에 일자리가 창출될 수 있는 분야에서 아이템을 찾아야 성공할 수 있다.

2. 4차 산업혁명과 일자리

2016년 1월 스위스 다보스포럼이 발표한 '직업의 미래'라는 보고서에 따르면 인공지능, 사물인터넷, 빅데이터, 무인자동차 등의 발달로 2020년까지 약 710만개의 일자리가 소멸하고 200만개의 신규 일자리가 창출될 것으로 예상되고 있다.

이와 맥을 같이하여 한국고용정보원도 미래 10년 내 국내 전체 일자리 중 70.6%가 로봇으로 대체될 것이라고 전망한 바 있다.[18] 결국, 4차 산업혁명에 동참하는 경우 일자리에 대한 구조적 변화가 불가피한 것은 분명하다.

우선, 4차 산업시대에는 3D 프린팅 등 스마트 기술의 발달로 인하여 소비자들이 스스로 물건을 만들어 활용하는 소비문화가 형성될 것으로 전망된다. 경우에 따라서는 소비자들이 자신이 소비하는 물건에 대해 제작 과정에서부터 참여하여 본인의 의사대로 상품이 제작될 수 있도록 하는 소비문화도 형성될 것으로 예상된다.

이는 소비자의 입장에서 느꼈던 생각과 아이디어를 바탕으로 직접 상품을 제작해야 소비자의 욕구를 충족시킬 수 있다는 것을 의미한다.

이는 근본적으로 단순 공정의 일자리가 대폭 감소한다는 의미하며, 동시에 인간의 창조력을 필요로 하는 기술과 전문 분야에서 개인의 자기표현 욕구를 담아낼 수 있는 일자리들은 급격히 증가할 것이라는 것을 의미한다.

이는 미래의 일자리는 개인화가 심화될 것으로 예상되며, 이는 곧 다양화를 의미한다. 그리고 이러한 개인화는 1인 기업시대를 촉진시킬 것으로 예상된다.

이러한 시대적 요구에 따라 기업들도 인력 구조를 불가피하게 개편하여야 하며, 개편 시에는 일자리의 개인화와 다양화, 1인 기업시대 도래, 근로환경변화, 유연근무제 확산, 노동시장의 유연화 등을 고려하여야 한다.

그리고 창업과 관련하여서는 창업 초기에 1인 기업으로 start up하는 것이 바람직하다는 것을 의미하기도 한다.

3. 1인 기업시대

4차 산업시대에는 소비자들의 소비문화가 크게 변화될 것으로 예상되기 때문에

18) 김한준, 4차 산업혁명이 직업세계에 미치는 영향 – 4차 산업혁명에 대한 재직자 인식 조사, 2016년 9월호 고용이슈(한국고용정보원), 90면 이하.

기업들의 생산방법도 크게 변할 것으로 예상된다. 이와 관련하여 4차 산업이 활성화되면 이러한 변화에 부응하기 위해서는 1인 기업이 가장 효율적이라는 전망들이 나오고 있다. 즉, '자가 고용(self-employment)'시대가 도래할 것으로 예상된다.

그 대표적인 사례로 "메이커(maker)"를 들 수 있다. 메이커란 예술, 공예, 엔지니어링, 과학 실험, 소규모 DIY[19] 제작 등 필요한 것을 스스로 만들어 사용하며 그 경험을 상호 공유하는데 적극적인 사람들을 지칭한다.

이러한 메이커를 중심으로 한 1인 기업은 생계를 위한 것이 아니라 자신이 진심으로 원하는 것을 얻기 위한 도전의 한 수단으로 활용되고 있다. 이 메이커들은 기계나 컴퓨터가 할 수 없는, 새로우면서도 창조적인 일들을 찾아 수행함으로서 새로운 일거리를 창출하는데 일조하고 있다.

이러한 점을 인정하여 미국 정부는 정기적으로 정부가 지원하는 메이커 페어(maker faire) 행사를 개최하고 있다.

이러한 자가 고용형태의 메이커들은 미디어를 활용한 1인 인터넷 기업을 경영하는 경우가 많으며, 그 수단으로 유튜브, SNS, 블로그 등을 활용함으로써 개인 미디어의 사회문화적 영향력을 확대해 나가고 있으며 사회적으로도 큰 각광을 받고 있다.

그리고 1인 인터넷 기업에서는 인터넷 공간을 활용하여 창업자 개인의 지식 및 아이디어를 상품화하고 이를 인터넷을 통해 판매하거나 서비스를 제공하는 경우가 증가할 것으로 예상된다.

4. 근로환경 변화

4차 산업시대가 도래하면 근로환경 역시 많은 변화가 올 것으로 예상되며, 그 변

19) DIY란 'do it yourself'의 약어로서 소비자가 원하는 물건을 직접 만들 수 있도록 한 상품을 말한다. 엄밀하게는 반제품상태의 제품을 구입해 직접 조립하거나 제작하도록 한 상품을 말한다. 미국에서는 1950년대부터 DIY 상품이 출시되었고 우리나라에서는 1980년대 후반부터 상품이 출시되었다.

화는 2003년 빌 게이츠가 제안한 심리스 컴퓨팅(seamless computing)이 주도할 것으로 예상된다.

심리스 컴퓨팅이란 언제 어디서나 동일한 컴퓨팅 환경을 제공하는 것으로 컴퓨터와 태블릿 PC, 스마트폰 등 다양한 디바이스들을 하나의 인터페이스로 통합해 사용자에게 시·공간적으로 동일한 환경을 경험하도록 제공하는 환경을 말한다. 즉, 기기간 전환을 할 때 별도의 행동이나 새로운 인식을 할 필요가 없도록 '이음새 없는(seamless)' 환경을 구축하여, 민첩하고 중단 없는 업무를 수행할 수 있도록 환경을 제공하는 것을 말한다.

이러한 심리스 환경을 구축하게 되면 사무직의 업무 환경이 대대적으로 변화를 가져 올 것으로 예상되며, 시대적 요구에 부합하는 자원과 정보의 창출이 가능해질 것으로 예상된다. 그 밖에도 협력 작업에 필수적인 네트워크화된 지식(networked knowledge)이 축적될 것으로 예상된다. 즉, 소셜 네트워크 스타일의 플랫폼을 활용하여 여러 작업자들이 함께 진행하는 온라인 작업도 가능하며, 다양한 분야 직원들이 플랫폼을 통해 실시간으로 소통하며 협력할 수 있을 것으로 예상된다. 이러한 환경이 조성되면 당연히 일의 생산성과 효율성이 극대화될 것으로 예상되며, 이러한 심리스 컴퓨팅을 구글의 웹브라우저 '크롬(Chrome)'이 지향하고 있는 것으로 알려지고 있으며 애플과 MS 역시 유사한 서비스 제공하고 있다.

5. 근로형태의 변화

심리스 컴퓨팅 환경이 조성되면 근로형태 역시 유연근무방식으로 변화할 것으로 예상된다. 유연근무제란 디지털 기술을 활용하여 시간과 장소에 구애받지 않고 업무를 수행하는 것이 가능한 모든 근무 형태를 의미한다. 즉, 근로자가 개인 여건에 따라 근무 시간과 형태를 조절할 수 있는 제도를 유연근무제라 한다.

이미 많은 기업들이 디지털 기술을 활용하고 있으며, 효율성 극대화를 위해 새로운 업무 방식을 채택하고 있기 때문에 근로형태 중의 하나인 유연근무제가 확산될 가능성이 높다.

이러한 유연근무제는 심리스 컴퓨팅 환경과 밀접한 관련이 있는데, 향후 근로자들이 심리스 컴퓨팅을 활용해 언제 어디서나 동일한 업무 환경을 제공받게 되면 근로의 형태, 장소, 시간, 방법 면에서 기존 정형화된 형태를 탈피한 탄력적 근무가 가능하며, 한걸음 더 나아가 재택 및 원격근무도 더욱 활성화될 것으로 예상된다.

또한 유연근무제가 널리 확산되면, 회사는 근로자들에게 특정 시간에는 회사에 출근해 있을 것을 요구할 수 있는데, 이를 핵심시간이라 하며, 근로자들은 핵심시간에 회사에 출근하는 한 여타시간에는 자유롭게 출퇴근 시간을 정할 수 있는 것이 일반적이다.

이러한 유연근무제를 실시하는 경우 근로자들의 직무 만족도는 물론이고 성과도 높은 것으로 알려지고 있으며, 결근율 또한 낮은 것으로 나타나고 있어 미국 등 선진국에서는 이미 상당한 기업들에서 이를 실시하고 있는 것으로 알려져 있다. 따라서 4차 산업시대에는 유연근무제의 확대가 당연시 될 것으로 예상되며, 인사관리 역시 이를 전제로 새로운 방향으로 전개되는 것이 필요하다고 본다.

6. 노동시장의 유연화

4차 산업혁명이 널리 확산되어 융합산업이 활성화되면, 기업의 라이프 사이클 자체가 단기일 가능성이 매우 높으며 취급업종 역시 시장 소멸과 함께 변경될 가능성이 높다. 이는 과거와 같은 평생직장의 개념 자체가 무의미해 진다는 것을 의미하며, 동시에 법률로 근로자의 근로안정성을 보호하는 것 역시 그 중요성이 감소된다는 것을 의미한다.

이처럼 법률에 근거하여 정부가 노동시장에 개입하는 현상이 감소하는 것을 노동시장의 유연화라고 정의할 수 있다.

이러한 노동시장의 유연성은 일반적으로 노동력 시장이 사회 및 경제의 변화에 맞추어 변화하는 정도를 말한다. 특히, 경제학적으로는 외부 환경의 변화에 인적자원이 신속하고 효율적으로 배분되거나 재 배분되는 노동시장의 능력을 의미하는데, 이는 크게 5가지 유형으로 구분해 볼 수 있다. 첫째는 외부적 수량적 유연성이다. 이는 고용관계를 단절함으로서 수량적인 유연성을 확보하는 것을 말하는 것으로서, 해고나 경영상 해고 등이 이에 해당한다. 둘째는 내부적 수량적 유연성이다. 이는 고용관계를 유지한 상태에서 수량적인 유연성을 확보하는 것으로서 part time 근로나 탄력시간근무제 등이 이에 해당한다. 셋째는 외부화를 통한 유연성인데, 이는 파견근로, 하청(하도급계약)과 같은 간접고용형태를 이용하여 유연성을 확보하는 것을 말한다. 넷째는 기능적 유연성이다. 이는 직종의 수요에 따라 배치의 전환 및 이동으로 유연성을 확보하는 것을 말한다. 다섯째는 임금유연성으로 성과에 따른 임금을 지불함으로써 유연성을 확보하는 것을 말한다.

결론적으로 이러한 노동시장의 유연성은 노동시장이 자생적 질서에 따라 형성될 때 가장 유연하다고 할 수 있다. 따라서 노동시장에 정부가 법률에 의거하여 개입할 여지가 많아지면 많아질수록 노동시장이 경직화될 수 있어, 4차 산업혁명시대에는 적합하지 않을 것으로 예상된다.

우리나라는 1997년 이후 기간제법, 파견법, 60세 정년법 등을 개정하여 정부가 노동시장에 개입할 여지를 확대한 바 있다. 이는 4차 산업혁명시대가 도래했음을 고려하여 볼 때에 앞으로 노동시장이 나가야 할 방향과는 괴리감이 크다고 할 수 있다.

V. 새로운 일자리의 특성

1. 일자리의 특성변화

앞에서 본 바와 같이 4차 산업혁명은 일자리의 구조를 크게 변화시킬 것으로 예상되고 있다. 특히, 공급자 중심이 아닌 소비자 중심의 소비문화가 형성되는 경우 일자리가 갖는 특성에 큰 변화가 올 것으로 보인다. 이는 4차 산업이 본격적으로 시장을 지배하는 경우 일자리 역시 종래와는 다른 새로운 특성을 갖게 될 것이라는 것을 의미한다. 예를 들어, 로봇이나 인공지능이 대신할 수 없는 일자리만이 생존하거나 새로이 창출될 수 있기 때문에 일자리의 고부가치화에 대한 요구가 급증할 것으로 예상된다. 그리고 로봇이나 인공지능이 현존하는 일자리의 상당부분을 차지하기 때문에 향후에 인간이 감당할 수 있는 일자리의 유형은 현재보다는 제한될 수 밖에 없을 것으로 예상된다. 이처럼 미래에는 일자리의 종류가 제한되는 만큼, 그 종류별로 일자리가 세분화되거나 전문화될 것으로 예상된다. 즉, 직업이 세분화 및 전문화될 것으로 예상된다.

물론, 일자리의 종류가 증가할 수도 있는데, 이러한 경우로는 기존 일자리가 상호간에 융합해서 새로운 일자리가 탄생하는 경우를 들 수 있으며, 4차 산업혁명시대에는 이러한 현상이 가속화될 것으로 예상된다. 따라서 미래에는 직업의 융합화와 직업의 과학기술 진보화 등의 특성 역시 나타날 것으로 보인다.

2. 직업의 고부가치화

4차 산업혁명을 통한 기계화 및 인공지능화는 이들이 인간을 대체하는 것이 아니라, 기계화 및 인공지능화가 인간에게 새로운 역할을 부여하는 형식으로 발전할 것으로 예상된다.

2017년 맥킨지 경영연구소가 보고한 연구결과에 따르면 전체 직업 중 약 60%의 직업에서 자동화 비율이 30% 이상 진행될 것이라고 한다.[20)]

이러한 자동화는 대부분의 직업에 획기적인 변화를 가져 올 것이며, 창업은 자동화로 인해 업무 대체가 되지 않은 영역에 집중될 것으로 전망한 바 있다. 이는 인공지능화가 직업을 재정립시킬 것이며, 설령 비즈니스의 프로세스가 변한다 하더라도 직업 자체가 소멸될 가능성은 그리 크지 않다는 것을 의미한다. 단, 직업자체가 소멸되지 않기 위해서는 해당 일이 인공지능 등을 통하여 과거보다 고부가가치를 창출해야 한다.

따라서 미래에는 인간이 할 수 있던 업무 영역 중 일부를 인공지능 등 기계가 대체함에 따라, 인간이 해야 할 업무가 보다 고부가가치를 창출할 수 있도록 진화되어야 할 것으로 보인다. 실례로 LA타임스의 경우에는 지진 보도 알고리즘 "퀘이크봇(Quakebot)"을 통해 지역 내 지진과 관련된 보도기사를 자동으로 작성하고 있다. 영국의 가디언 지도 2013년부터 구아봇(GUABOT)이라는 알고리즘 통해 주간지 기사를 작성하고 있다.

이러한 경향은 언론분야뿐만 아니라 금융 서비스와 의료 서비스 영역에서 활발하게 진행될 것으로 예상된다.

이런 점들을 종합해 보면 향후에는 사실을 신속하게 전달하는 속보성 기사와 관련 데이터 분석 기사는 점차 자동화된 프로그램과 알고리즘을 갖춘 로봇이 수행할 것으로 예상되며, 기자는 창의력과 기획력이 필요한 분야에 대한 심층 취재 등을 통해 시사점 및 함의를 도출해 내는 작업에 치중할 것으로 예상된다. 이는 인간이 하는 일이 인공지능이나 로봇이 하는 일보다 고부가가치를 창출해야만 한다는 것을 의미한다.

따라서 4차 산업시대에는 어떤 직업이든 종래보다는 고부가가치를 창출할 수 있어야 해당 일자리가 생존하거나 새로운 일자리가 창출될 수 있을 것으로 보인다.

---

20) Mckinsey Global Institute, Jobs Lost, Jobs gained: workforce Transitions in a Time of Automation, December 2017.

3. 직업의 세분화 및 전문화

4차 산업이 본격적으로 활성화되게 되면, 사회 전반에 걸쳐 인간의 삶의 질을 향상시키는데 필요한 수요가 급증할 것으로 예상된다. 이는 시장이 공급자 중심에서 수요자 중심으로 이동된다는 것을 의미한다. 결국, 사업자가 제품과 서비스를 개발하고 이를 소비자에게 전달하는 과정이 보다 전문화되고 세분화되어야 하며, 이를 위해 직업들도 보다 세분화되고 전문화될 것으로 예상된다. 이와 관련하여 한국고용정보원이 발간한 『한국직업사전』에 따르면, 2014년을 기준으로 볼 때 우리나라의 직업 수는 약 1만 4,900개이지만 미국은 약 3만개에 달하였다고 한다. 예를 들어, 국내의 간호사 관련 직업은 약 10여 개로 분류되지만 미국은 약 30개로 분류되고 있다. 반려동물과 관련된 직업의 경우에도 우리나라는 수의사만 존재하는데, 미국은 수의사 이외에도 동물 진료를 보조하는 동물간호사만 약 10만 명에 달한다고 한다.

또한 선진국처럼 수제 맥주 제조 전문가나 바리스타(Barista), 음악치료사, 카이로프랙틱 닥터(chiropractic doctor) 등의 전문가 직업군도 우리나라에서 새로이 등장할 것으로 예상된다. 특히, 고령화와 저출산 문제가 심화되면서 헬스케어(health care)나 라이프 케어(life care) 등과 관련된 직업에 대한 수요가 증가함은 물론이고 삶의 질을 제고할 수 있는 건강, 미용, 복지 관련 직종에 고용이 증가될 것으로 보인다. 심지어는 노년 설계사(planner)나 가상현실 등을 활용하여 여가 프로그램을 만드는 가상현실 레크리에이션 설계사도 등장할 것으로 예상된다.

그 밖에도 기후변화에 대한 대응이나 에너지 절감, 환경보호 등에 대한 전문가는 물론이고 기후변화 전문가, 에너지 하베스팅(energy harvesting)[21] 전문가 등에 대한 직업 수요도 증가할 것으로 전망된다.

---

21) 에너지 하베스팅(energy harvesting)이란 일상생활에서 버려지거나 소모되는 에너지를 모아 전력으로 재활용하는 기술을 의미한다.

결론적으로 4차 산업시대에는 직업의 세분화와 전문화에 대한 요구가 급증할 것으로 보인다.

4. 직업의 융합화

4차 산업혁명은 산업간 융합으로 대변되는데, 이러한 융합 현상은 직업 세계에서도 나타날 것으로 예상된다. 즉, 각기 다른 직무나 지식, 또는 기술과 기능을 합쳐 새로운 전문 분야를 창출하는 '블렌딩(blending)' 과정을 통해 새로운 융합형 직업이 출현할 것으로 보인다. 이러한 융합형 직업은 "인간의 소질과 관심의 결합", "기술 또는 지식간 결합", "과학기술과 타 영역간 결합" 과정에서 발생하는데, 예를 들어 농장을 운영하면서 요리도 하는 요리사 농부(agri-restaurateurs 또는 chef-farmers)가 이에 해당한다.

또한 교육과 관련하여서도 학문간 융합형 교과목들이 개발될 것이며, 이를 통한 융합형 교사 및 교수들에 대한 사회적 요구가 급증할 것으로 예상된다. 특히, 인문사회과학과 이공학이 결합된 교과목은 물론이고 교육자에 대한 사회적 요구가 급증할 것으로 보인다. 예를 들어 숭실대학교대학원의 IT정책경영학과와 같은 융합형 학과와 이를 위하여 개발된 교과목 등을 들 수 있다.

또한 기술관련 제품에 대하여 일반인들이 쉽게 이해할 수 있도록 설명서나 소프트웨어 도움말 기능 등을 만들고, 잡지 등에 기술에 관한 해설 내용을 기고하는 것 등을 직업으로 하는 테크니컬 라이터(technical writer)도 융합형 직업으로 분류할 수 있다.

특히, 4차 산업사회에서는 빅데이터나 인공지능 등의 기술을 인문과학이나 사회과학 등에 속하는 지식과 융합한 창의적인 일자리가 창출될 것으로 예상된다. 예를 들어 공학적 지식과 인문학적 지식을 결합한 "사용자 경험 디자이너(user experience designer)"나 홀로그램(hologram)[22] 전시기획가 등이 이에 해당한다.

5. 직업의 과학기술 진보화

4차 산업시대에는 상상하지 못했던 과학기술의 진보로 인하여 새로운 직업들이 탄생할 것으로 예상된다. 예를 들어, 드론 조종사, 신체 부위별 인공장기 제조 전문가, 생체 모방 로봇 개발자, 외골격 로봇 엔지니어, 아바타 개발자, 두뇌/기계 인터페이스 전문가, 기억 변화 전문가, 우주여행 가이드, 우주 광부, 우주 청소부, 우주 농부, 스마트 교통 시스템 설계 엔지니어, 빅데이터 분석에 기반한 사회 시스템 디자이너, 스마트 팜 관리자 등이 이에 해당한다. 심지어는 인간복제나 유전자 조작 등 기술 발전이 가져오는 윤리적 문제를 다루는 첨단과학기술 윤리학자, 미디어 윤리학자, 기계 언어학자 등도 등장할 것으로 예상된다.

물론, 단시일 내에 이러한 직업이 탄생한다고 단정하기는 어렵지만, 향후에 많은 사업자들이 이러한 분야에 집중적으로 투자할 것임은 분명하다. 따라서 이러한 분야에 전문성을 갖는 개인 또는 소규모기업들에 대한 수요는 급증할 것으로 예상된다.

Ⅵ. 창업 지원제도

1. 창업지원 정책

우리 헌법 제123조는 국가에게 농업 및 어업을 보호 · 육성의무(제1항)와 중소기업 보호 · 육성의무(제2항), 중소기업의 자조조직 육성의무(제5항)를 부과시키고 있

22) 홀로그램이란 빛의 간섭성을 이용해 입체 정보를 기록 · 재생하는 기술을 사용해 3D 영상을 구현하는 기술을 의미한다.

다. 따라서 우리 정부는 전통적으로 중소기업들을 육성하고자 국가적 차원에서 다양한 법제도를 제정하고 정책적으로 지원해 왔다.

문재인 정부 역시 출범과 동시에 중소기업청을 중소벤처기업부로 승격시키면서 종래에 유지되었던 창업관련 지원제도들을 더욱 확대하여 시행하고 있다.

중소벤처기업부 홈페이지에는 '창업 · 벤처기업'과 관련한 각종 지원정책들이 38개 열거되어 있다.

이들에 대한 상세한 내용을 다 설명하기는 어렵기 때문에 지원사업명칭과 취지 등에 대하여서만 간략히 소개할 필요가 있다. 물론, 중소벤처기업부 외의 부처에서도 다양한 창업지원을 하고 있지만, 전반적으로 창업지원의 개괄만 이해할 수 있도록 간략히 중소벤처기업부의 사업만을 소개하는 것이 적당하다고 할 수 있다.

이러한 창업지원프로그램은 정책의 변화나 예산상의 문제로 폐지될 수 있지만, 일반적으로 널리 이용되는 프로그램이라고 할 수 있다.

창업이나 벤처기업 지원제도는 크게 (1) 청년창업지원제도, (2) 여성창업 지원제도, (3) 1인기업창업지원제도, (4) 시니어창업 지원사업, (5) 장애인 창업 지원사업, (6) 창업교육 및 보육지원제도, (7) 경영효율성 제고를 위한 지원제도, (8) 투자자 유치 지원제도, (9) 시설지원제도, (10) 창업집적지역 지정, (11) 재활 및 위기극복 지원사업, (12) 6차 산업 지원사업 등으로 구분해 볼 수 있다.

2. 청년창업지원제도

청년실업률이 매년 사상 최고치를 경신하고 있는 현실을 감안하여 중소벤처기업부에서는 청년들의 창업을 촉진하기 위하여 5개의 지원프로그램을 운영하고 있다. 이에 해당하는 것으로는 (1) 창업성공패키지, (2) 청소년 비즈쿨, (3) 창업아카데미, (4) 청년전용창업자금, (5) 상생서포터즈 청년 · 창업 프로그램 등을 들 수 있다.

우선, 창업성공패키지는 기술성 및 사업성이 우수한 예비 청년CEO들의 원활한 창업과 지속적인 성장을 위해 사업화 과정 및 단계별 후속연계 프로그램을 지원하는 프로그램을 말한다. 즉, 산업상 이용가능한 기술력이 있는 청년들의 창업을 지원하기 위한 프로그램이다. 이 프로그램에서는 청년창업사관학교를 운영하는데, 학교 내에 창업 준비공간을 제공하는데 이에는 개별공간도 있고 공동공간도 포함된다. 그리고 컨설팅 지원도 하는데, 전문인력을 전담교수로 배치하여 진도관리 및 창업 전과정을 지원하며, 기술사업화 및 전문지식 등에 대한 단계별 교육도 실시하고 있다. 그 밖에도 기술과 관련하여 제품설계(CAE · 역설계 등), 시제품제작 등 제품개발 관련 기술 및 장비를 지원하며, 재정적 지원도 하고 있다.

청소년 비즈쿨 프로그램에서는 열정, 도전정신 등을 갖춘 융합형 창의인재 양성을 위해 초 · 중 · 고생을 대상으로 모의 창업 등을 활용한 기업가정신 교육을 실시한다

창업아카데미는 대학생 및 예비창업자에게 실전형 창업교육, 멘토링 지원, 네트워킹 조성 등 창업을 위한 기초역량을 갖출 수 있도록 맞춤형 교육을 지원한다.

중소벤처기업부는 청년전용창업자금 대출제도도 운영하고 있는데, 기업당 1억원 이내에서 저금리로 대출을 해주며, 상생서포터즈 청년 · 창업 프로그램에서는 대기업 · 공기업과 정부가 공동으로 재원을 50대 50씩 분담하여 조성하고 창업 · 벤처기업이 글로벌 진출에 필요한 사업모델(Business Model) 혁신, 사업 아이템 검증 및 보강, 판로개척, 해외네트워크 등을 지원하여 신속한 사업화 및 글로벌 진출을 도모하고 있다. 이 프로그램에서는 사업모델(BM) 혁신, 경영전략 멘토링, 아이템 검증 · 보강, 판로개척 및 글로벌 시장진출, 투자유치 및 자금지원 · 연계, 주관기관 특화 프로그램 등을 지원하고 있다.

3. 여성창업지원제도

사회구조상으로 여성들이 창업을 하는데 어려움이 있는 것이 사실이다. 이런 점을 감안하여 중소벤처기업부에서 여성 창업 초기기업 및 예비창업자의 성공적인 창

업을 위해 창업보육공간과 경영활동을 지원하고 있다. 구체적으로는 창업보육실에 입주하여 창업할 수 있도록 공간을 제공하며 경영, 회계, 법무, 마케팅 등 전문가 컨설팅 제공 및 산업디자인 개발, 산업지적재산권 및 각종 인증획득도 지원하고 있다. 즉, 패키지형 창업지원을 하는 것이다.

또한 여성들의 창업의욕을 고취하기 위하여 여성창업경진대회도 개최하는데, 이는 예비여성 창업자들의 창의적이고 우수한 창업아이템을 조기에 발굴, 육성하고, 여성의 창업분위기를 조성하여 적극적인 창업을 지원하고 있다. 수상자에게는 포상금은 물론이고 여성창업보육실 입주시에 우대해 주는 혜택도 부여된다.

여성가장 창업자금 지원 프로그램에서는 창업을 원하는 저소득층 여성가장을 대상으로 2.0%의 저렴한 금리로 최고 5,000만원까지 임대보증금을 지원하여 가계안정과 자활의지를 제고하며 여성의 경제활동을 지원하고 있다.

이는 직접적인 지원은 아니지만 저소득층 여성창업자들이 자금조달의 어려움으로 중도포기하는 것을 예방하기 위한 프로그램이라고 할 수 있다.

4. 1인 기업 창업지원

4차 산업혁명시대에는 인공지능, 사물인터넷(IoT) 등의 발전으로 1인 기업이 용이하며, 대기업과 상생을 통한 창업생태계에서 1인기업도 생존이 가능하다는 점을 여러 전문가들이 이미 예상한 바 있다. 따라서 4차 산업시대에 부응하는 1인 창조기업의 창업을 지원하기 위하여 중소벤처기업부는 1인 창조기업 비즈니스센터를 운영하고 있다. 즉, 아이디어는 있는데 어떻게 창업을 시작해야 할지 모르는 1인 창조기업의 창업 및 사업화를 지원하는 프로그램이다. 이 비즈니스센터에서는 사업공간 제공, 창업과 경영에 필요한 전문가의 밀착상담 및 전문교육 등을 지원하고 있다.

그리고 1인 창조기업의 마케팅사업도 지원하고 있는데, 그 취지는 창의적 아이템을 보유한 1인 창조기업에 디자인 및 브랜드 개발, 온라인 및 오프라인 마케팅을 지원하여 사업화 역량을 강화하도록 지원하는데 있다. 구체적으로는 홈페이지/앱 제작, 홍보영상 제작, 카달로그 제작, 포장디자인, 제품디자인, 브랜드 개발, 광고, 시장조사, 전시회 참가, 지식재산권 출원 등에 대한 지원을 하고 있다. 물론, 창업 후 근로자를 고용하는 경우도 있지만 창업시에 1인 기업인 경우에만 지원이 가능하도록 제한하고 있다.

5. 시니어창업 지원사업

수명이 연장되는 시대를 맞이하여 퇴직 후 일자리를 찾기 힘든 장년자들이 창업을 통하여 삶을 영위할 수 있도록 중소벤처기업부는 시니어 기술창업 지원 프로그램을 운영하고 있다.

이 프로그램은 창업자 또는 창업을 준비하는 40세 이상의 시니어로서 그의 경력・네트워크・전문성을 활용하여 성공적인 창업을 할 수 있도록 지원해 주는 프로그램이다.

시니어 창업자에게는 창업 교육과 창업지원, 예비퇴직자 맞춤교육 등을 지원한다. 구체적으로는 만 40세 이상 창업자를 위한 제조업・지식서비스업 등 기술 창업 분야의 실전창업을 위한 교육과정을 운영하고 있으며, 이들에게 창업준비를 위한 공간을 제공하며, 자문, 경영, 마케팅 등의 지원을 한다. 특히, 예비퇴직자들을 위한 맞춤 교육 프로그램도 운영하고 있는데, 대기업・공공기관 등에 소속된 퇴직예정자를 대상으로 맞춤형 기술 창업 교육 및 멘토 방문 등의 프로그램을 운영하고 있다.

이 프로그램은 만 40세 이상만을 대상으로 하는 연령제한을 가하고 있다는 점에서 목적이 명확한 지원사업으로서 효율성이 높을 것으로 예상된다. 특히, 시니어들은 풍부한 경험을 바탕으로 창업을 한다는 점에서 정부의 지원효율성도 제고할 수 있는 프로그램이라고 할 수 있다.

6. 장애인 창업 지원사업

장애인들이 창업을 하여 성공적으로 사업을 영위하는 것이 상호구조상 어려운 것이 사실이다. 따라서 중소벤처기업부는 장애인 만을 위한 창업지원프로그램으로 '장애인 맞춤형 창업교육사업', '장애인 특화창업보육실 운영', '장애인 창업점포 지원' 사업 등을 운영하고 있다.

장애인 맞춤형 창업교육사업은 장애인 예비창업자 및 타 업종으로의 전환을 준비하는 장애인기업을 대상으로 맞춤형 교육을 제공하여 창업리스크 경감과 안정적인 기업경영이 가능하도록 도와주는 교육 지원 사업이다. 창업기초교육, 업종특화교육, 역량강화교육, 창업멘토링 등으로 구성되어 있다. 구체적으로는 ① 기초 창업소양 중심의 창업기초교육, ② 특정 업종 창업능력 제고를 위한 업종특화교육, ③ 창업 후 영업지속률 제고 및 경영능력 배양을 위한 역량강화교육, ④ 창업 실패자를 위한 재창업 및 취업역량 제고를 위한 희망재기교육, ⑤ 교육 이수 후 창업을 희망하거나 창업한 자를 위한 동행멘토링 등을 지원하고 있다.

그리고 장애인 특화창업보육실 운영사업은 우수한 창업아이템을 보유한 창업초기의 장애인기업 및 예비창업자를 대상으로 비즈니스공간 및 사무기기, 기업지원정책 등을 지원해 주는 사업이다. 구체적으로는 ① 사무편의를 위한 사무기기 및 집기류(책상, 복합기, 팩스 등), 인터넷전용선 공급, ② 기업경쟁력 강화를 위한 교육 및 판로지원, 지식재산권 출원, 입찰정보 제공, ③ 입주기업 인프라 및 네트워크 구축지원, ④ 장애인 편의시설 제공, ⑤ 입주기업 기업정보 보호를 위한 보안업체 24시간 감시 등의 지원을 하고 있다.

장애인 창업점포 지원 사업은 창업역량을 갖춘 장애인 예비창업자에게 장애인기업으로의 성장과 경영안정을 위해 임차사업장을 최장 5년간 제공하는 사업이다. 구체적으로는 점포 전세보증금 및 시설비용을 지원하며, 점포 전세보증금과 초기 시설비용도 지원한다.

7. 창업교육지원사업

창업자들을 교육시키는 기관들에게 대한 정부지원도 필요한 것이 사실이다. 따라서 중소벤처기업부는 창업교육지원사업을 운영하고 있다. 이 사업에는 본(Born) 글로벌 액셀러레이팅 활성화, 창업선도대학육성, 창업대학원, 창업보육센터 지원사업, K-스타트업, 스마트창작터, 스마트벤처창업학교 등의 프로그램들이 있다.

우선, 본(Born) 글로벌 액셀러레이팅 활성화 사업은 국내 창업기업의 해외창업·진출을 위한 연수 및 보육 프로그램 제공, 외국인의 국내 창업을 지원하는 프로그램이다. 구체적으로는 창업기업들이 글로벌시장에 진출할 수 있도록 지원해주고, 외국인이 국내에서 창업하는 경우에도 지원해주는 제도이다.

창업선도대학육성 사업은 전문인력이나 연구장비 등 우수한 창업지원 인프라를 갖춘 대학을 '창업선도대학'으로 지정하여 창업교육부터 창업아이템 발굴 및 사업화, 후속지원까지 패키지식 지원을 통해 대학을 창업의 요람으로 육성하는 사업이다.

창업아이템을 사업화하는데 필요한 시제품을 개발하거나 지재권 출원·등록, 마케팅활동 등 창업사업화에 소요되는 자금도 지원해 주고, 창업아이템사업화에 참여한 기업 중 우수 창업자를 대상으로 성능개선, 홍보·마케팅 등 사업 고도화에 필요한 자금도 지원해 주고 있다.

창업대학원 지원제도는 창업에 필요한 전문성과 실무능력을 갖춘 창업전문가를 육성하는데 목적이 있으며, 각 대학원 운영에 소요되는 강사비, 교육개발비, 장학금 등을 지원해 주고 있다.

그리고 창업보육센터 지원사업은 중소벤처기업부가 지정한 창업보육센터에 리모델링, 운영비 등을 지원해 창업기업에 사무공간 제공 및 각종 경영·기술을 지원하는 사업이다

K-스타트업 사업은 창업자를 위한 창업지원 시책, 창업사업, 창업교육, 창업기반시설 및 공간 등 창업정보를 종합적으로 제공하는 사업으로서 창업자의 사업역량

과 사업아이템의 부족한 점을 스스로 진단 및 보완할 수 있는 창업역량자가진단 서비스 등을 제공하고 있다.

스마트창작터 사업은 전국 18개 스마트창작터에서 체험형 창업교육과 사업 아이템의 사업모델검증, 시제품 구체화 등 후속연계를 지원하는 사업이다. 이 사업은 온·오프라인 실습교육과 사업모델검증 등을 지원하고 있다.

스마트벤처창업학교는 앱, 콘텐츠, SW융합 등 유망 지식서비스 분야 전문기업 육성을 위해 전국 4개 스마트벤처창업학교에서 입교생을 모집하여 사업계획에서 개발, 사업화까지 실전 창업을 지원해 주는 프로그램이다.

8. 경영효율성 제고 지원제도

창업에 성공하기 위해서는 경영효율성이 확보되어야 한다. 따라서 중소벤처기업부는 경영효율성 제고를 위한 지원제도를 운영하고 있다. 이 지원제도에 해당하는 사업으로는 선도벤처연계 창업지원 사업, 창업인턴제, 대한민국 창업리그 사업, 온라인 법인설립 시스템 지원 사업, 창업도약패키지 지원사업, 중소기업상담회사 등록 및 변경 사업 등이 있다.

우선, 선도벤처연계 창업지원 사업은 창업자의 성공적인 창업을 위해 선도벤처기업의 인프라 활용, 성공 노하우 전수, 상호 협력 비즈니스를 지원하는 사업이다. 구체적으로는 창업전반에 필요한 인프라 구축, 교육·컨설팅, 사업아이템 개발 및 마케팅 비용 등을 지원하며, 선도벤처의 직접투자 및 구매·아웃소싱, 벤처캐피탈 유치, 해외마케팅 등 협력비즈니스를 연계하도록 지원하고 있다.

창업인턴제는 유망 중소·중견기업에서의 인턴십 경험 및 사업화 자금 지원 등을 통해 예비창업자의 성공창업을 지원하는 프로그램이다.

예비창업자가 기업 현장에게 근무하는 경우 인턴활동비를 지급한다. 그 밖에도 시제품 제작, 지식재산권 취득, 마케팅, 창업공간 임대 등 창업관련 비용도 지원한다.

대한민국 창업리그 사업은 성공 창업을 꿈꾸는 미래의 유망CEO 발굴과 전국민

창업분위기 제고를 위한 대한민국 최고의 창업경진대회로 치열한 경쟁과정을 거친 수상자들에게는 포상금과 후속지원 등의 기회를 제공함으로서 창업의욕을 제고하는 사업이다.

온라인 법인설립 시스템 지원사업은 창업자가 법인설립에 필요한 기관을 직접 방문하지 않고 온라인을 통해 법인설립을 할 수 있도록 지원하는 시스템 사업을 말한다. 이러한 지원을 받을 수 있는 대상은 자본금 10억 원 미만 주식회사(발기설립), 유한회사, 유한책임회사, 합명회사, 합자회사 설립자이다.

이들은 상호 검색에서부터 4대 사회보험 가입까지 온라인 원스톱 처리, 등기신청서 및 첨부서류 등 모든 서류를 일괄 작성하는 것을 지원하는 사업이다.

창업도약패키지 지원사업은 창업기업이 어려운 시기를 극복하고 새로운 도약의 기회를 찾을 수 있도록 시장전문가 멘토링, 사업모델(Business Model) 혁신, 아이템 보강 등을 지원하여 매출 증대와 글로벌 진출을 도모하는 프로그램이다

구체적으로는 사업모델(BM) 혁신, 아이템 검증·보강, 판로개척 및 글로벌 시장진출, 투자유치 및 정부사업 연계, 성과창출 프로그램 등을 지원한다.

중소기업상담회사 등록 및 변경사업은 신뢰할 수 있는 컨설팅 회사를 중소벤처기업부에 상담회사로 등록함으로써 중소기업에 보다 높은 컨설팅 서비스를 보장할 목적으로 운영하는 사업이다. 구체적으로는 창업자에 대한 경영 및 기술상담을 위한 전용공간을 확보하고 상근 전문인력을 2인 이상 고용한 회사만 이 사업을 할 수 있도록 관리하는 제도이다.

9. 투자자 유치 지원제도 등

창업자들이 투자를 유치하는데 필요한 지원제도로 '민간투자주도형 기술창업 지원', '창업투자회사등록 관리', '개인투자조합 등록 제도', '액셀러레이터 등록 제도' 등이 이에 해당된다.

우선, 민간투자주도형 기술창업 지원 사업은 성공벤처인이 주도하는 엔젤투자사나 기술대기업이 유망한 기술창업팀을 엄선하여 투자–보육–R&D–해외마케팅 등 최대 10억원을 투자 · 지원하는 고급기술창업 프로그램이다. 구체적으로는 운영사의 엔젤투자금(1억원 내외)에 정부의 기술개발(R&D)자금(최대 5억원)을 매칭하여 지원하고, 선정평가를 통해 창업사업화 자금(최대 1억원 차등 지원), 해외마케팅(최대 1억원), 엔젤투자매칭펀드(최대 2억원)를 추가하여 연계지원한다. 또한 운영사별로 지정된 인큐베이터에 입주하여 보육 및 멘토링 등 종합적인 밀착 지원도 한다.

창업투자회사등록 관리사업은 중소기업창업지원법 제10조의 규정에 의거한 창업자에 대한 투자를 주된 업무로 하는 창업 투자회사의 등록 및 사후관리를 지원하는 제도이다. 이에 따라 세제혜택 및 모태펀드 출자 지원 등도 이뤄진다.

개인투자조합 등록 제도는 창업기업과 벤처기업의 투자를 목적으로 개인 등이 출자하여 투자조합을 조성하는 것을 말하는데, 창업자들의 투자유치에 도움이 되도록 지원할 수 있는 제도이다. 이 조합참여자는 개인, 액셀러레이터,[23] 산학연협력기술지주회사, 공공연구기관첨단기술지주회사 등이다. 그리고 이 조합으로부터 투자를 받을 수 있는 대상은 창업지원법에 따른 창업기업과 벤처기업법에 따른 벤처기업이다. 이 등록제도는 창업기업과 벤처기업의 투자를 목적으로 개인 등이 출자하는 투자조합 결성을 지원하는 것이다.

액셀러레이터 등록 제도는 초기창업자 등의 선발 및 투자, 전문보육을 주된 업무로 하는 액셀러레이터가 등록하는 것을 지원하는 사업이 있다.

엑셀러레이터가 활발히 사업을 하면 창업 역시 활성화되기 때문이다. 미국의 실리콘 밸리가 벤처의 메카로 거듭나기까지에는 엑셀러레이터들의 역할이 매우 컸던 것으로 알려져 있다.

---

23) 엑셀러레이터란 스타트업 엑셀러레이터라고 부르는 것이 일반적인 용어이다. 이 엑셀러레이터는 창업 아이디어나 아이템만 존재하는 단계의 신생 스타트업을 발굴해 업무공간 및 마케팅, 홍보 등 비핵심 업무를 지원하는 역할을 하는 것이 일반적이다. 벤처 인큐베이터와 비슷한 개념이지만, 벤처 인큐베이터가 엑셀러레이터보다 조기에 스타트업 기업을 지원하는 주체라고 할 수 있다.

10. 창업집적지역 지정

창업자들이 분산되어 창업을 하는 경우 선순환적 창업생태계가 조성되기 어려운 것이 사실이다. 따라서 중소벤처기업부는 창업지역을 지정하여 창업을 지원하는 사업으로는 '신기술창업집적지역 지정제도', '벤처기업육성 촉진지구 지정·지원제도', '벤처기업육성 촉진지구 지정·지원제도' 등을 운영하고 있다.

신기술창업집적지역 지정제도는 대학·연구소의 일정지역을 '신기술창업집적지역'으로 지정하여 공장설치를 허용하고, 각종 특례제도 등을 통해 신기술창업을 촉진하도록 지원하는 사업이다. 구체적으로는 신기술창업집적지역 조성을 위해 취득하는 부동산의 취득세 및 재산세를 50% 감면해 주며, 신기술창업집적지역 내 산업용건축물, 연구시설 및 시험생산용 건축물을 신축하거나 증축하기 위해 취득하는 부동산의 취득세를 50%감면해주고 재산세도 3년간 50%감면해 주는 등의 지원을 하고 있다. 벤처기업집적시설 지원제도는 도심 내 벤처기업의 입주공간 확보가 용이하도록 일정요건을 갖춘 건축물을 '벤처기업집적시설'로 지정하여 세제감면 혜택 등을 부여하는 제도를 말한다. 구체적으로는 집적시설 설치자에 대한 지원을 하고 있는데 이에 해당하는 내용은 ① 집적시설을 건축하고자 취득하는 부동산에 대하여 취득세 및 재산세 50% 감면, ② 개발부담금, 교통유발부담금 등 5종의 부담금 면제, ③ 국·공유재산의 수의계약에 의한 매각 및 임대 허용 및 입주기업에 대한 지원, ④ 수도권지역 집적시설에 입주하는 벤처기업에 대하여 취득세, 등록 면허세 및 재산세의 중과세율 적용을 배제하는 등의 특례를 인정하고 있다.

벤처기업육성 촉진지구 지정·지원제도는 벤처기업의 성장 가능성이 높은 지역을 "벤처기업육성 촉진지구"로 지정하여 인프라 지원을 통해 지방 벤처기업의 집적화를 촉진하고 지역 균형발전을 도모할 목적으로 운영하는 지원사업이다. 구체적으로는 재정지원과 부담금 면제, 세제감면 등의 지원을 한다.

11. 재활 및 위기극복 지원 제도

창업 후 사업에 실패한 기업 또는 기업인들이 재도전할 수 있도록 지원하는 제도로는 '창조혁신형 재도전 기술개발사업', '재도전성공패키지', '창업기업자금', '창업성장기술개발' 사업 등이 있다.

우선, 창조혁신형 재도전 기술개발사업은 재기 중소기업의 창의성 · 혁신성 및 아이디어가 우수한 시제품 개발을 지원한다. 구체적으로는 개발 총 소요비용의 80%까지 지원이 가능하다.

재도전성공패키지사업은 재도전사업계획을 보유한 우수재기기업인을 발굴하여 체계적인 재창업교육 및 사업화 지원을 통해 성공적인 재창업을 유도하기 위하여 운영하는 사업이다. 구체적으로는 재창업에 필요한 실패원인 분석 및 재창업사업계획 고도화를 위한 교육 및 멘토링을 지원하며, 재창업에 필요한 사무공간도 제공하며, 재창업 준비 및 사업화 등에 소요되는 비용도 일부 지원한다.

창업기업자금지원 사업은 우수한 기술력과 사업성은 있으나 자금력이 부족한 중소 · 벤처기업의 창업을 활성화하고 고용창출을 도모할 목적으로 운영하는 사업이다. 융자는 ① 시설자금 생산설비 및 시험검사장비 도입, ② 정보화 촉진 및 서비스 제공 등에 소요되는 자금, ③ 공정설치 및 안정성평가 등에 소요되는 자금, ④ 유통 및 물류시설 등에 소요되는 자금, ⑤ 제품생산 비용 및 기업경영에 소요되는 자금 등에 소요되는 자금에 대하여 이뤄진다.

창업성장기술개발 사업은 성장 잠재력을 보유하고 있으나 기술개발 자금 부족으로 어려움을 겪고 있는 창업기업에게 기술개발 자금을 지원해 주는 사업이다. 구체적으로는 창업 후 7년 이하인 창업기업에게 필요한 기술개발 자금을 지원하고 있다.

12. 6차 산업 지원제도

중소벤처기업부는 6차 산업[24)]의 중요성이 증가하는 현실을 고려하여 농공상 융합형 중소기업 육성을 위한 지원사업을 하고 있다. 즉, 농어업인과 중소기업인이 연계하여 농수산물 등 농어촌자원을 활용하여 새로운 제품개발 또는 시장을 창출하는 것을 지원하는 사업이다.

이러한 지원의 효율성을 제고하기 위하여 농림수산식품부, 중소벤처기업부 등 관련부처의 정책수단과 연계하는 것을 강화하는 것을 지원하고 있다.

그리고 농공상 융합형 중소기업 유형은 공동출자형과 전략적 제휴형, 농어업인경영형 등으로 구분할 수 있다.

우선, 공동출자형은 농어업인과 기업이 공동출자하여 중소기업 설립하는 유형을 말한다. 전략적 제휴형은 농어업인과 중소기업이 안정적인 원료조달, 신제품개발 및 판매를 위해 장기계약을 체결하여 상호협력하는 형을 말한다.

마지막으로 농어업인경영형은 농어업인 또는 생산자단체가 제조 · 가공단계까지 경영을 확장하여 가공식품, 미용제품 등을 생산하는 형을 말한다.

---

24) 6차산업이란 1차 산업의 농림수산업, 2차 산업의 제조 · 가공업, 3차 산업의 서비스업을 복합한 산업으로, '1+2+3=6'차 산업으로 표기하는 것을 말한다. 농산물을 생산만 하던 농가가 스마트 팜 등 IT 기술을 이용하여 고부가가치 상품을 가공하고 향토 자원을 이용해 체험 프로그램 등 서비스업으로 확대시켜 높은 부가가치를 발생시키는 산업을 말한다.

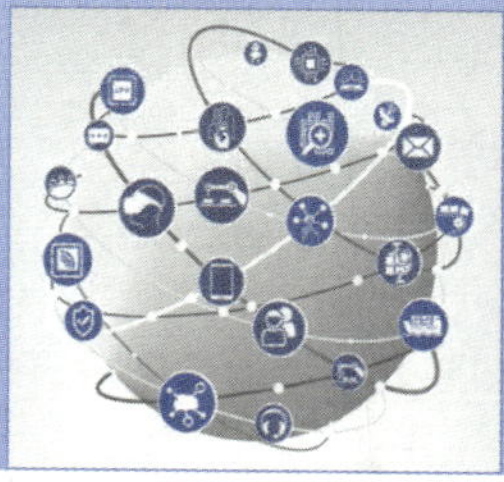

제2장 창업과 자금조달

제2장 창업과 자금조달

Ⅰ. 창업유형

1. 창업의 주체

창업을 준비할 때 창업자 개인을 사업의 주체로 할 것인지 아니면 법인, 즉 회사를 주체로 할 것인지를 정하여야 한다.

개인사업자로 사업을 영위하는 경우에는 법적인 규제가 거의 없어 자유롭게 사업을 할 수는 있는 장점을 갖지만, 다른 한편으로는 사업과 관련된 모든 책임을 창업자 개인이 부담하여야 하는 단점도 있다. 반면에 법인, 즉 회사를 사업의 주체로 하는 경우 회사가 법인격[1]을 갖기 때문에 법적인 규제가 많지만, 최종 책임을 회사가 부담하기 때문에 창업자 개인은 유한책임만 지면되는 장점을 갖는다.

따라서 현행법은 개인사업자의 사업에 관한 상세한 규제를 가하고 있지 않는 반면에, 회사형태의 사업에 대해서는 설립부터 해산 시까지 상세한 규정을 두어 법률로 규제하는 형태를 취하고 있다.

어떤 창업유형이 적합한지에 대하여는 창업자별로 각기 다를 수 있으나, 일반적

1) 법인격이란 권리·의무의 주체가 될 수 있는 자격. 권리의 주체가 될 수 있는 자격이라는 관점에서 보면 '권리 능력'과 같은 개념이다

으로 창업 후 사업을 소규모로 유지하고자 하는 경우에는 개인사업자가 적합하지만, 창업 후 대기업으로 성장하고자 한다면 창업초기부터 회사형태로 창업을 하는 것이 바람직하다.

2. 창업유형

앞에서 본 바와 같이 창업유형은 크게 2가지로 구분할 수 있는데, 하나는 개인사업자 유형이고 다른 하나는 회사유형이다.

개인사업자의 경우에는 사업과 관련된 모든 권리의무는 사업자 개인이 부담하여야 한다. 즉, 사업상 발생한 모든 권리와 의무의 주체는 사업자 개인이라는 것이다. 우선, 세금과 관련하여 개인사업자는 관할 세무서에 사업자등록을 한 후 소득세를 납부하여야 한다. 이것은 수입에서 지출을 뺀 차액이 소득이 되고 이것이 과세표준이 된다. 아래 표와 같이 소득세를 납부하여야 하는데, 소득세 금액의 10%를 지방세로 추가로 납부하여야 하므로 과세표준액이 1억 5천만 원을 초과하는 경우에는 최대 41.6%를 부담하게 된다.

이는 개인사업자의 경우 사업관련 인건비를 포함한 각종 경비를 세액에서 공제하지 않기 때문이다.

〈표 2-1〉 개인사업자의 과세표준

과세표준구간	세 율
1,200만원 이하	6%
1,200만원 초과 4,600만원 이하	72만원 + 1,200만원 초과금액의 15%
4,600만원 초과 8,800만원 이하	582만원 + 4,600만원 초과금액의 24%
8,800만원 초과 1억 5천만원 이하	1,590만원 + 8,800만원 초과금액의 35%
1억 5천만원 초과 5억원 이하	3,760만원 + 1억 5천만원 초과금액의 38%
5억원 초과	170,600만원 + 5억원 초과금액의 40%

또한 개인사업자가 폐업하는 경우 사업과 관련한 모든 부채는 사업자가 개인적으로 모든 책임을 부담하게 되는 무한책임을 부담하게 된다. 반면에 회사(법인)사업자의 경우에는 사업에 관한 모든 권리와 의무의 주체는 회사가 된다. 세금 역시 수입에서 지출을 제한 차액에 대하여 법인세가 부과되는데, 과세기준을 산정할 때 인건비를 포함한 모든 경비를 공제하게 된다. 따라서 개인사업자보다는 법인사업자의 과세기준이 적게 평가되는 것이 일반적이다.

〈표 2-2〉 법인세 과세표준

과세표준			세율
일반법인	과세표준	2억원 이하	10%
		200억원 미만	20%
		200억원 초과 3,000억원 이하	22%
		3,000억원 초과	25%
조합법인			9%
원천징수세율			14%

회사가 폐업(해산)하는 경우에도 존재하는 부채는 회사가 모든 책임을 부담하게 되므로 창업자의 입장에서는 투자한 것만을 손해보는 결과가 되므로 이를 유한책임이라 한다.

다만, 회사명의로 금융권에서 대출을 받거나 기타 채무를 부담하는 경우에 금융기관 등의 채권자가 회사대표에게 회사채무에 대하여 개인적으로 인적보증할 것을 요구하는 경우가 많은데, 이때 회사대표는 회사채무에 대하여 개인적으로 보증을 섰다면 회사가 폐업을 하더라도 개인적으로 연대보증인으로서 회사채무를 변제하는 책임을 지게 된다.

그럼에도 불구하고 창업 후 사업을 지속적으로 성장·발전시키고자 한다면 개인사업자보다는 법인사업자로서 사업을 영위하는 것이 바람직하다고 할 수 있다.

3. 공동창업 시 고려사항

개인사업자가 아닌 회사형태로 창업을 하고자 하는 경우 1인 회사로 출발할 것인지 아니면, 동업을 하기 위해 지분소유자가 2인 이상으로 스타트 할 것인지를 결정하여야 한다. 마이크로소프트(MS)사 창업자인 빌 게이츠(Bill Gates)는 폴 앨런(Paul Allen)과 공동창업을 하였으며, 애플 창업자 스티브 잡스(Steve Jobs)는 스티브 워즈니악(Steve Wozniak)과, 구글 창업자 래리 페이지(Larry Page)는 세르게이 브린(Sergey Brin)과 공동창업을 한 것으로 알려져 있다. 그리고 이들은 현재도 동업자로서 서로 보완적으로 회사를 경영하고 있다.

이에 반해, 아마존 설립자 제프 베조스(Jeffrey Preston Bezos)는 1994년 독자적으로 회사를 설립하였다. 페이스북 창업자인 마크 저커버그(Mark Elliot Zuckerberg)는 단독으로 창업하기는 했지만, 창업초기 1000달러 투자한 에드와도 새버린(Eduardo Saverin)에게 공동창업자의 지위를 부여한 사례가 있다. 그 밖에도 페이스북의 저커버그는 창업초기 사업아이디어를 교환했던 윙클보스(Winklevoss) 형제로부터 특허권을 침해했다는 이유로 소송을 당해 6,500만 달러(약 700억원)를 배상하기도 하였다.

미국 IT기업들의 사례에서 알 수 있듯이 자본이 중심인 제조회사의 경우와 달리 아이디어와 열정이 중심인 IT회사의 경우 설립 당시 서로의 아이디어와 지적 능력을 공유하기 위해 공동창업하는 경우가 다수 있다.

이러한 동업은 창업초기에는 대부분 상호간에 시너지효과를 보며, 성장에 도움이 되는 경우가 많다. 그러나 회사가 성장을 하고 손익분기점을 넘어선 이후에는 경영에 대한 주도권을 확보하기 위하여 동업자간에 경영권 분쟁이 발생하는 경우도 있다. 따라서 동업을 하는 경우에는 동업자 상호간에 지분에 대한 합의를 서면으로 작성하는 것이 필요하며, 지분 배정 시에도 동등한 지분을 부여하기 보다는 지분에 대한 차등을 두는 것이 매우 중요하다. 그리고 차등의 격차가 크면 클수록 경영권도 안정되기는 하지만, 경우에 따라서 공동창업자간의 역할에 따라 합리적으로 지분율을 정하는 것이 바람직하다.

4. 4차산업에 적합한 회사 업종

현재 4차 산업을 주도하는 기업들의 대부분은 IT회사들이며, 구체적으로 IT플랫폼 사업자로 평가받는 구글(Google), 아마존(Amazon), 마이크로소프트(MS), 페이스북(facebook), 아이비엠(IBM), 애플(Apple), 알리바바(Alibaba) 등 모든 회사가 IT를 기반으로 한 회사들이다.

일반적인 견해들에 따르면 현재의 플랫폼사업자들이 사업을 광범위하게 다각화하고 있기 때문에, 이들과 경쟁할 수 있는 새로운 플랫폼 사업자들이 등장하기란 쉽지 않을 것으로 예상되고 있다.

이러한 관점에서 본다면 신규로 창업을 하고자 하는 사람들은 이러한 플랫폼[2]사업자들과 상생할 수 있는 상품을 공급하는 것을 주된 아이템으로 하는 것이 효과적일 것으로 생각된다.

---

2) 플랫폼(platform)이란, 원래 컴퓨터 시스템의 기본이 되는 특정 프로세서 모델과 하나의 컴퓨터 시스템을 바탕으로 하는 운영체제를 말하였다. 예를 들면, MS-DOS상에서 동작하는 DOS가 플랫폼이며, MS-Windows상에서 동작하는 응용 소프트웨어에 있어서는 MS-Windows가 플랫폼이다. 또 어떤 소프트웨어가 제공하는 환경을 플랫폼이라고 하는 경우도 있다. MS-Windows가 제공하는 환경이 MS-Windows의 플랫폼인 것이다. 그러나 애플이 아이폰을 세상에 내놓은 이후, 즉 스마트 시대에는 플랫폼을 다양한 의미로 해석하고 있으며, 일반적으로는 '정거장'에 비유하고 있다. 예를 들어 운송 수단을 이용하고자 하는 사람인 이용자가 되는데 플랫폼은 바로 사람과 운송 수단이 만나는 접점, 혹은 사람과 운송 수단을 매개하는 매개 지점의 역할을 한다고 볼 수 있다. 스마트 시대에 인터넷 사업자, 콘텐츠 제공자, 사용자, 기기 제조사 등 다양한 주체들이 만나는 매개 지점이 플랫폼인 것이다. 이러한 플랫폼의 등장은 기업들에는 기회이기도 하지만 위협이 되기도 한다. 구글, 아마존, 애플, 알리바바, 페이스 북 등은 플랫폼 구축에 성공해 기업 가치가 상승하고 있는 반면, 제조업체, 판매업체, 서비스업체 등은 각각 이들의 플랫폼 내에서 새로운 생존 전략을 마련해야 하는 상황이 됐다.

현재의 IT플랫폼사업자들은 IT서비스는 물론이고 제조와 마케팅, 유통, 물류 등 모든 사업영역을 자체적으로 소화할 정도로 사업을 다각화하였기 때문에 이들이 소비자들을 상대로 직접 판매할 수 있는 상품을 개발하여 이들에게 공급하는 등의 B2B사업이 적합할 것으로 예상된다.

그리고 B2B사업[3)]을 모델로 하여 창업을 하는 경우 창업자가 고도의 지식기반 사업능력을 소유하고 있다면 소규모로 창업, 특히 1인 회사 형태로 창업을 해보는 것도 고려해 볼만하다.

5. 1인 회사

앞에서도 본 바와 같이 4차 산업혁명시대에는 대기업과 1인 기업이 상생하는 창업시대가 도래할 것이라는 것이 일반적인 전망이다. 이는 창업할 때 1인 회사를 설립하여 출발하는 것도 좋은 선택이 될 수 있다는 것을 의미한다.

1인 회사란 회사의 지분을 갖고 있는 자가 1인이라는 것을 의미하는데, 주식회사와 유한회사의 경우에도 2001년 이전에는 상법상 1인 회사의 설립을 허용하지 않았으나 현재는 가능하므로 1인 회사가 다양한 방법으로 활용될 수 있게 되었다 (상법 제288조, 제543조 참조).

참고로 회사의 종류 중 합명회사와 합자회사는 지분소유자가 1인인 경우에도 설립이 불가하며 설립 후에도 1인이 되면 자동해산사유가 된다.

다만, 1인 주식회사를 설립하는 경우에는 고려해 볼 사항들이 있다. 우선, 주식회사는 공개적으로 자금조달을 하는 것이 용이하기 때문에 대기업으로 성장할 가능성이 높은 회사형태임은 분명하지만 그 만큼 법률에서 정한 규제와 제한, 의무 등

---

3) B2B(Business to Business)란 기업과 기업간에 이뤄지는 전자상거래를 말하며, 인터넷을 기반으로 하는 전자상거래의 유형 가운데 하나로, '기업간 거래' 또는 '기업간 전자상거래'라고도 한다.

이 많다는 점을 고려해야 한다.

물론, 현행 상법상 주주 수와 상관없이 자본금 10억 원 미만의 주식회사를 창업할 경우에는 ① 발기설립 시 정관에 대한 인증 의무 면제, ② 주주총회의 소집절차 간소화(상법 제363조), ③ 감사의 선임의무 면제(상법 409조) 등의 예외를 인정하여 자본금 10억 원 이상의 주식회사보다는 규제가 완화되어 있다. 그럼에도 여전히 주식회사에는 규제가 많은 것이 사실이다.

이런 점을 감안해 볼 때 창업 후 급성장할 가능성이 낮은 기업의 경우에는 개인사업자 형태로 사업을 진행하다가 일정한 규모에 도달하면 주식회사로 전환하는 것도 좋은 방법이 될 수 있다.

1인 유한회사의 경우에는 주식회사보다 법적인 규제가 적고, 공시의무도 적기 때문에 폐쇄적으로 운영할 수 있다. 특히, 창업자가 향후 사업을 가족중심의 회사로 성장시키고자 하는 경우에는 1인 유한회사를 설립하는 것도 좋은 방법이 될 수 있다.

참고로 주식회사의 경우에는 다수의 투자자로부터 자금을 조달하기 때문에 회계가 불투명한 경우 투자자들에게 피해가 갈 수 있기 때문에 법률로 주식회사 중 자산 규모가 일정한 수준에 달하면 외부회계법인의 정기적 회계감사를 받아야 한다. 즉, 주식회사 중 직전연도말 기준으로 ① 자산총액이 120억 원 이상이거나, ② 부채총액이 70억 원 이상이고, 자산총액이 70억 원 이상인 경우, ③ 직전연도말 종업원 수가 300명 이상이고, 자산총액이 70억 원 이상인 경우 중 어느 하나에만 해당되더라도 「주식회사외부감사에 관한 법률(외감법)」에 의거하여 회계법인의 외부감사를 받아야 한다. 그러나 현행법상 유한회사의 경우에는 위의 3가지 요건을 갖추어도 외부감사의 대상이 되지 않는다.

그리고 주식회사의 경우 회사가 성장과정에서 불가피하게 자금을 조달하여야 하기 때문에 자연적으로 창업자의 지분률이 낮아질(희석화) 수밖에 없다. 미국처럼 창업자에게 황금주나 차등의결권주가 법적으로 보장되지 않는 한 경영권 위협에 노출될 위험성 높은데, 우리나라에서는 주주평등의 원칙상 황금주나 차등의결권주는 인정되지 않음으로 불법이다.

황금주(golden share)[4]란 보유한 주식의 수량이나 비율에 관계없이 기업의 주요한 경영 사안에 대하여 거부권을 행사할 수 있는 권리를 가진 주식을 말하며, 차등의결권주식(dual class right)[5]이란 보통주식보다 의결권이 수 배 많은 주식으로 최대주주의 경영권 방어를 위하여 사용되는 주식을 말한다. 우리나라에서는 주주평등의 원칙에 위배된다는 점에서 허용되지 않는다.

참고로 독일이나 일본에서는 유한회사가 대세인데, 그 이유는 경영권 안정 때문이라고 생각되며, 이러한 회사들이 오랜 역사를 갖는 강소기업으로 국가경제에 중요한 역할을 하고 있다.

Ⅱ. 창업회사의 유형

1. 회사형태

앞서 본 바와 같이 법인 사업자, 즉 회사형태로 창업을 하는 경우가 성장형 모델로 적합하다고 할 수 있다. 다만, 회사의 유형 중 어느 유형이 창업자에게 가장 바

---

4) 황금주란 보유 수량이나 비율에 관계없이, 극단적으로 단 1주만 가지고 있더라도 적대적 M&A 등 특정한 주주총회 안건에 대하여 거부권을 행사할 수 있는 권리를 가진 주식을 말한다. 일반적으로 공기업이 민영화된 뒤에도 공익성과 민주성을 유지할 수 있도록 보유하는 특별주식이 이에 해당한다. 이 황금주는 1984년 영국의 브리티시텔레콤(BT)을 민영화하는 과정에서 처음 도입되었는데, 그 취지는 민영화된 이후에도 공익성을 유지할 수 있도록 정부가 민간 경영진을 견제하려는 것이었다. 유럽연합(EU) 재판소가 황금주 도입을 불법으로 판정한 바 있으며, 이 제도를 처음 도입한 영국 정부도 자유로운 자본이동을 제한할 뿐 아니라 기업가치를 훼손한다는 이유로 보유하고 있던 브리티시텔레콤과 공항공사의 황금주를 소각한 바 있다.

5) 차등의결권주식이란 최대주주가 소유한 A급주는 주당 1의결권을 행사할 수 있도록 하고 일반주주들에게는 B급 주식을 발행하여 이익배당은 많이 하되, 의결권은 10주당 1의결권을 행사하도록 함으로써 경영권을 용이하게 유지하는 방식으로 활용할 수 있다. 미국에서는 구글이 2004년 공모·상장하면서 창업주들은 보통주보다 의결권이 10배나 많은 주식을 발행해 경영권을 강화하면서도 대규모 자금조달을 한 바 있다. 미국 포드사의 경우에도 대주주는 3.7%의 지분으로 40%의 의결권을 행사하도록 차등의결권을 정관에 정하고 시행하고 있다.

람직한 것인지를 사전에 숙지하는 것은 매우 중요하다.

현행법상 회사는 합명회사, 합자회사, 유한회사, 주식회사, 유한책임회사 등 5가지 유형만 허용된다. 그리고 그 유형은 창업자의 책임의 정도에 따라 구분될 수 있는데, 크게는 무한책임과 유한책임으로 그 책임의 정도를 구분해 볼 수 있다. 무한책임이란 창업 후 사업을 폐지한 경우 부채발생 시 회사의 부채를 창업자 개인이 사유재산으로 변제해야 하는 책임을 말한다. 반면에 유한책임이란 창업 후 회사 폐업 시 발생한 부채에 대하여 창업자가 변제책임을 부담하지 않는 것을 말한다.[6)]

특히, 유한책임제도는 창업과 투자를 유도하여 산업이 발전하는데 크게 기여한 제도이다. 일각에서는 창업자들이 유한책임제도를 악용하는 도덕적 해이현상이 심화될 수 있다는 점에서 이를 법률로 제한하는 법적인 장치가 필요하다는 주장들이 있어 왔다. 그러나 유한책임제도를 택한 회사의 창업자나 투자자에게 무한책임을 부과하는 경우 창업과 투자가 크게 위축될 수 있다는 점에서 이를 법제화하지는 않고 있다. 다만, 사건에 따라 일시적으로 법원의 판사가 해당 사건의 경우에만 창업자나 투자자의 유한책임규정의 적용을 배제하기 위해 회사의 법인격을 부인하여 개인사업자처럼 무한책임을 지도록 하는 판결들이 종종 내려지고 있다.

그러나 이러한 법인격부인의 법리는 법치주의에 반한다는 점에서 공공질서 유지 차원에서 불가피한 경우에만 예외적으로 판례를 통하여 해당 사건에서만 인정되는 것이 현실이다.

대법원은 기존회사가 채무면탈의 목적으로 기업의 형태와 내용이 실질적으로 동일한 신설회사를 설립한 경우, 기존회사의 채권자가 두 회사 모두에 대하여 채무의 이행을 청구할 수 있는지를 다툰 사건에서 이를 인정함으로써 법인격부인의 법리를 적용한 바 있다(대법원 2006. 7. 13. 선고 2004다36130 판결).

---

6) 유한책임사원은 출자가액을 한도로 회사의 채무에 대한 책임을 진다는 점에서 출자가액과 관계 없이 회사의 모든 채무에 대한 책임을 지는 무한책임사원과 대립된다.

2. 합명회사(general partnership)

합명회사는 자본출자한 모든 투자자가 회사채무에 대하여 무한책임을 부담하는 회사형태이다(상법 제212조). 투자자(사원)의 책임이 크다는 점에서 가족이나 친척, 또는 친구 등 매우 친밀한 관계에 있는 사람들이 공동으로 사업을 하기에 적합한 회사라고 할 수 있다. 이러한 합명회사는 사원들 간의 합의와 협력을 전제로 회사를 운영하는 것이 바람직하다는 점이서 이를 인적회사 중의 하나로 분류하고 있다.

이러한 합명회사는 기동력 있는 경영을 할 수 있는 장점을 가지고 있으나 자본출자자(사원)의 책임이 과중하다는 단점을 갖고 있다. 영미법에서는 이를 "general partnership"으로 표현하고 있으며, 이에 대하여는 법인격을 인정하지 않으므로 개인사업자와 동일한 법리가 적용된다. 그러나 우리나라에서는 이러한 무한책임사원만으로 구성되는 합명회사에 대하여도 법인격을 부여하여 회사명의로 대출이나 거래 등과 같은 법률행위를 할 수 있도록 허용하고 있다.

이러한 합명회사는 정관에 다른 정함이 없는 한, 자본출자를 한 모든 사원은 회사의 업무를 집행하고 회사를 대표하는 권한을 소유하게 된다(상법 200조, 207조).

즉, 자본출자한 모든 사원에게 경영권이 부여됨으로서 마치 개인기업을 공동으로 경영하는 효과를 갖게 된다. 이러한 합명회사는 가내수공업 등과 같은 개인의 노동력에 의존도가 높은 분야의 사업에 적합한 회사형태라고 할 수 있다.

우리나라에서는 가족중심의 영농법인들이 합명회사형태를 취하고 있는 경우가 비교적 많은 것으로 알려져 있다.

3. 합자회사(limited partnership)

합자회사란 회사채무에 대하여 무한책임을 부담하는 지분출자자(사원)와 유한책임을 부담하는 사원으로 구성된 회사를 말한다. 이러한 합자회사는 일반적으로는 창업자가 무한책임을 지고 사업을 경영하는 무한책임사원과 이러한 회사에 자본을 제공하고 사업으로부터 발생하는 이익을 분배하되 회사채무에 대하여는 출자금만 포기하면 되는 유한책임사원으로 구성되게 된다.

합자회사 역시 합명회사와 마찬가지로 가족이나 친척, 또는 친구 등 매우 친밀한 사람들이 공동으로 사업을 하기에 적합한 인적회사로 분류된다.

법리적으로는 합자회사는 무한책임사원과 유한책임사원이 각 1인 이상으로 구성되는 이원적 조직의 회사라고 말 할 수 있다(상법 제268조).

특히, 무한책임사원은 당연히 업무집행할 권한이 부여되며, 회사를 대표하게 된다. 그러나 유한책임사원은 원칙적으로는 업무를 집행할 권한은 없으며, 예외적으로 회사정관에서 업무집행권을 부여한 경우에만 예외로 허용된다고 보는 것이 일반적인 견해이다.

경제적으로는 무한책임사원이 경영하는 사업에 유한책임사원이 자본적 참가를 하는 것으로서 인적 요소와 물적 요소가 결합된 형태의 회사라고 말 할 수 있다. 지적 능력이 출중한 인재가 창업을 하는 경우 고려할 수 있는 회사형태이며, 4차 산업시대에 적합한 회사형태일 수 있다. 그러나 합자회사는 무한책임사원의 권한이 광범위한 반면, 투자자 보호가 법적으로 미흡하여 자금조달이 용이치 않은 단점이 있다.

지난 2017년 11월 미국 팝스타 카니예 웨스트(Kanye West)를 지원하는 '카니예 웨스트 크리에이티브 팀(Kanye West Creative Team)'이 한국에 합자회사를 설립했다는 언론보도가 나온 바 있다. 그리고 6차 산업 군에 속하는 농축산 법인들 중에 합자회사형태를 취하고 있는 예들이 비교적 많은 것으로 알려지고 있다.

4. 유한회사(private company, limited liability company)

유한회사는 출자자 모두가 몇 가지 예외적인 경우를 제외하고는 출자금 한도 내에서 책임을 지는 유한책임사원만으로 구성된 회사를 말한다. 이러한 유한회사는 회사의 자치를 폭 넓게 인정하는 합명회사의 장점과 사원이 유한책임을 부담하는 주식회사의 장점을 융합한 회사제도라고 할 수 있다. 형식적으로는 폐쇄적인 회사의 특성상 중소기업에 적합하지만 실질적으로는 주식회사에 가까운 회사라고 할 수 있다.

국내에 현지법인을 설립한 외국계 기업들의 경우 대부분이 유한회사의 형태를 취하고 있는데 이는 법적으로 규제가 주식회사보다 적은 반면 책임은 출자한도로 제한되기 때문이다.

이처럼 유한회사는 창업 시 설립이 주식회사보다도 용이하고 설립비용도 소액이라는 장점을 갖고 있다. 그 밖에도 지배구조가 단순하고 회사경영 상황에 대한 공개의무도 없어서 선진국에서는 여러 세대에 걸쳐 가업으로 사업을 하는 가족회사들이 이 회사형태를 취하고 있다. 특히, 공개의무가 없다는 점에서 외국계 회사들이 선호하는 회사형태라고 할 수 있다.

이런 유한회사의 기관으로는 이사 · 감사 · 사원총회가 있는데, 사원총회에서는 1인 또는 복수의 이사를 선임할 수 있으며, 이사의 권리와 의무는 주식회사의 이사와 유사하다고 할 수 있다. 그리고 감사는 임의기관이기 때문에 반드시 선임하지 않아도 된다.

이러한 유한회사에는 외국계 회사들이 많은 것으로 알려져 있다.[7] 즉, 한국MSD, 한국릴리(LillyKorea), 한국BMS제약 등이 있으며, 우리나라에서는 외국계 IT회사들이 유한회사 형태를 취하고 있는데 이에 해당하는 기업으로는 휴렛패커드(HP: Hewlet-Packard), 스태츠칩팩(statschippac)코리아, 한국마이크로소프트,

7) 신동아, 유한회사 전환으로 '감시망' 벗어나다, 2013년 04월호 기사 참조.

애플코리아, 구글코리아, 한국오라클 등이 있다. 그 밖에도 루이비통코리아와 샤넬 코리아가 주식회사에서 유한회사로 전환하였으며, 에르메스 코리아와 코우치(Coach) 코리아리미티드는 애초부터 법인을 유한회사로 설립한 것으로 알려져 있다.

또한 소비자들에게 널리 알려진 한국피자헛, 도미노피자코리아, 한국맥도날드, 나이키코리아, 한국코카콜라, 아웃백스테이크하우스, 블리자드엔터테인먼트 등도 유한회사이다.

국내 기업이었다가 외국 자본에 인수되면서 유한회사로 전환한 기업들도 있는데, 대표적인 예가 대구텍과 잡코리아이다.

이런 점을 감안하여 볼 때에 4차 산업시대에 부합하는 창업 시 유한회사도 고려해 볼만한 회사형태라고 할 수 있다.

5. 주식회사(company limited by shares)

주식회사란 지분 출자자인 주주에게 주식을 발행하고, 이를 인수한 주주는 인수가액만큼 출자의무를 부담하며, 회사의 채무도 출자한 금액 범위 내에서만 책임을 지는 물적 회사를 말한다.

글로벌 기업들의 대부분이 주식회사의 형태를 취하고 있으며, 이는 자금조달이 용이하여 기업이 성장하는데 필요한 시스템이 정비된 회사형태이기 때문이라고 할 수 있다.

이러한 주식회사의 각 주주는 회사의 채무에 대해서 직접적으로 책임을 부담하지 않고, 회사가 자본 범위 내에서만 책임을 부담하므로 이를 물적 회사라고도 부른다.

주식회사에 있어서 자본금은 회사채권자에 대한 최소한도의 담보액이며 회사신용의 기초라고 할 수 있다. 따라서 상법은 자본의 3원칙[8]이라는 이름으로 자본금

8) 자본의 3원칙: ① 자본 확정의 원칙: 주식회사 설립 시 자본을 정관으로 확정할 뿐만 아니라 자본총액에 상당하는 주식인수(株式引受) 또는 출자인수(出資引受)에 의하여 출자자가 확정

확정 · 자본금 유지 · 자본금 감소에 대한 특별한 제한을 가하고 있다.

주주의 회사에 대한 권리와 의무는 주식을 단위로 정해지며, 각 주식의 금액은 100원 이상으로 균일해야 하며(329조 2항), 모든 주식은 평등한 대우를 받도록 주주평등의 원칙이 상법상 정립되어 있다.

그러나 이러한 주주평등의 원칙이 때로는 유연한 회사경영 또는 탄력적 회사경영에 걸림돌이 될 수도 있다.

참고로 주식회사는 투자자들로부터 투자를 용이하게 받을 수 있는 만큼 법적으로도 투자자보호차원에서 법적으로 많은 규제를 가하고 있다. 따라서 창업 초기에는 유한책임회사나 합자회사로 출발한 후 차후에 회사가 안정기에 접어 든 후에 주식회사로 전환하는 것도 좋은 방법일 수 있다.

6. 유한책임회사(limited liability company, LLC)

유한책임회사는 2012년 개정된 상법에 의하여 도입된 회사의 형태로서 사모투자펀드나 게임회사 등과 같은 청년 창업에 적합한 회사형태라고 할 수 있다.

이 회사 형태는 주식회사처럼 출자자들이 유한책임을 지면서도 이사나 감사를 의무적으로 선임하지 않아도 되는 등 회사의 설립 · 운영과 구성 등에서 사적 자치가 광범위하게 인정되는 회사 형태라고 할 수 있다.

유한책임회사의 내부관계에 관하여는 정관이나 상법에 다른 규정이 없으면 합명

되는 것을 필요로 하는 원칙을 말한다.

② 자본 충실의 원칙: 자본이란 주식회사가 보유할 최소한도의 재산액이므로 그것은 단순한 명목상의 금액으로 머물 것이 아니라 회사는 자본액에 상당하는 재산을 현실로 보유할 것을 요구하는 원칙으로 자본유지의 원칙이라고도 한다.

③ 자본 불변의 원칙: 주식회사의 자본액이 일단 확정되고 나면 법정의 절차에 의하지 않고서는 감소하는 것을 허용하지 않는다는 원칙을 말한다. 자본의 증가는 이사회의 결의에 의해서 신주를 발행할 때마다 행하여지게 되었으므로 현재에 있어서는 자본불변의 원칙은 자본의 감소의 경우에만 해당되는 원칙이 되었다.

회사에 관한 규정을 준용하도록 상법에서 규정하고 있다.

이러한 유한책임회사는 주식회사의 경직된 지배구조 보다 신속하고 유연하며 탄력적인 지배구조를 가지고 있고, 출자자가 직접 경영에 참여할 수 있다는 장점을 갖고 있다. 그리고 각 사원이 출자금액만을 한도로 책임을 지므로, 고도의 기술을 보유하고 있으며 초기 상용화에 어려움을 겪는 청년 벤처 창업에 적합한 회사 형태라고 할 수 있다.

최근에 유한책임회사에 대한 관심이 고조되고 있는 것으로 알려지고 있다.[9] 그 이유는 이러한 유한책임회사는 공동기업이나 회사형태를 가지고 있으면서도 회사 내부에서는 폭넓은 사적자치가 인정되는 조합성격을 가지고 있기 때문일 것이다. 그리고 이러한 유한책임회사로 조직을 변경하고자 하는 유인이 큰 회사들로는 소유와 경영이 동일한 가족기업, 기업의 재무상태가 외부에 공개되기를 원하지 않은 기업, 회의체가 없어 모든 것을 정관에 의해서 정하는 기업, 사채가 없거나, 발행할 계획이 없는 기업, 상장을 고려하지 않은 기업 등이 있다. 최근 들어서는 일반주식회사를 농어업회사법인으로 전환하는 사례도 점차 늘고 있는 것으로 알려지고 있다.

결론적으로 4차 산업시대 1인 또는 소규모 창업 시 가장 바람직한 회사형태라고 할 수 있다.

그러나 법적으로 규제가 적다는 이야기는 때로는 갈등이 빈번히 발생할 수도 있다는 것을 의미한다. 따라서 출자자들 간에 서로 합의한 자치규범인 정관을 보다 세부적으로 작성하여 갈등요인을 사전에 제거하는 것이 필요하다. 구체적으로는 주식회사의 정관을 모델로 하는 것도 바람직할 해법이 될 수 있을 것이다.

9) 전자신문, 유한책임회사에 대한 문의가 많아지는 이유, 2017.08.09. 기사.

Ⅲ. 회사유형별 창업절차

1. 창업절차

창업할 때 어떤 회사의 형태를 취할 것인가를 결정한 후 회사별 상법이 정한 절차를 준수하여야 설립등기를 할 수가 있다. 즉, 창업자가 볼 때 주식회사, 유한회사, 합명회사, 합자회사, 유한책임회사 중 어느 회사의 유형이 가장 적합한지를 결정하고 이에 대한 절차에 따라 회사를 설립하는 것이 중요하다.

회사는 설립등기가 되어야 비로소 법인격을 취득하기 때문에 설립등기를 마치지 못하면 설립준비 중에 발생한 모든 행위에 대한 책임을 창업자가 부담하게 될 수 있다. 즉, 법인격을 취득한다는 말은 사업과 관련된 모든 권리와 의무의 주체가 회사가 된다는 것을 의미한다.

그리고 회사의 종류마다 사원들의 책임정도가 다른 만큼 그 절차역시 상법에서 각각 달리 정하고 있다. 창업 시 이처럼 법에서 정한 절차를 준수하지 않는 경우 과태료 등의 형사처벌은 물론이고 설립무효가 될 수 있으므로 이에 대한 주의를 기울일 필요가 있다.

2. 합명회사의 설립절차

합명회사란 무한책임사원만으로 구성된 회사를 말한다. 이러한 합명회사를 설립하려면 2인 이상의 출자자(사원)가 공동으로 정관을 작성하고, 설립등기를 함으로써 성립하게 된다(상법 제172조, 제178조).

합명회사의 정관에는 ① 목적, ② 상호(이 상호 중에는 합명회사라는 문자를 포함시켜야 함), ③ 사원의 성명 · 주민등록번호 및 주소, ④ 사원의 출자 목적과 그 가격 또는 평가의 표준. 출자의 종류가 노무라면 단순히 노무, 신용이면 신용이라고 기재하면 된다. 그러나 재산출자의 경우에는 그 재산의 종류를 기재하여야 한다. 출자의 가격 또는 평가의 표준은 출자를 금전으로 계산한 가격 또는 그 산정방법을 말한다. ⑤ 본점의 소재지, ⑥ 정관의 작성 연월일 등 이상의 6개 항목을 기재하여야 한다(179조).

출자는 재산출자로 한정되지 않기 때문에 노무출자 · 신용출자도 인정되며, 입사 및 사원의 지위의 양도(지분의 양도)는 다른 사원의 승낙을 필요로 한다(197조). 그러나 퇴사는 자유롭게 인정되고 제명제도도 존재한다.

원칙으로 각 사원이 업무집행권 및 대표권한을 가지며, 각 사원이 경업피지의무를 지는데(198조), 회사와 동종영업에 대하여 자기 또는 타인의 계산으로 사업을 하려면 다른 사원의 승낙을 필요로 한다. 만약 다른 사원의 승낙없이 동종영업분야에 속한 사업을 하는 회사의 이사 또는 무한책임사원이 된 경우 이들은 손해배상책임은 물론이고, 자기계산으로 한 경우에는 회사가 권리의무의 주체가 되며, 타인의 계산으로 한 경우에는 거래를 통하여 발생한 이익을 회사에 반환하여야 한다.

3. 합자회사의 설립절차

합자회사란 유한책임사원과 무한책임사원이 함께하는 회사로서, 경영을 책임지는 사원과 출자만하고 이익배당 등의 사적이익취득을 추구할 수 있도록 운영되는 회사형태이다. 이러한 합자회사를 설립하는 데에는 무한책임사원이 될 자와 유한책임사원이 될 자의 2인 이상이 정관을 작성하고 설립등기를 하면 된다.

합자회사의 정관에는 합명회사의 정관에 기재하여야 할 사항 외에 각 사원 책임의 유한 또는 무한임을 기재해야 하며(270조) 또 그 상호 중에는 합자회사의 문자를 사용하여야 한다(19조).

합자회사의 설립등기를 하는 경우에는 합명회사의 등기사항 외에 각 사원의 무한책임 또는 유한책임인 것을 등기해야 한다(271조).

그 밖의 사항에 관해서는 합명회사의 규정을 준용하도록 하고 있는데, 합자회사의 내부관계의 규정은 임의규정이므로 이와 달리 정하고 싶은 경우에는 정관에 다른 규정을 두면 된다.

그리고 무한책임사원의 출자는 재산 · 노무 · 신용 중 어느 것이든지 출자할 수 있으며, 유한책임사원은 금전 그 밖의 재산만을 출자할 수 있다(제272조). 각 사원의 권리 및 의무와 관련하여서는 정관에 다른 정함이 없는 한 무한책임사원 각자가 업무집행할 권리와 의무를 가지게 되지만, 유한책임사원은 회사의 업무를 집행할 수가 없다(제273조, 제278조).

그리고 업무집행의 의사결정은 업무집행권을 가지는 무한책임사원의 과반수로 결정하며(제269조, 제200조 2항), 유한책임사원에게는 제한적인 감시권이 있을 뿐이다(제277조 2항).

4. 유한회사의 설립절차

유한회사란 출자자인 사원 모두가 출자한도로만 책임을 지는 유한책임사원만으로 구성된 회사를 말한다. 이러한 유한회사는 주식회사와 달리 지분의 양도가 비교적 자유롭지 못한 점이 있다.

유한회사는 주식회사에 비하면 폐쇄적이기 때문에 그 설립절차가 주식회사보다 훨씬 더 간편하며, 모집설립은 인정되지 않고 발기설립만 허용된다.

지분을 출자하는 사원이 되려는 자는 정관을 작성해서 정관이 정한 자본총액을 인수한 후 주식회사의 발기설립과 유사한 방법으로 설립한다(543조–551조). 유한회사의 이사는 각 사원으로 하여금 출자전액을 납입받아야 하며, 현물출자의 경우에는 해당 목적재산을 동산인 경우에는 인도하고 부동산인 경우에는 이전 등기하여야 하며, 기타 지적재산권인 경우에는 변경등록 하여야 한다(548조).

이러한 유한회사의 설립등기는 위의 납입 또는 급여가 있은 날로부터 2주 이내에 본점 소재지 관할 법원등기소에 완료하여야 한다(549조).

그리고 유한회사의 지분출자자인 사원이 현물출자 또는 재산인수[10)]한 목적재산이 회사설립 당시 정관에서 정한 가격보다 실제 가격이 현저히 낮은 경우에는 회사설립 당시의 사원이 회사에 대하여 그 부족액을 연대하여 지급해야 할 책임을 부담해야 한다(550조).

그리고 납입 또는 급여가 완료되지 않은 출자가 있을 경우에는 회사성립 당시의 사원(이사도 포함)은 회사에 대하여 그 납입되지 않은 금액 또는 이행되지 않은 현물의 가액을 연대하여 지급할 책임을 부담하게 된다(551조 1항).

이러한 사원의 전보책임은 면제할 수가 없으나 이사의 책임은 모든 사원이 동의하면 면제할 수 있다(550조 2항, 551조 2항 · 3항).

5. 주식회사의 설립절차

주식회사는 출자한 모든 출자자가 출자한도로만 책임을 지는 극단적인 유한책임회사이며, 동시에 지분양도도 자유로워 출자자에게 매우 유리한 회사형태라고 할 수 있다. 주식회사는 국가경제가 발전하기 위하여 필요한 산업자본의 유입을 증대시키기 위하여 창안된 제도로서 각국의 산업발전에 기여도가 큰 회사형태라고 할 수 있다.

이처럼 주식회사는 지분의 양도가 자유롭고 주주도 출자한도로만 책임지기 때문에 다른 형태의 회사보다는 그 설립절차가 복잡하고, 법적인 규제들도 많다. 즉, 투자자보호차원에서 설립절차도 복잡하게 하고, 회사내용도 투자자들이 알아볼 수 있도록 공시제도도 상세히 규정하고 있다.

---

10) 재산인수란 발기인이 회사의 성립을 조건으로 제3자로부터 특정 재산의 취득을 목적으로 하는 매매형식의 계약으로 변태설립사항의 일종을 의미한다. 정관에 기재하지 않은 재산인수의 효력은 무효이다.

이러한 주식회사의 설립절차에 대하여 개괄적으로 보면 ① 발기인 선정, ② 정관 작성, ③ 자본확정, ④ 기관구성, ⑤ 창립총회, ⑥ 설립등기 등의 절차로 구분해 볼 수 있다.

1) 발기인 선정

발기인은 주식회사의 설립자로서 정관에 발기인으로 기명날인 또는 서명한 자를 말하는데, 반드시 여러 사람일 필요는 없다. 즉, 발기인은 1인이어도 상관없다. 2001년 상법개정 이전에는 설립 시 발기인은 반드시 3인 이상일 것을 요하였지만 현재는 설립절차를 신속·간편하게 하기 위하여 그 숫자의 제한을 가하지 않음으로서 1인의 발기인으로도 충분하다.

발기인이 될 수 있는 자격요건에 대하여 상법은 특별한 제한을 가하고 있지 않다. 따라서 무능력자, 즉 미성년자. 한정치산자, 금치산자도 발기인이 될 수 있지만, 미성년자나 한정치산자의 경우에는 법정대리인의 동의가 필요하며, 금치산자의 경우에는 항상 법정대리인이 대신하여야 법적 효력이 발생한다.

이러한 발기인은 반드시 1주 이상의 주식을 인수하여야 하는데 인수할 때에는 서면으로 하여야 하며, 의사록을 작성하여 의사의 경과와 그 결과를 기재하고 기명날인 또는 서명하여야 한다.

또한 발기인은 설립 중의 회사의 기관으로서 설립에 필요한 모든 행위를 할 수 있는 직무권한을 가진다. 그리고 그의 행위에 의한 권리·의무는 회사가 설립함과 동시에 회사에 귀속되지만, 회사가 설립등기를 하지 못하고 실패하는 경우 그 모든 권리와 의무는 발기인에게 귀속된다. 즉, 회사설립이 실패한 경우, 설립 중에 행하였던 모든 행위들에 대한 책임과 권리는 모두 발기인이 부담하거나 갖게 된다(326조).

2) 정관 작성

정관이란 회사의 자치규범이라고 할 수 있으며, 주주들이 앞으로 회사운영과 관련된 중요한 사항들에 대하여 의사결정과 집행방법을 합의한 것을 말한다. 정관은 상법에서 강행규정, 예를 들어 “해야한다”라는 규정을 제외한 모든 사항을 정할 수 있다는 점에서 매우 중요한 자치규범이라고 할 수 있다. 특히, 정관에 상세한 규정이 있는 경우 경영진의 경영활동이 제한될 수 있는 단점이 있기는 하지만 결정적인 사안에 대하여 책임을 면할 수 있는 근거가 된다는 점에서 신중하게 작성하고, 활용할 필요가 있다.

이러한 정관은 발기인이 작성하고 서명 또는 기명날인하여야 하며, 기명날인한 발기인은 회사 및 제3자에 대한 손해, 그리고 인수가 안된 주식이나 납입이 안된 주식에 대하여 연대하여 인수나 납입담보책임을 져야 하는 경우도 발생할 수 있다.

그리고 일반적으로 회사설립의 첫 번째 단계는 정관작성을 통해 창업에 대한 구체적인 의지가 표현된다고 할 수 있다.

3) 자본의 확정

주식회사란 자본만으로 책임을 지기 때문에 회사설립 시 주식을 배정하고 배정된 주식을 인수하고, 이에 대한 주금을 납입하는 것이 매우 중요하다.

여기서 주식의 배정이라 함은 주식을 인수하고자 하는 자의 청약에 대하여 발기인이 인수될 주식의 수를 부여하는 행위를 말하며, 그 절차는 먼저 주식을 인수하고자 하는 자가 원하는 수만큼의 주식을 배정하여 줄 것을 청약하면 발기인이 이에 대해 결정하는 것을 말하며, 배정의 권한은 전적으로 발기인에게 있다. 즉, 주식인수의 청약에 대하여 발기인은 배정방법을 미리 공고하지 않은 이상 자유로이 배정할 수 있는데, 이를 배정자유의 원칙이라고도 한다. 그리고 주식청약자는 아직 주주가 아니므로 이 경우에 주주평등의 원칙이 적용되지도 않기 때문에 법리적으로 문제가 없는 것으로 해석되고 있다.

회사 설립 후에는 자본금을 증가시키기 위하여 신주를 발행하는 경우에 정관 변경 없이 이사회결의만으로 가능합니다. 자본금 증가 없이 타인의 자금을 조달하고자 하는 경우에는 사채제도를 활용하면 되고, 그 결정 역시 이사회가 결의하면 된다(469조).

4) 기관의 구성

주식회사를 설립하려면 상법상 반드시 의사결정기관인 주주총회, 이사회, 그리고 업무집행과 대표기관인 대표이사 및 감독기관인 감사 기관을 설치해야 한다.

이러한 기관의 역할과 관련하여 상법은 주주총회를 최고의 의사결정기관으로 정하고 그 역할과 관련하여서는 상법과 정관에서 정한 사항만 결의할 수 있도록 규정하고 있다(361조).

이사회 역시 의사결정기관이며, 그 권한과 의무 역시 상법과 정관에서 정하도록 규정되어 있다(393조). 그리고 그 권한으로 중요한 자산의 처분 및 양도, 대규모 재산의 차입, 지배인의 선임 또는 해임과 지점의 설치 · 이전 또는 폐지 등이 해당된다.

그 밖에도 이사회는 이사의 직무집행에 대하여 감독할 수 있으며, 이사회의 구성원인 이사는 대표이사로 하여금 다른 이사 또는 피용자의 업무에 관하여 이사회에 보고할 것을 요구할 수 있다.

대표이사는 주주총회와 이사회에서 결정사항이나 정관에서 정한 사항을 회사를 대표하여 집행할 권한을 갖고 있다. 그리고 감사는 이사나 대표이사의 업무집행감독권과 회계감독권 모두를 갖고 있다. 이와 관련하여 이사회의 감독권과 감사의 감독권이 상충될 여지가 있는데, 이에 대하여 일반적으로는 이사회의 업무집행감독권은 적법성은 물론이고 타당성 조사할 수 있는 것으로 해석되고 있다. 그러나 감사의 업무감사권은 적법성감사에 국한된다고 보는 것이 일반적인 견해이다.

5) 창립총회

발기인은 출자의 이행이 끝나면 지체 없이 창립총회를 소집하여야 한다. 창립총회의 결의는 출석한 주식인수인의 의결권의 3분의 2 이상이며 인수된 주식 총수의 과반수에 해당하는 다수로써 결의하게 된다(상법 309조). 그리고 그 권한은 회사설립에 관한 모든 사항에 미치며, 창립에 관한 사항을 발기인이 보고하고, 창립총회에서 선임된 이사 · 감사가 주식 총수의 인수 · 이행의 유무를 조사 · 보고해야 한다

(제311조, 제313조).

이러한 창립총회는 변태설립사항[11]의 변경, 정관변경 또는 회사설립폐지의 결의도 할 수 있다(제314조, 제316조). 특히, 변태설립사항은 현물출자, 재산인수, 발기인의 특별이익, 설립비용 및 발기인의 보수 등이 이에 해당하며, 이들은 발기인들이 도덕적으로 해이해 지는 경우 회사의 자본이 손실될 위험성이 있기 때문에 이러한 사항은 정관에 기재하고 법원이 선임한 검사인의 검사를 받아야 한다. 그리고 검사인은 창립총회에서 이에 대한 보고를 하여야 한다.

6) 설립등기

주식회사는 설립등기를 마쳐야 비로소 법인격을 취득하게 되어, 권리의무의 주체가 될 수 있다(제317조). 즉, 회사이름으로 거래 등 회사업무 관련 일들을 할 수 있게 된다. 이러한 주식회사의 설립등기는 창립총회가 종결한 날로부터 2주간 내에 이를 하여야 한다.

등기사항은 ① 목적, ② 상호, ③ 회사가 발행할 주식의 총수, ④ 액면주식을 발행하는 경우 1주의 금액, ⑤ 본점의 소재지, ⑥ 회사가 공고를 하는 방법, ⑦ 자본금의 액, ⑧ 발행주식의 총수, 그 종류와 각종주식의 내용과 수, ⑨ 주식의 양도에 관하여 이사회의 승인을 얻도록 정한 때에는 그 규정, ⑩ 주식매수선택권을 부여하도록 정한 때에는 그 규정, ⑪ 지점의 소재지, ⑫ 회사의 존립기간 또는 해산사유를 정한 때에는 그 기간 또는 사유, ⑬ 주주에게 배당할 이익으로 주식을 소각할 것을 정한 때에는 그 규정, ⑭ 전환주식 발행 사항, ⑮ 사내이사, 사외이사, 그 밖에 상무에 종사하지 아니하는 이사, 감사 및 집행임원의 성명과 주민등록번호, ⑯

---

11) 변태설립사항이란 주식회사설립과 관련된 사항들 가운데 회사의 자본적 기초를 약화시킬 우려가 있는 것을 말한다. 상법은 회사의 자본을 충실하게 하기 위해 변태설립사항을 강행규정으로 하고 있으며 이를 위반한 경우 원칙적으로 무효이다. 변태설립사항에는 발기인의 특별이익, 현물출자, 재산인수, 설립비용과 발기인의 보수 등이 있다. 이러한 변태설립사항은 정관에 기재하여야 하며, 법원이 선임한 검사인의 검사를 받아야 합니다. 그리고 창립총회에서 이에 관한 사항을 보고하고 승인을 받아야 한다.

회사를 대표할 이사 또는 집행임원의 성명·주민등록번호 및 주소, ⑰ 2인 이상의 대표이사 또는 대표집행임원이 공동으로 회사를 대표할 것을 정한 경우에는 그 규정 ⑱ 명의개서대리인을 둔 때에는 그 상호 및 본점소재지, ⑲ 감사위원회를 설치한 때에는 감사위원회 위원의 성명 및 주민등록번호 등이다.

이처럼 등기를 하는 이유는 투자자 등 이해관계자들에게 회사의 등기사항을 알 수 있도록 공시함으로써 투자 등의 의사결정을 할 때에 참고할 수 있도록 하는데 목적이 있으며, 그 취지는 투자자를 보호하기 위함이다.

Ⅳ. 자금조달 의의 및 성공사례

1. 자금조달

창업을 하는 경우 대부분은 창업초기자본만을 가지고 사업을 시작하는 경우가 많다. 그러나 창업 후 일정기간이 경과하게 되면 신규투자가 필요하게 되고 결국 타인으로부터 직접이든 간접이든 자금을 조달해야만 사업을 유지·발전시킬 수 있는 것이 현실이다.

이러한 타인으로부터의 자금조달은 지분을 부여하거나 이자를 지급해야 한다는 점에서 그 대가를 지불하여야 하므로 득과 실을 따져서 적절한 자금조달방법을 모색할 필요가 있다. 자금조달에는 직접적인 자금조달과 간접적인 자금조달로 구분해 볼 수 있다. 직접적인 자금조달은 주식이나 사채를 발행하여 주주나 사채권자들로부터 직접 자금을 조달하는 방법이며, 간접적인 자금조달은 금융기관으로부터 금전 차입형태로 자금을 조달하는 방법이다.

이 중에서 간접적인 자금조달, 즉 차입방식의 자금조달은 금융기관과 창업자간의 사적인 계약의 형태로 이뤄지기 때문에 이에 대하여 제도적으로 규율할 필요성은 적다고 할 수 있다.

그러나 창업자나 사업자가 다중을 상대로 신주를 발행하여 직접적으로 자금을 조달하는 경우에는 발행주식수가 증가한다는 점에서 주주들과의 이해관계가 대립될 수 있다.

이러한 경우에는 주주들에게 신주인수권을 우선적으로 배정하도록 하는 등의 주주보호절차를 규정해 놓고 있다. 또한 사채발행을 통한 자금조달의 경우에는 다수의 사채권자들로부터 자금을 조달해야 한다는 점과 주주들과의 관계에서 불이익을 볼 수 있기 때문에 상법은 사채권자의 보호에 관하여도 채권자보호절차 등과 같은 상세한 절차규정을 두고 있다.

2. 자금조달방법

창업 후 사업이 본 궤도에 진입하기까지는 추가적인 자금조달이 지속적으로 요구된다. 예를 들어 어렵사리 기술을 개발한 후 이를 기반으로 한 시제품을 생산하는 단계에서 자금조달 문제로 어려움을 겪는 경우가 많다. 이러한 어려운 과정을 일반적으로 데스밸리(Death Valley), 즉 죽음의 계곡이라고 부르기도 한다.[12] 오늘날 대기업으로 성장한 기업들도 창업초기에 자금조달 문제로 홍역을 치른 일들이 많았다. 예를 들어 페이스 북의 창업자인 마크 저커버그는 기숙사에서 창업을 하면서 비용이 필요하여 급우인 새버린으로부터 불과 1,000달러를 투자받았지만, 페이스북이 성장한 후에 추정컨대 수천 억 원의 대가를 지급하고 공동창업자로 인정해야 하는 사건이 발생한 바 있었다.

12) 데스밸리(Death Valley)란 창업 기업이 연구개발(R&D)에 성공한 후에도 자금 부족 등으로 인해 사업화에 실패하는 기간을 말한다. 이러한 데스밸리는 연구개발에 모든 자본을 투자하느라 적자가 누적되면서 은행 대출이 막히고, 빠른 시간 내에 기업공개(IPO)를 할 가능성이 희박해 벤처캐피털 투자자들로부터 외면당하면서 생기는 현상으로, 보통 흑자를 내기 전까지 지속된다.

반면에 대기업으로부터 지분 투자를 받은 후 급성장한 기업들도 있다. 예를 들어 페이스 북의 경우에는 2007년 1.6% 지분의 대가로 MS사로부터 2억 4,000만 달러를 투자받은 후 글로벌 플랫폼 사업자로 급성장한 바 있다.

알리바바도 2000년 소프트뱅크의 손정의 회장으로부터 2,000만 달러(한화 약 210억 원)를 투자받은 후 2017년 10월 현재 시가총액이 약 4천700억 달러(약 500조 원)인 글로벌 최대기업으로 성장하였으며, 그 규모는 아마존의 시가총액(4천700억 달러), 페이스 북(5000억 달러)과 동등한 정도로 성장하였다.

이처럼 창업 후 데스밸리를 넘기 위해 창업자들은 다양한 자금조달방법들을 사용하여 왔다. 이러한 방법들은 크게 5가지로 구분하여 분류해 볼 수 있는데, 이를 구체적으로 보면 ① 주식발행방식, ② 사채발행방식, ③ 벤처투자기관에 의한 투자방식, ④ 엔젤/크라우드 펀드에 의한 투자방식, ⑤ 대출(차입)에 의한 자금조달 방식 등이 있다. 이러한 내용들에 대하여 이해를 돕기 위해 사례를 중심으로 설명해 보고자 한다.

3. 주식발행방식의 자금조달사례: 알리바바/페이스북

회사에 자본으로 투자한다는 것은 회사가 파산하는 경우 발생하는 자본손실로 인한 투자손실도 기꺼이 감수하겠다는 의지의 표현이라고 할 수 있다. 이처럼 손실의 우려가 있음에도 불구하고 투자를 하는 이유는 이익이 발생하는 경우 이익배당은 물론이고 투자지분의 가치가 상승하는 이익을 향유할 수 있기 때문이다.

더욱이 창업자 입장에서는 자본투자를 받는 것이 파산을 하더라도 부채가 발생하지 않는다는 점에서 매우 매력적인 자금조달방법이 될 수 있다. 더욱이 자금력이 있는 대기업이 창업자에게 투자하는 경우에는 마케팅에 유리할 뿐만 아니라 사업영역을 공유할 수 있다는 점에서 성공이 보장되었다고도 평가할 수 있다.

1999년 직원 17명과 함께 알리바바(Alibaba)를 창업한 마윈은 창업 초기 한 건의 거래도 성사시키지 못하며 좌초 위기에 직면한 바 있었다. 그러나 일본 소프트뱅크의 손정의 회장으로부터 2,000만 달러(한화 약 210억 원)의 대가로 주식을 발행하여 알리바바 지분의 35%를 부여하는 조건으로 투자를 받은 후 국내외의 주목을 받으며 사업 활로를 개척한 것으로 알려져 있다. 현재 알리바바의 최대주주는 소프트뱅크(28%)이며, 2대주주는 미국의 야후(10%)인 것으로 알려지고 있다. 그리고 창업자인 마윈 회장이 3대 주주(7.3%)이며, 마윈은 알리페이(Alipay)라는 회사를 창업하여 현재는 이 회사의 지분 48.5%를 소유하면서 알리바바 온라인 쇼핑몰에서 거래되는 대금결제를 알리페이를 통해 지급하는 핀테크사업도 동시에 하고 있다.

페이스 북의 마크 저커버그는 2004년 기숙사에서 창업을 하면서 비용이 필요하여 급우인 새버린에게 1,000달러를 투자받으면서 페이스북 지분의 34%를 부여하기로 합의를 한 바 있다. 이를 계기로 저커버그는 전략적으로 자금조달을 해야 할 필요성을 인식하고, 2006년 야후가 10억 달러에 인수하겠다는 제안을 거절하고 2007년 MS사에게 지분 1.6%를 부여하면서 그 대가로 2억 4,000만 달러를 투자받았다. 이 투자를 계기로 세계적 플랫폼 사업자로 성장하여 2017년 11월 현재에 자산가치가 500조원에 달하는 기업을 만든 것이다.

그러나 이러한 주식발행방식이 때로는 경영권 분쟁의 원인이 될 수도 있다. 앞의 사례들은 성공한 사례이지만 투자금의 대가로 과도하게 주식을 발행하여 배정한 경우 경영권을 찬탈당하거나 기술을 탈취당하는 결과를 가져올 수도 있다.

물론, 기업이 아닌 불특정 다수를 상대로 주식을 발행하여 자금을 조달할 수도 있지만 이는 주식을 상장한 기업들에게 일반적으로 가능한 방법이므로 창업단계에서는 경영권을 보장받으면서도 성장하는데 원원할 수 있는 투자자를 찾는 것이 성공의 관건이라고 할 수 있다.

4. 차입(사채 및 대출)에 의한 자금조달 사례: MS

사채(社債)란 투자자들로부터 금전을 차입하는 방식을 말하며, 대출이란 금융기관으로부터 금전을 차입, 즉 돈을 빌리는 것으로 주식 발행 없이도 자금을 조달할 수 있는 장점을 갖고 있다. 그리고 이러한 차입을 통하여 자금조달 후 성장의 발판을 마련한 대표적인 기업으로 MS사를 들 수 있다.

MS사의 창업자인 빌 게이츠는 1975년 하버드대를 중퇴한 후 19살에 21살의 앨런과 함께 앨버커키에서 자본금 1,500달러와 3명의 직원으로 창업을 한 것으로 알려져 있다. 창업 첫해에는 총매출이 1만 6,000달러에 불과하였지만 빌 게이츠가 컴퓨터 프로그램 언어인 'BASIC'을 개발하고 '포트란(FORTRAN)'을 후속 프로그램으로 출시한 후 1978년에는 매출액이 100만 달러에 달할 정도로 성장하였다. 특히, 1980년 IBM사가 PC를 개발하면서 MS사에 컴퓨터 운영체제(OS)의 개발을 의뢰하였고 빌 게이츠의 MS-DOS가 IBM에서 출시한 PC의 운영체계로 채택된 후 초대형 글로벌 기업으로 탄생하게 되었다.

이처럼 MS사는 창업 직후부터 급성장을 하였지만 성장하는 과정에서 지분투자를 받았다는 사실은 알려지지 않았다. 즉, 다른 기업들과 달리 창업초기에 특정 벤처캐피탈이나 대기업으로부터 지분투자를 받았다는 사실이 알려져 있지 않다. 이는 MS사가 은행 또는 누군가로부터 금전을 차입하는 방식으로 자금을 조달하였다는 것을 의미한다.

현재 MS사에 대한 빌게이츠의 지분은 2.26%에 불과한데, 이처럼 적은 지분을 소유하게 된 이유는 빌게이츠가 설립한 공익재단에 지분을 기부하기도 하였지만, 다른 한편으로는 MS를 상장(IPO)하는 과정에서 신주를 발행하여 지분소유율이 감소했던 것으로 이해된다.

이처럼 창업초기에 신주를 발행하지 않고도 차입만으로 자금을 조달한 기업들은 자금조달의 필요성을 느끼지 못할 정도로 매출이 급성장한 사례에 해당하기 때문에, 굳이 지분투자를 받지 않고도 자체적으로 재원을 조달할 만큼 경영실적이 좋았던 것으로 추측된다.

앞에서 말한 대로 빌게이츠는 현재 2.26%의 지분만을 소유하고도 MS사에 대한 강력한 지배력을 확보하고 있는데 그 이유는 '빌&멜린다 게이츠 재단'에 빌게이츠가 40조원 상당의 MS 주식을 기부한 후 이 재단을 통하여 의결권을 행사하고 있는 것으로 추정된다.

이처럼 주식을 발행하지 않고도 자체적으로 자금을 조달하여 창업 후 3년차에 찾아오는 데스밸리(Death Valley)의 위기를 잘 극복한 창업자에게는 향후에 경영과 관련한 선택의 폭이 커짐은 분명하다.

그러나 사채를 발행하여서도 주식발행의 경우처럼 데스밸리를 용이하게 극복하기는 쉽지 않다. 그 이유는 사채는 상장한 기업들만이 조달할 수 있는 것이 일반적이기 때문에 창업자가 데스밸리를 극복할 수 있는 방법으로는 활용하기에는 어려운 점이 많다.

그리고 금융기관으로부터 대출을 받는 경우에는 창업자가 연대보증을 서는 것이 일반적이므로 창업에 실패하는 경우에 자칫하면 신용불량자가 될 수도 있다는 점을 사전에 알아두는 것이 필요하다.

5. 벤처투자기관의 투자 사례: Amazon

창업자가 자금을 조달할 때 앞에서 본 것처럼 민간기업 또는 개인으로부터 투자받는 경우도 있지만, 벤처기업에 투자하는 것을 사업목적으로 하는 벤처투자사업자들로부터 투자를 받는 경우도 있다. 이러한 벤처투자기관은 경우에 따라서는 벤처사냥꾼이 될 수도 있기 때문에 각국은 법률로 이러한 부작용을 사전에 예방하는 차원에서 규제를 하고 있다.

우리나라 「벤처기업육성에 관한 특별조치법(벤처기업법)」에서는 이러한 벤처투자기관을 투자전문관리기관이라고 부르고 있는데, 이에 해당하는 것으로는 중소기업창업투자조합, 신기술사업투자조합, 중소기업투자모태조합, 한국벤처투자조합 등이 있다. 미국에서는 이러한 벤처투자기관을 벤처캐피탈이라는 이름으로 부르고 있으며 우리나라처럼 법률로 규제하고 있지는 않다.

아마존의 창업자인 제프 베조스(Jeff Bezos)는 1995년 시애틀에서 인터넷 서점으로 창업한 후 1995년 말, 벤처 투자회사로부터 98만 달러의 자금을 투자받은 후 사업이 본 궤도에 진입하였으며, 1996년 봄에는 벤처 캐피털 회사인 클라이너 퍼킨스(Kleiner Perkins)로부터 800만 달러를 투자받은 후 글로벌 기업으로 성장한 것으로 알려져 있다. 즉, 인터넷서점에서 출발하여 현재는 도서, 의류, 신발, 보석, 식품 등 다양한 품목을 판매하는 미국의 온라인(Online) 커머스(Commerce) 회사로 성장하는데 중요한 기반을 마련하였던 것이다. 창업 시 아마존 지분 100%를 소유했던 베조스는 이러한 투자를 받는 과정에서 그 대가로 신주를 발행하였기 때문에 2017년 7월 현재는 16.95%의 지분만을 보유하고 있는 것으로 알려지고 있다.

구글도 벤처투자를 받아 성장의 발판을 마련한 것으로 알려지고 있다. 구글 창업자인 래리 페이지와 세르게이 브린은 1998년 캘리포니아 주 먼로 파크에 있는 친구집 차고에서 『Google Inc.』를 창업하였다고 한다. 이때 스탠퍼드 대학 교수의 소개로 선 마이크로시스템즈(Sun Microsystems)의 공동 창업자 중 한 사람이었던 앤디 벡톨샤임(Andy Bechtolsheim)으로부터 10만 달러의 투자를 받았다고 한다. 그리고 1999년에는 '클라이너 퍼킨스 코필드 & 바이어스와 세쿼이아 캐피털(Kleiner Perkins Caufield & Byers, KCPB)'로부터 2500만 달러의 투자를 받은 후 급성장을 한 것으로 알려지고 있다. 창업초기에는 구글 지분의 100%를 소유했던 페이지와 브린이었지만, 현재는 약 15%의 지분을 소유하면서도 51%의 의결권을 행사할 수 있는 차등의결권을 갖고 있는 것으로 알려지고 있다. 이처럼 페이지와 브린은 소수의 지분으로도 지배적인 의결권을 유지할 수 있도록 하기 위하여 구글은 2015년 의결권이 없는 우선주를 발행했던 것으로 알려져 있다.

이처럼 벤처투자기관으로부터 지분투자를 받아 성장하는 것도 좋은 사례가 될 수 있는 것은 분명하다. 그러나 어떤 벤처투자기관으로부터 받을지 여부에 대한 신중한 접근이 필요하다. 우리나라는 벤처투자기관을 법률로 규제하고 있기 때문에 벤처투자가 활성화되어 있지는 않다. 4차 산업시대를 맞이하여 벤처투자가 활성화될 수 있도록 제도적 개선이 필요하다고 본다.

6. 엔젤/크라우드 투자사례

투자를 전문으로 하는 벤처캐피탈과 달리 개인투자자들이 중심이 되어 자본이 부족한 벤처기업에게 미래의 성장가능성을 보고 개인들이 투자하는 방식을 엔젤투자라고 한다.

그리고 최근에는 자금을 필요로 하는 창업자가 온라인 플랫폼 등을 통해 불특정 다수 대중으로부터 자금을 모으는 방식인 크라우드 펀딩(crowd funding)[13]이 크게 관심을 끌고 있다. 이러한 크루우드펀딩이 초기에는 트위터, 페이스북 같은 소셜네트워크서비스(SNS)를 적극 활용하였기 때문에 '소셜 펀딩'이라고 불리기도 했다.

그리고 개인이 아니라 모임을 이뤄서 엔젤투자를 하는 경우도 있는데 이러한 투자자모임을 엔젤그룹이라 한다. 엔젤그룹은 전도유망한 신생기업에 투자하려는 부유한 개인투자자들의 모임이라고 할 수 있는데, 엔젤투자는 개인보다는 이러한 엔젤그룹을 통하여 이뤄지는 것이 일반적이다. 이는 엔젤투자의 기회가 누구에게나 주어지는 것은 아니라는 것을 의미한다.

최근에는 엔젤그룹이라는 명칭보다는 엔젤포럼이란 용어를 사용하고 있는데, 이러한 대부분의 엔젤포럼의 경우 인증 투자자(accredited investor)에게만 참여의

---

13) 크라우드 펀딩(crowd funding)이란 자금을 필요로 하는 창업자가 온라인 플랫폼 등을 통해 불특정 다수 대중에게 자금을 모으는 방식을 말한다. 대중을 뜻하는 크라우드(Crowd)와 자금 조달을 뜻하는 펀딩(Funding)을 조합한 용어로, 소셜네트워크서비스(SNS)를 적극 활용해 '소셜 펀딩'이라고 불리기도 했다. 이러한 크라우드 펀딩은 종류에 따라 지분투자형(증권형), 대출형, 후원형, 기부형 등 네 가지 형태로 나뉜다.

기회를 주고 있다. 미국의 사례를 보면 이러한 엔젤그룹이나 포럼의 경우 수백만 달러의 자산가나 20만 달러(약 2억 원) 이상의 연봉수입자에게만 인증을 부여하고 이들에게만 엔젤 투자의 기회를 주는 것이 일반적이다.

이들 엔젤펀드들은 각 신생기업의 현금 흐름 가능성을 분석한 후, 연 50% 이상의 투자수익률을 올릴 수 있는 기업을 선택하는 것이 일반적이라고 한다. 엔젤펀드들은 스스로 도박과 같은 투자를 한다고 생각하기 때문에 초기단계의 기업에 투자할 때 스스로도 실패할 확률이 높다고 보고 적어도 10개 이상의 기업에 분산 투자하는 것이 일반적이다.

2013년 중국 상해에 생산공장을 가동하며 중국시장 진출을 현실화한 화장품 제조기업 "(주)제닉"이 사업 초기 어려움을 겪을 당시 엔젤투자를 받아 투자금의 65배에 달하는 수익을 발생시켜서 엔젤투자의 성공사례로 재조명 받은 바 있다.

2001년 회사 설립 당시, 창업자금이나 사업운영 비용은 대표가 저축해온 자금과 가족과 주변 친지들로부터 소액씩 차입한 자금이 전부여서 사업운영에 상당한 어려움을 겪던 중 투자자들에게 창업자의 열정과 차별화된 기술력을 어필하였더니 이를 접한 엔젤펀드로부터 투자하겠다는 제안을 받게 되었다고 한다. ㈜제닉은 엔젤투자 이후 금융기관의 소액대출로 운영자금을 조달하고, 차후 기술력을 인정받으며 공장 설립자금과 운영자금 등을 투자받아 급속한 매출성장을 이뤄낼 수 있게 되었다고 한다.

이러한 크라우드 펀딩은 영국에서 시작되었다고 하는데, 2005년 Raw Halo라는 업체는 마감시간을 정해놓고 초콜릿 원료를 취급하는 회사라는 점을 강조하고 목표금액을 £85,000으로 설정하고 실시간 금액을 홈페이지에 기록하였다고 한다. 결과적으로 목표금액에 근접한 £84,810를 투자받았고, 이에 투자한 투자자 수가 132명에 달할 정도로 만족할만한 성공을 이뤘다고 한다.

Mush라는 업체는 마감시간을 정해놓고 그 업체의 장점을 Johnson & Johnson brand와 같다고 표시하면서 목표금액을 £650,000로 제시하였는데 458명의 투자자가 £753,850을 투자하였다고 한다.

이처럼 창업 후 데스밸리를 건너는 과정에서 엔젤투자와 크라우드 투자를 통해 자금조달하는 것도 좋은 방법이 될 수 있다. 다만, 엔젤투자의 경우에는 경영권 분쟁에 대한 사전 조치가 필요하며, 크라우드 투자의 경우 영업이익이 단기간에 창출되지 않으면 투자자들의 성급함 때문에 조속히 사업을 중단해야 하는 경우도 발생할 수 있다. 이에 대한 사전 준비가 필요할 수 있다.

Ⅴ. 주식발행을 통한 자금조달

1. 자본증가

창업 후 사업이 성장하면 할수록 매출과 이익이 증가하기는 하지만 다른 한편으로는 비용도 증가하기 마련이다. 결국, 기업이 성장하면 할수록 자금조달의 중요성이 증가하며, 이때 자본증가의 방법으로 주식을 발행하여 비용을 충당하는 경우에는 회사의 부채가 증가하지 않아 이자부담이 발생하지 않기 때문에 가장 효과적인 자금조달방법이라고 할 수 있다.

따라서 대부분의 기업들이 대기업으로 성장하는 과정에서 신주를 발행하여 자본규모도 증가시키면서 사업의 동반자도 확보해 왔다. 그러나 경우에 따라서는 이러한 동반자가 경영권을 공격할 수도 있기 때문에 신주발행은 양면성을 갖는 자금조달방법이라고 할 수 있다.

결론적으로 주식발행을 통한 자금조달을 하는 경우 누구에게 신주를 배정할 것이며, 그 신주발행가액과 규모 등을 어떻게 정하는지가 매우 중요하다.

창업 후 추가로 신주를 발행하는 경우 원칙적으로는 주주들에게 신주인수권을 우선적으로 부여하여야 한다. 그리고 주주들이 신주를 인수하지 않는 경우 과거에는 특정 주주나 제3자에게 인수되지 않을 주식을 배정할 수 있었다. 그러나 2001년 상법이 개정된 이후에는 신기술개발이나 재정난을 극복하고자 하는 경우에 한하여 특정 주주나 제3자에게 신주를 배정할 수 있게 되었다. 이는 창업자가 원하는 사람들로부터 투자를 받기 위해서는 그 이유가 자금조달의 어려움 또는 신기술 개발을 위해 필요한 경우로만 한정된다는 것이다. 물론, 다른 주주들이 있는 경우에 문제가 되며, 창업자나 가족만이 지분을 갖고 있는 경우에는 별로 큰 문제가 되지 않는다.

이런 점 때문에 우리나라에서 주식발행을 통해 자금조달하는 것이 다른 국가들보다 다소 어려운 것은 사실이다. 앞으로 4차 산업혁명시대를 맞이하여 신산업의 탄생과 육성에 방점을 두어 정부정책을 수립한다면, 신주의 제3자 배정에 관한 법적 규제를 개선할 필요가 있다고 할 수 있다. 즉, 신기술개발이나 재정난을 극복하기 위한 경우가 아니더라고 신주의 제3자 배정이 가능하도록 규제를 완화할 필요가 았다.

2. 주식(stock)이란?

주식이란 주식회사의 자본을 이루는 구성단위로서 주주는 1개의 주식을 기준으로 동일한 권리와 의무를 가지며, 다수의 주식을 소유한 주주의 경우에는 1주에 대한 권리와 의무에 그 수만큼을 곱한 권리를 갖게 된다(상법 329조, 369조).

경우에 따라서는 주식에 부여된 권리 중 의결권만 배제되는 경우가 있는데, 이에 해당하는 것으로는 감사를 선임할 때와 당해 주주가 주주총회 의결사안과 관련하여 특별이해관계[14]가 있는 경우에는 의결권이 제한되는 경우가 발생하기도 한다. 그리고 보통주보다 이익배당을 더 받는 우선주를 발행하는 경우 이 우선주를 의결권 없는 주식으로 발행할 수 있으며, 이 의결권이 없는 우선주식은 총발행주식의 4분의 1을 초과할 수 없도록 규제하고 있다(상법 제344조의3).

14) 특별이해관계인이란 상법상 총회의 결의에 대해 개인적인 이해관계가 있는 자를 말한다. 특별이해관계인은 총회에 출석하여 의견을 진술할 수는 있으나 의결권은 행사하지 못한다(상 제368조 3항).

주식발행과 관련하여 우리나라는 주주평등의 원칙에 따라 주식의 금액은 균일하여야 하여야 하며, 동일한 권리와 의무가 주어져야 한다. 다만, 미국의 경우에는 1주 1의결권 원칙, 즉 주주평등의 원칙을 법률로 강제하고 있지 않기 때문에 예를 들어 페이스북 창업자인 저커버그가 15% 지분을 소유하더라도 54%의 의결권을 행사할 수 있도록 차등의결권을 허용하는 규정을 정관에 두어 이를 활용하는 것이 가능하다.

그러나 우리나라는 상법에 1주 1의결권 원칙에 대한 예외규정을 두지 않고 있기 때문에 모든 주주는 소유 주식 수만큼 만 의결권을 행사할 수 있다.

따라서 창업 시에는 회사에 대한 안정적인 경영권을 유지하기 위해서는 창업자 소유의 지분비율이 매우 중요하다. 최소한 34%의 지분은 소유하고 있으면 회사의 중요한 사항에 대한 결정권을 가질 수 있는 것으로 이해된다. 그 이유는 합병이나 영업양도, 회사분할, 정관변경 등 중요사항에서는 주주총회에서 특별결의를 통한 승인을 받아야 하는데, 그 찬성한 주주가 최소한 지분의 3분의 1 이상을 소유하고 있어야 하기 때문이다. 이는 반대로 다른 주주들이 창업자를 배제시키려고 하는 경우 이를 저지할 수 있는 마지노선이라고도 할 수 있기 때문이다.

이러한 주식을 소유한 주주는 법에서 정한 다양한 권리들을 향유할 수 있는 반면에, 의무로는 주금납입의무밖에 부담하지 않는다. 그래서 주식회사를 극단적인 유한책임만을 부담하는 회사라고 부르는 것이다.

3. 창업 시 주식발행의 의미

앞에서 언급한 바와 같이 주식이란 의결권을 통해 경영권을 확보하는데 주요한 수단이라고 할 수 있다. 즉, 주식을 많이 소유하고 있으면 경영권 행사는 물론이고, 회사경영에 참여할 기회도 확대될 수 있다.

따라서 창업 시 창업자가 지분을 많이 가지고 있으면 있을수록 강력한 리더십을 발휘할 수 있다. 그러나 창업자가 지분을 많이 가지고 있으면 오히려 자금을 조달하기 어려운 단점도 갖고 있다. 예를 들어 구글의 지주회사인 알파벳(Alphabet)의 경우 창업자인 래리 페이지(Larry Page)와 세르게이 브린(Sergey Brin)이 의결권 주식의 약 51%를 보유하고 있는데, 이에 대하여 2017년 6월 주주총회에서 알파벳의 주주들이 편중된 의결권 구조의 시정을 촉구하면서 의안에 대한 반대표를 던졌던 것으로 알려져 있다.

창업자가 몇 퍼센트의 지분을 갖고 있어야 하는지는 회사마다 다르나 "50% + 1주"를 소유하면 이사선임권을 안전하게 확보할 수 있다는 점에서 가장 바람직하지만, 그렇지 못한 경우에는 최소한 특별결의의 저지선인 3분의 1, 즉 34%는 소유하면 안정적이라고 할 수 있다. 그리고 일반적으로 회자되는 경영권 분쟁이란 이사선임권 분쟁이라고 할 수 있으며, 지분을 50% 미만을 소유하는 경우에는 우호주주(우호세력)들을 확보하는 것이 매우 중요하다고 할 수 있다.

따라서 적은 지분을 부여하고도 거액의 투자를 받으면 창업자로서는 성공루트를 찾았다고 할 수 있다. 예를 들어 창업한 지 약 3년이 안된 페이스 북에 MS의 빌게이츠가 그 지분을 1.6%를 취득하면서도 그 대가로 2억 4,000만 달러, 즉 2천500억 원에 달하는 투자를 한 것을 들 수 있다.

그러나 이러한 방식으로 자본을 조달하기 위해서는 기술력이나 사업전망 등이 좋아야 낮은 비율의 신주를 발행하고도 많은 금액을 투자받을 수 있는 가능성이 높아진다.

따라서 창업을 하기 전부터 특허 등의 기술력을 확보하는 것도 성공의 지름길이라고 할 수 있다.

4. 주식발행 절차

주식회사가 자금을 조달하기 위하여 주식을 발행하는 경우는 설립 시에 발행하는 경우와 설립 후 자본을 증가시키기 위하여 증자하는 경우로 구분하여 볼 수 있다.

회사설립 시에는 정관에 회사의 발행예정 주식 총수와 설립 시에 발행하는 주식의 총수를 기재하여야 하는데, 설립 시에 발행하는 주식의 총수에 대하여 법률상 제한은 없다(상법 제289조). 참고로 2011년 이전에는 회사설립 시 발행예정주식 총수의 1/4 이상을 발행하도록 상법이 강제했었다. 그러나 현재는 창업 시 불필요한 규제들을 완화한다는 차원에서 이러한 요건을 폐지한 것이다. 그리고 회사성립 후에는 발행예정주식 총수 범위 내에서 아직 발행하지 않은 미발행 주식을 발행하는데 이를 신주발행이라 한다.

회사설립 시에 하는 주식발행에 대하여는 전적으로 발기인이 결정하게 된다. 이때 발행주식 모두를 발기인이 인수하는 회사설립을 발기설립이라 하고, 발기인이 일부 인수하고, 나머지는 주주를 모집하는 설립을 모집설립이라고 한다. 발기설립의 경우에는 창립총회라는 절차가 필요 없지만 모집설립의 경우에는 반드시 창립총회를 개최하여야 하며, 만약 창립총회를 개최하지 않는 경우에는 설립을 무효화시키는 소송이 제기될 수도 있다.

회사설립 후 증자를 위해 수권자본, 즉 발행예정주식총수의 범위 내에서 미발행 주식을 발행하는 경우에는 이사회의 결의만으로 신주를 발행할 수 있다. 물론, 정관으로 주주총회에서 신주발행사항을 결정하도록 정한 경우에는 주총에서 결정하여야 하지만 대부분의 회사들은 이런 규정을 정관에 두고 있지 않다(416조).

그리고 신주발행 시에 누구에게 신주를 배정할 것인가 하는 점이 매우 중요하다. 원래는 신주발행 시 주주들에게만 신주를 인수할 수 있는 권리를 줄 수 있다. 즉, 주주들이 소유한 주식 수에 비례하여, 예를 들어 1주 당 0.1신주 등과 같이 신주를 배정하여야 한다. 그런데 회사의 재무상태가 악화된 경우에는 신주인수권을 부여해도 주주들이 신주를 인수하지 않는 것이 일반적이다. 이 경우 재무상태가 미흡하더라도 회사에 대한 책임의식을 갖고 있거나 미래를 보고 투자차원에서 신주를 인수하려는 특정 주주나 주주가 아닌 제3자에게 신주를 배정할 수 있다. 이를 신주의 제3자 배정[15]이라고 하는데, 우리 상법은 이러한 제3자 배정은 정관에 근거규정을

15) 제3자배정이란 신주발행의 경우, 특별법 또는 주주총회의 특별결의 등으로 유상증자를 하

두어야 하며, 동시에 신기술의 도입, 재무구조의 개선 등 회사의 경영상 목적을 달성하기 위하여 필요한 경우에 한하여 발행할 수 있도록 규정하고 있다(418조). 이는 회사 경영상태가 악화되어 주가가 하락함은 물론이고 자금조달이 어려운 경우에는 우선, 주주들에게 신주배정을 하고 이들이 인수청약을 하지 않는 경우에 인수되지 않은 주식을 특정 주주 또는 제3자에게 신주 배정하여 자금을 조달할 수 있도록 하는데 취지가 있다.

5. 주식발행 시 결정사항

자금조달을 위해 투자자들에게 투자금액에 상당하는 주식을 부여하는 것을 주식발행이라고 한다. 창업자가 회사 창업 후 정관에서 정한 발행예정주식 총수, 즉 수권자본의 범위 내에서 자금을 조달하기 위하여 신주를 발행할 수 있다. 다만, 정관에서 주주총회에서 신주발행을 결정하도록 규정하였다면 주주총회에서 신주발행사항을 결정하여야 하지만, 이러한 규정이 없는 경우에는 이사회가 주식발행, 즉 신주발행을 결정할 수 있다. 이때 이사회는 ① 신주의 배정, ② 발행주식의 종류와 수, ③ 신주의 발행가액, ④ 신주인수금의 납입기일, ⑤ 신주의 인수방법, ⑥ 현물출자 하는 자의 성명과 그 목적인 재산의 종류 · 수량가액과 이에 대하여 부여할 주식의 종류와 수, ⑦ 신주인수권 양도, ⑧ 신주인수권 증서의 발행과 청구기간 등을 결정하여야 한다(상법 416조). 신주의 인수방법이란 현물출자도 허용할 것인지 아니면 현금출자만을 허용할 것인지를 결정하는 것을 말한다. 특히, 누구에게 신주를

여 연고가 있는 자 또는 특정한 제3자에게 신주인수권을 할당하는 방법을 말한다. 제3자배정은 발행절차가 주주배정, 일반공모 방식 등에 비해 상대적으로 간편하고 비용, 소요기간 등이 상대적으로 적어 자금조달이 용이하다는 장점이 있다. 하지만 부실 기업들이 증권시장에서 퇴출당하는 것을 임시적으로 피하거나, 경영권 인수자금 조달의 수단으로 사용하는 문제점이 많이 발생되기도 한다. 따라서 상법은 정관에 3자 배정을 허용하는 규정을 두어야 하며, 신기술 개발이나 경영상 목적을 달성하기 위하여 필요한 경우에만 제3자배정을 할 수 있도록 제한하고 있다.

배정할 것인지에 대하여는 주주에게 우선적으로 배정하여야 하지만 구체적인 비율은 이사회가 임의적으로 정할 수 있다고 본다. 그리고 특정 주주에게 더 배정하고자 하는 경우나 주주가 아닌 자에게 배정하기 위해서는 제3자 배정 요건을 갖추어야만 배정할 수 있다.

만약, 이러한 내용들을 이사회에서 결정하지 않고 대표이사가 임의대로 신주를 발행한 경우에는 주주나 이사, 감사로부터 신주발행무효소송을 당할 수도 있다.

신주발행무효소송을 제기하는 경우 최종 대법원 판결이 나기까지는 대략 2년 이상 정도가 소요된다. 이 기간 동안에 이미 발행된 주식이 거래되는 경우 신주발행을 무효시키면 혼란이 초래될 수 있다. 신주발행무효소송은 대표이사가 위법을 했다는 것을 확인하는 의미가 있으며, 이를 근거로 대표소송이나 이사해임 청구권을 행사하기 위한 사전 정지작업 중의 하나로 활용하는 것이 일반적이다.

6. 주식시장에서의 자금조달

창업 후 회사가 성장하여 규모가 커지는 경우에는 창업자가 자본증가분을 모두 인수하여 새로운 추가 자본을 출자하는 것이 사실상 어렵다. 이러한 경우에는 자본시장에서 불특정다수로부터 자금을 공개적으로 조달할 필요가 있는데, 이처럼 공개적으로 자금을 조달하기 위해서는 주식을 거래소에 상장 또는 기업공개(IPO: Initial Public Offering)를 해야 한다. 기업을 상장 또는 공개할 거래소시장은 코스피(KOSPI), 코스닥(KOSDAQ), 코넥스(KONEX) 시장으로 구분하고 있다.

코스피 시장에는 주로 대기업들이 상장을 하는데, 이러한 상장을 하기 위한 요건으로는 ① 자기자본 200억 원 이상 ② 상장주식수100만주 이상 ③ 일반주주 700명이상 ④ 최근 매출액 2000억 원 이상 ⑤ 기준시가 총액이 4000억 원 이상인 주식회사이어야 한다.

따라서 코스피 시장에 상장하여 자금을 조달하기 위해서는 창업 후 상당한 기간이 소요되어야 하며, 회사규모도 시가총액이 4000억 원 이상이 될 수 있도록 성장한 후에나 가능하다고 할 수 있다.

코스닥 시장에는 주로 중소기업들이 상장을 하는데, 그 요건으로는 ① 설립 후 3년 이상 경과(벤처기업과 기술성장기업은 미적용), ② 자기자본 30억 원 이상(벤처 15억, 기술성장기업 10억), ③ 기준시가총액은 90억 원 이상, ④ 소액주주 500명 이상 등이 있다.

따라서 창업 후 상당한 정도로 성장한 기업들은 주식시장에서 그 회사의 주식가치가 공개적으로 산정되고, 이를 쉽게 처분하여 현금화할 수 있기 때문에 창업자 등 대주주들은 코스닥 시장에 상장 후 주식 중 일부를 처분하여 투자금을 회수하는 경우도 종종 있다.

창업 직후에 이처럼 코스피 시장이나 코스닥 시장에 상장하여 자금을 조달하는 것이 어려운 것이 사실이다. 따라서 벤처창업자는 코넥스 시장을 활용하는 방안을 알아 두는 것도 꼭 필요하다. 즉, IT관련사업의 벤처창업자들에게는 코넥스 시장에 상장하거나 프리 IPO(pre-IPO)도 고려해 볼 필요가 있다.

코넥스 시장에 상장하려면 ① 상장기업 발굴 및 적격성 심사, 공시업무 자문, 기업현황 보고서 작성, 규정준수 지도 등 사실상의 후원인 역할 수행하는 지정자문인의 지정, ② 자기자본 5억 또는 매출액 10억, 또는 순이익 3억 중 최소 하나의 요건 충족, ③ 외부회계법인의 적정 감사의견, ④ 상근감사 선임, ⑤ 사외이사 선임 등의 요건을 충족하여야 한다.

이처럼 코넥스 시장에 상장을 하게 되면, 차후 코스닥 시장에 상장하기 전에 충분한 준비작업을 할 수 있는 여유를 가지게 되며, 자금조달도 용이해지기 때문에 창업자들이 관심을 가져 볼만한 가치가 높은 거래소시장이라고 할 수 있다. 그리고 코넥스 시장에 상장을 하게 되면 창업자를 포함한 주요 주주들의 투자금도 회수할 가능성이 높아지는 것이 일반적인 현상이다. 프리 IPO는 IPO를 하기 전에 미리 투자자들로부터 일정 자금을 유치받는 것을 의미한다. 일반적으로 기관투자자들을 상대로 향후 몇 년 내에 상장하겠다는 약속을 하고, 투자자들은 상장 때 지분을 다시 매각하는 조건으로 투자를 하는 것이 일반적이다. 그리고 약속기간 내에 상장되지 않으면 창업자는 매각했던 지분을 재매입할 의무(put-option)를 지는 것이 일반적이다.

Ⅵ. 사채발행을 통한 자금조달

1. 사채발행

창업 후 사업이 일정한 궤도에 진입하면, 신주발행없이 자금을 조달하는 방법 중의 하나가 회사채발행이다. 이는 일반적으로는 사채(社債)라고 부르며, 고금리의 차입을 말하는 사채(私債)와는 구분된다.

신주발행을 통한 자금조달 시에는 자본을 증가시켜 자금을 조달하므로 창업자가 자신의 지분비율만큼 증자에 참여하지 않는 한 지분률이 감소할 수밖에 없어 점차적으로 경영권이 불안정해 질 수밖에 없다.

그러나 사채를 발행하는 경우에는 자본증가 없이 다수로부터 3년 이상 동안 장기에 걸친 금전차입을 하는 것이므로 경영권 불안정이라는 단점을 극복할 수 있는 자금조달방법이기도 하다.

이처럼 회사의 실적이 좋은데, 사업을 확대하기 위한 자금조달이 필요한 경우 사채를 발행하는 것이 일반적이다. 단, 사채를 발행한 경우에는 사채발행 시 약정한 상환기간에 사채금을 환불해 줘야 하며, 사채금 사용기간에는 회사에 적자를 보더라도 약정한 이자를 지급하여야 한다. 주식을 발행하여 자금을 조달한 경우에는 회사에 적자가 발생하면 이익배당을 하지 않아도 되는 것과 비교해 보면 단점으로 평가할 수 있다.

2. 회사채(corporate bond)란?

회사채란 기업이 시설투자나 운영 등의 장기자금을 조달하기 위해 회사채를 인수한 채권자들로부터 금전을 차입하는 것을 내용으로 하여 발행되는 채권이다.

기업이 이러한 회사채권을 발행한 경우에는 회사채권자에게 채무를 부담하고 이자를 정기적으로 지급해야 하며 약속된 기일에 원금을 상환해야 한다.

이러한 회사채가 주식과 다른 점은 일정한 상환기한이 있고, 기업이익의 유무에 상관없이 확정이자가 지급된다는 점이다. 그리고 회사가 해산하는 경우에도 회사의 잔여재산을 분배할 때 주주보다 우선순위로 상환하여야 한다.

빌게이츠가 MS사를 창업한 후 비교적 경영권 분쟁 없이 회사를 성장시킬 수 있었던 배경에는 신주를 발행하여 자금을 조달하지 않았다는 점을 들 수 있다. 이런 점에서 보면 회사채 발행을 통한 자금조달도 효율성이 높은 방법이라고 할 수 있다.

다만, 회사채를 발행하여 성공적으로 자금을 조달할 수 있는 기업은 일반적으로 상장회사들이다. 이는 창업자가 창업 직후에 사채발행을 통하여 자금을 조달하는 것이 사실상 불가능하다는 것을 의미한다.

따라서 창업초기에는 자금조달을 위해 금융기관으로부터 금전을 차입하는 것이 일반적인데 이러한 경우에는 금융기관으로부터 창업자에게 개인적인 연대보증을 요구하기 때문에 주의할 필요가 있다.

3. 회사채의 종류

1) 발행조건에 따른 종류

회사채는 발행조건에 따라 다양하게 구분할 수 있는데 우선, 보증 및 담보의 유무에 따라 보증사채와 담보부사채로 구분할 수 있다.

보증사채란 발행한 회사채의 원금상환 및 이자의 지급을 발행회사가 아닌 제3자가 보증하는 사채를 말한다. 이때 원리금의 지급보증은 증권회사, 은행, 신용보증기금, 종합금융회사, 보증보험사 등에서 담당하고 있으며, 발행회사는 보증기관에 필요한 담보제공과 보증수수료를 지급하게 된다. 이러한 보증사채는 부실채권이 될 위험성이 적다는 장점이 있는 반면에 무보증사채에 비해 낮은 이자를 받는 것이 단점이다.

담보부사채(mortgage debenture)는 물적 담보[16)]가 있는 사채를 의미한다. 즉, 보증사채에는 인적 담보가 제공되는 반면에 담보부사채의 경우에는 물적 담보가 제공된다.

다만, 회사채 발행 시 회사마다 개별적으로 담보를 제공하는 것은 어렵기 때문에 우리 정부는 담보부사채신탁법[17)]을 제정하여 모든 사채권자가 공동의 담보권을 갖도록 하고 있다.

그리고 사채에 물적 담보를 설정하고자 할 때에는 그 사채를 발행하는 회사와 신탁업자인 신탁회사 또는 금융기관간에 신탁계약이 체결되어야 한다.

신탁계약이라는 것은 일정한 목적을 가지고 재산권을 처분하는 계약을 말하는 것으로서 신탁법에서는 "신탁설정자(위탁자)와 신탁을 인수하는 자(수탁자)와 특별한 신임관계에 의거하여 위탁자가 특정의 재산권을 수탁자에게 이전하거나 기타의 처분을 하고 수탁자로 하여금 일정한 자(수익자)의 이익을 위하여 또는 특정의 목적을 위

---

16) 물적 담보란 채무를 물건으로 보증해주는 것을 말하며, 대물담보(對物擔保), 담보물건, 물상담보(物上擔保)라고도 한다. 이는 인적 담보(人的擔保)에 대응되는 말이며, 인적 담보는 보증인이 제공한다. 그리고 물적 담보에는 유치권, 저당권, 질권 등이 있는데, 물적 담보는 그 물건, 재산권의 객관적 가치가 유지되는 한 채권의 목적을 달성할 수 있으므로 경제 활동을 하는데 인적 담보보다 유용한 담보형태라고 할 수 있다.

17) 담보부사채신탁법은 담보부사채의 발행에 관하여 그 신탁업무를 지도감독하고 사채권자를 보호하여 사채에 대한 일반투자를 용이하게 함을 목적으로 1962년 1월에 제정된 법률이다. 사채에 물적 담보를 붙이고자 할 때에는 위탁회사와 신탁업자와의 신탁계약에 의하여 발행하여야 한다. 사채에 붙일 수 있는 물상담보는 동산질, 증서가 있는 채권질, 주식질, 부동산저당 기타 법령의 인정하는 각종 저당에 한한다. 담보부사채에 관한 신탁업을 영위하고자 하는 자는 신탁회사 또는 은행으로서 금융위원회에 등록하여야 한다.

하여 그 재산권을 관리, 처분하게 하는 법률관계를 말한다"라고 규정하고 있다(1조 2항).

신탁계약에 의거한 재산의 운영으로부터 발생하는 이익은 특약으로 정해진 수익자(위탁자뿐만 아니라 제3자라도 가함)가 취득하게 되는데, 이것은 재산을 관리하는 것을 위탁한다는 점에서 임차와 유사한 면이 있지만, 단순히 보관뿐만 아니라 신탁재산의 처분까지도 할 수 있다는 점에서 독립된 형태의 새로운 계약이다.

이러한 신탁계약은 법정사항을 기재한 신탁증서를 통하여 체결되어야 하며, 신탁업자는 신탁증서에 기재된 총사채를 위한 담보권을 취득하고 총사채권자를 위하여 담보권을 보존하거나 실행하여야 한다(제60조). 즉, 사채를 발행하는 회사(기채회사)와 신탁회사(수탁회사)간에 신탁계약을 체결하고, 신탁회사가 물상담보권을 취득하는 동시에 이를 총사채권자를 위하여 보존하거나 실행해야 한다. 이때 총사채권자는 담보부신탁계약의 수익자로서 그 채권액에 따라서 평등하게 담보의 이익을 받게 된다.

2) 금리결정방법에 따른 구분

회사채의 경우 금리결정방법에 따라 확정이자부사채와 변동금리부사채로 구분할 수 있다. 확정이자부사채란 이미 이자가 확정되어 있는 회사채를 말하며, 일반적으로 변동금리부사채보다 높은 이자율을 지급한다.

이러한 확정이자부사채는 발행 시에 정해진 일정한 이자가 상환 시까지 정기적으로 지급되는 유가증권으로서 국채 · 지방채 · 정부보증채 · 사채 · 금융채 등으로 발행된다.

변동금리부사채(FRN:floating rate note)란 지급이자율이 시장에서 대표성을 갖는 금리에 연동되어 매 이자지급 기간마다 정기적으로 재조정되는 중장기 채권을 말한다.

이러한 FRN은 채권 발행 시에 지급이자율을 산정함에 있어서 기준금리에 가산금리를 더하여 결정하며 매 이자 지급기간 개시 전에 차기지급이자율이 결정되는 것이 일반적이다.

FRN은 유럽시장에서 금리상승에 따른 투자위험을 감소시키기 위하여 발행되기 시작하였으며, 일반적으로 5년 만기의 중기채로 발행된다. 그리고 변동금리를 적용하여야 하기 때문에 6개월 단위로 이자율 조정이 이루어지며, 연동되는 시장이자율은 리보(LIBOR) 또는 단기재정증권(treasury-bill ; 미국의 재무부가 발행하는 만기 1년 미만의 순할인증권)의 이자율과 같은 특정 금융시장지표가 사용된다. 한국에서 발행되는 금리연동부사채도 통상 3~5년 만기 중기채이며, 연동되는 이자율은 금융기관의 정기예금 금리를 사용하는 것이 일반적이다.

3) 이익참가형태에 따른 구분

회사채는 이익참가형태에 따라 일반사채, 전환사채, 신주인수권부사채, 교환사채, 이익참가부사채 등으로 구분해 볼 수 있다.

일반사채란 회사채를 발행할 때 약정한 이자와 상환기간에 따라 이자와 원금을 상환받는 회사채를 말한다.

그리고 전환사채(CB: Convertible Bond)는 사채권자에게 주식가치가 감소하는 경우 채권자로 남아 원금과 이자를 받을 수 있는 기회가 부여됨과 동시에 주식가치가 상승하는 경우 사채를 주식으로 전환하여 주주가 될 수 있는 선택권을 부여한다는 점에서 기업이 자금조달이 어려울 때 주로 발행하고 있다. 경우에 따라서는 특정 주주나 제3자에게 전환사채를 발행하여 기업지배구조를 강화하는 경우에도 활용될 수 있다.

신주인수권부사채(BW: Bond with Warrant)는 사채발행 후 일정기간 내에 미리 약정된 신주인수가격으로 당해 발행회사가 발행하는 일정한 수 또는 금액에 해당하는 신주의 교부를 청구할 수 있는 권리가 부여된 사채를 말한다.

이러한 신주인수권부사채는 신주인수권행사를 통한 주식취득으로 자본상 이득을 기대할 수 있으므로 낮은 표면이자율로도 발행할 수 있기 때문에 발행회사입장에서는 이자부담이 감소되는 이점을 누릴 수 있다.

교환사채는 회사채 발행회사가 소유하고 있는 상장유가증권으로 교환을 청구할 수 있는 권리가 부여된 사채를 말한다. 그리고 이익참가부사채란 약정된 이자 이외에도 발행회사가 이익이 발생한 경우 주주들에게 배당하는 이익배당에도 참가할 수 있는 권리가 부여된 회사채를 말한다. 교환사채나 이익참가부사채 역시 사채권자에게 약정이자 이외에 추가 이익을 준다는 점에서 자금조달이 어려운 경우에 활용가치가 높은 회사채라고 할 수 있다.

4. 사채발행절차

사채는 다수를 상대로 발행된다는 점에서 그 절차에 대하여 상법에서 상세한 규정을 두고 있다. 우선, 회사채발행에 대한 결정은 이사회가 하도록 되어 있다. 다만, 정관으로 정하는 경우에는 이사회가 대표이사에게 사채의 금액 및 종류를 정하여 1년을 초과하지 아니하는 기간 내에 사채를 발행할 것을 위임할 수 있다(상법 469조). 그리고 회사채는 기존에 발행되었던 회사채 전액에 대한 납입이 완료된 후가 아니면 이를 새로이 발행할 수 없도록 규제하고 있다.

상법시행령에서는 이익참가부사채와 교환사채, 상환사채, 파생결합사채의 발행절차에 대하여 상세한 규정을 두고 있다. 우선, 이익참가부사채를 발행하는 경우에는 ① 이익참가부사채의 총액, ② 이익배당 참가의 조건 및 내용, ③ 주주에게 이익참가부사채의 인수권을 준다는 뜻과 인수권의 목적인 이익참가부사채의 금액을 이사회가 결정한다. 다만, 정관에서 주주총회에서 이를 결정하도록 정한 경우에는 주총에서 결정하여야 한다(상법 시행령 21조).

주주 외의 자에게 이익참가부사채를 발행하는 경우에 그 발행할 수 있는 이익참가부사채의 가액과 이익배당 참가의 내용에 관하여 정관에 규정이 없으면 주주총회의 특별결의로 정하여야 한다.

이익참가부사채의 인수권을 가진 주주는 그가 가진 주식의 수에 따라 이익참가부사채의 배정을 받을 권리가 있다.

회사는 일정한 날을 정하여, 그 날에 주주명부에 기재된 주주가 이익참가부사채의 배정을 받을 권리를 가진다는 뜻을 그 날의 2주일 전에 공고하여야 한다. 주주가 이익참가부사채의 인수권을 가진 경우에는 각 주주에게 그 인수권을 가진 이익참가부사채의 액, 발행가액, 이익참가의 조건과 일정한 기일까지 이익참가부사채 인수의 청약을 하지 아니하면 그 권리를 잃는다는 뜻을 통지하여야 한다.

회사가 이익참가부사채를 발행하였을 때에는 납입이 완료된 날부터 2주일 내에 본점 소재지에서 다음 각 호의 사항을 등기하여야 한다.

사채권자가 회사 소유의 주식이나 그 밖의 다른 유가증권으로 교환할 수 있는 교환사채를 발행하는 경우에는 이사회가 ① 교환할 주식이나 유가증권의 종류 및 내용 ② 교환의 조건 ③ 교환을 청구할 수 있는 기간을 결정한다(상법시행령 22조).

주주 외의 자에게 발행회사의 자기주식으로 교환할 수 있는 사채를 발행하는 경우에 사채를 발행할 상대방에 관하여 정관에 규정이 없으면 이사회가 이를 결정한다.

교환사채를 발행하는 회사는 사채권자가 교환청구를 하는 때 또는 그 사채의 교환청구기간이 끝나는 때까지 교환에 필요한 주식 또는 유가증권을 한국예탁결제원에 예탁하여야 한다. 이 경우 한국예탁결제원은 그 주식 또는 유가증권을 신탁재산임을 표시하여 관리하여야 한다.

회사가 그 소유의 주식이나 그 밖의 다른 유가증권으로 상환할 수 있는 상환사채를 발행하는 경우에는 이사회가 ① 상환할 주식이나 유가증권의 종류 및 내용, ② 상환의 조건, ③ 회사의 선택 또는 일정한 조건의 성취나 기한의 도래에 따라 주식이나 그 밖의 다른 유가증권으로 상환한다는 뜻의 사항을 결정한다(상법시행령 23조).

주주 외의 자에게 상환사채를 발행하는 경우에 사채를 발행할 상대방에 관하여 정관에 규정이 없으면 이사회가 이를 결정한다.

또한 일정한 조건의 성취나 기한의 도래에 따라 상환할 수 있는 경우에는 상환사채를 발행하는 회사는 조건이 성취되는 때 또는 기한이 도래하는 때까지 상환에 필요한 주식 또는 유가증권을 한국예탁결제원에 예탁하여야 한다. 이 경우 한국예탁결제원은 그 주식 또는 유가증권을 신탁재산임을 표시하여 관리하여야 한다.

마지막으로 유가증권이나 통화 또는 자산이나 지표 등의 변동과 연계하여 미리 정하여진 방법에 따라 상환 또는 지급금액이 결정되는 파생결합사채를 발행하는 경우에는 이사회가 ① 상환 또는 지급 금액을 결정하는 소프트뱅크데 연계할 유가증권이나 통화 또는 그 밖의 자산이나 지표, ② 자산이나 지표와 연계하여 상환 또는 지급 금액을 결정하는 방법을 결정한다(상법시행령 제24조).

Ⅶ. 벤처투자에 의한 자금조달

1. 벤처투자

창업 후 사업의 성공여부는 어떻게 효율적으로 자금을 조달하는지 여부에 달려 있다고 할 수 있다. 앞에서 본 바와 같이 주식이나 사채를 발행하여 자금을 조달하는 것이 일반적이기는 하지만, 이를 통해 자금조달할 수 없는 처지의 소규모 창업기업들이 대부분이다.

창업기업들 중 잠재력이 있는 기업들은 초기의 자금조달문제만 극복하면 대기업으로 성장할 가능성이 높기 때문에 이러한 기업들에 투자하면 향후에 거액의 투자금을 회수할 수 있다. 따라서 자본시장에서는 오래 전부터 잠재력있는 스타트 업 기업에 투자하려는 자본들이 형성되어 있다. 대표적인 예로 소프트뱅크가 알리바바에 투자한 것을 들 수 있다. 소프트뱅크는 2000년에 마윈에게 2천만 달러를 투자해서 알리바바 주식의 1/3 정도를 갖고 있는데, 뉴욕 증시에 알리바바가 상장하면서 그 가치가 폭등하여 수천배의 수익을 남겼다고 한다. 현재 소프트뱅크는 지분율 34.4%로 알리바바의 최대주주이며, 마윈 회장이 상장 후 주식 매각으로 8%만 소유있는 것으로 알려지고 있다.

2017년 10월 현재 알리바바의 시가총액이 약 4천724억 달러, 한화로 500조원이 넘는 기업으로 성장하였다. 즉, 200억원을 투자한 소프트뱅크는 170조원 이상의 주식을 소유하게 된 것이다.

따라서 벤처투자라는 것은 창업자에게만 유리한 것이 아니라 투자자에게도 유리한 서로 윈윈하는 자금조달방법이라고 할 수 있다.

이처럼 스스로 자금조달이 어려운 스타트 업 기업들이 벤처투자전문기관이나 투자전문민간기업으로부터 투자받는 방법과 금융기관에서 차입해서 자금조달하는 경우 이에 대한 사후조치에 대한 부분들을 알아두는 것은 매우 중요하다.

2. 벤처투자란?

유망한 스타트 업 기업에 자본투자한 후 그 기업이 코스닥이나 코넥스에 상장할 때 주식을 처분하여 수익을 남기는 것을 일반적으로 벤처투자(venture capital)라 한다. 실무에서는 이러한 벤처투자는 벤처캐피탈이라고도 하며, 투자전문회사가 이를 담당하고 있다.

벤처투자는 벤처기업이 창업 후 완제품을 시장에 진입시키는 단계에서 투자하는 것이 일반적이다.

그리고 벤처 투자가는 벤처 기업에 대한 투자 파트너로서 성장 과정에서 금전적 투자 이외에도 경영 전반에 대한 자문과 아이디어 제공, 네트워크 연결 등 중요한 역할을 담당하게 된다.

벤처투자자 중 일부는 각종 투자를 하면서 터득한 노하우를 바탕으로 직접 자신의 기업을 설립하여 독립적인 창업을 하는 경우도 있다.

우리나라는 1986년 5월 중소기업의 설립을 촉진하고 성장 기반을 조성하여 중소기업의 건전한 발전을 통한 건실한 산업구조의 구축에 기여함을 목적으로 중소기업창업지원법(이하 '창업지원법')을 제정하였으며, 현재까지도 이 법에 의거하여 벤처투자가 이뤄지고 있으며, 우리 자본시장에서는 민간보다는 정부주도로 성장하고 발전해 왔다.

2016년 기준으로 정부가 주도한 벤처투자금 조성액이 약 2조 5천억 원에 달하였지만, 민간부문에서 조성된 벤처투자금 조성액은 약 1천 500억 원 정도로 정부주도 조성액의 5%에 불과한 것으로 알려지고 있다.

이는 창업지원법이 중소기업창업투자회사(창업투자사)를 설립하는 경우 정부가 지원해 주는 혜택이 주어지기 때문에 대부분의 벤처투자가들은 100% 자기 자산으로 벤처투자를 하여 발생하는 위험을 스스로 감수하기 보다는 정부 지원금을 통해 벤처투자를 함으로써 실패 위험을 감소시키는 방식을 선호하는 것이 일반적이다.

이는 투자자도 모험을 감수하고, 투자받는 기업도 모험을 감수하는 것이 벤처투자임을 감안하여 볼 때 우리나라처럼 정부주도의 벤처투자 제도를 운영하는 한, 국내자본시장에서 스타트업기업들이 글로벌기업으로 탄생하기를 기대하는 것 자체가 무리일 수도 있다.

따라서 우리나라에서도 벤처투자가 활성화되도록 하기 위해서는 민간부문에서의 벤처투자가 활성화될 수 있도록 현행 창업지원법에 대한 개정논의가 필요하다고 본다.

3. 창업지원법상의 벤처투자

창업지원법 상으로는 벤처투자란 중소기업이 개발 또는 제작하며, 다른 사업과 회계의 독립성을 유지하는 방식으로 운영되는 사업에 대하여 투자하는 것을 말하며, 이를 이행하는 것을 창업투자회사[18]라고 정의하고 있다. 창업지원법상의 지원을 받는 벤처투자가인 창업투자사가 되기 위해서는 중소기업창업투자회사로 등록하여야 한다(10조).

---

18) 창업투자회사란 1986년에 제정된 중소기업창업지원법에 따라 중소기업 창업 활성화와 육성에 기여할 목적으로 설립된 벤처 캐피털의 한 형태로, 줄여서 '창투사'라고도 부른다. 창업투자회사는 창의성과 사업성은 있으나 자금력이 부족한 창업자에게 자본을 투자(출자)해서 창업자가 성장하도록 자금을 조달해주며, 이익발생 시 지분률에 비례하여 이익도 배분하게 된다. 벤처기업은 창업투자회사의 투자자본이 전체 지분의 10% 이상 되어야 코스닥 시장 등록 시 설립연한, 자산가치, 자본금 등의 제한을 받지 않고 쉽게 등록할 수 있다.

창업지원법상의 지원을 받는 창업투자사가 되기 위하여는 ① 납입자본금이 50억 원 이상, ② 차입금이 납입자본금의 100분의 20 미만, ③ 대주주가 사회적 신용을 갖출 것, ④ 상근하는 전문 인력과 시설을 보유할 것, ⑤ 창업투자회사와 투자자 간, 특정 투자자와 다른 투자자 간의 이해상충을 방지하기 위한 체계를 갖춰야 한다.

정부지원을 받는 벤처투자로는 ① 창업자에 대한 투자, ② 벤처기업에 대한 투자, ③ 기술혁신형 · 경영혁신형 중소기업에 대한 투자, ④ 한국벤처투자조합의 결성과 업무의 집행, ⑤ 해외 기업의 주식 또는 지분 인수 등 해외투자, ⑥ 중소기업이 개발 또는 제작하며, 다른 사업과 회계의 독립성을 유지하는 방식으로 운영되는 사업에 대한 투자, ⑦ 창업보육센터의 설립 및 운영, ⑧ 중소기업과의 계약에 따른 경영 기술지원을 위한 사업 등에 투자하는 것을 말한다.

4. 민간 벤처 투자

국내에는 순수 민간 차원에서 출발한 벤처투자사가 널리 알려져 있지 않지만, 외국에는 순수 민간 차원의 벤처투자사들이 많은 것이 현실이며, 그 대표적인 예로 일본의 소프트뱅크(Softbank)사를 들 수 있다.

손정의 회장이 최대주주로 있는 소프트뱅크는 소프트웨어 유통업을 하면서 동시에 IT분야에 대한 투자전문기업으로도 그 사업영역을 확대해 왔으며, 현재는 IT분야 투자에 주력하는 일명 IT벤처투자회사로 널리 알려져 있다. 소프트뱅크가 투자한 회사를 보면 2000년 초에는 야후(Yahoo)를 비롯 세계 600여 유망 인터넷 기업에 각각 주식 5% 이상을 투자한 전문 IT벤처투자회사이다. 한국에는 소프트뱅크코리아를 설립한 후 국내 벤처기업 30여 개에 대략 4000여 억 원 정도를 투자한 것으로 알려져 있다. 특히, 국내 유니콘(Unicorn) 기업으로 알려진 쿠팡(coupang)에 대하여도 소프트뱅크가 2014년에 1조 2000억 원을 투자한 것을 알려져 있다. 소프트 뱅크는 이 외에도 중국 전자상거래 사이트 '알리바바'(대표 마윈)에 2000만 달러(약 220억 원)를 투자한 최대주주인 것으로 알려져 있다.

일본 기업에도 많은 투자를 하고 있는데, 대표적으로 일본 최대 유선통신업체인 재팬텔레콤(Japan Telecom)을 인수하여 현재는 소프트뱅크 텔레콤(Softbank Telecom)으로 성장하였으며, 2013년에는 미국의 3위 이동통신사인 스프린트 넥스텔사(Sprint Nextel Corporation)지분 78%를 216억 달러에 인수하는 등 글로벌 IT투자전문기업으로 성장하였다.

최근에는 벤처기업뿐만 아니라 기존의 글로벌 대기업에도 투자하는 공격적 투자를 하고 있다. 즉, 2016년 6월에는 이스라엘 출신 기술자들이 설립한 사이버보안 스타트업 '사이버리즌(Cybereason)'에 1억 달러를 투자하였으며, 심지어는 구글의 모기업인 알파벳의 로봇자회사인 보스턴다이내믹스(Boston Dynamics)도 인수하는 등 글로벌 투자전문기업으로 지속적으로 성장하고 있는 중이다.

5. 벤처투자에 대한 유의사항

벤처투자를 받는다는 것은 지분의 일정비율을 대가로 지급한다는 점에서 신중할 필요 있다. 페이스 북이나 아마존, 구글, 알리바바 등 대부분의 글로벌 IT플랫폼기업들은 거액의 벤처투자를 받은 후 글로벌 기업으로 탄생한 것은 사실이다.

그럼에도 불구하고 벤처투자를 받을 때 주의할 점들을 사전에 인지하는 것은 매우 중요하다. 일부 벤처투자회사는 기업의 성장보다는 투자차익만을 추구하는 경우가 있음은 물론이고, 일부는 투자 후 기술에 대한 지식재산권만을 탈취한 후 지분을 처분하는 경우도 있다.

따라서 벤처투자를 받는 경우 투자자의 성향에 대한 사전 분석이 중요하다. 특히, 자금조달이 절박해지는 경우 페이스 북의 새버린의 사례처럼 소액의 투자를 받고도 향후 경영권을 공유하거나 거액을 지급하고 그 투자자의 지분을 인수해야 하는 경우가 발생할 수 있다.

특히, 투자자의 투자성향에 대하여 사전 분석 시 경영참여의 경향을 보였는지를 면밀히 검토하는 것이 필요하다. 경영참여란 이사회 구성에 참여하거나 회계장부열람, 임시주주총회 소집청구, 주주제안, 집중투표 청구 등을 요구하는 것을 말한다. 특히, 이사해임결의를 위한 주주총회소집 청구 등의 경력이 있는 투자자의 경우에는 경영참여의사가 있는 투자자로 보는 것이 현명하다고 본다.

6. 성공적 벤처투자를 받기 위한 전략

투자를 받는다는 것은 투자자가 투자를 해도 투자금을 회수하거나 추가이익을 기대할 수 있다는 신뢰를 얻었다는 것을 의미한다. 즉, 투자유인은 성공가능성보다는 신뢰에 있다고 할 수 있다. 투자를 받을 때 기술력 외에도 인성이 중요한 역할을 한다는 것은 널리 알려진 사실이다.

그리고 기대하는 투자이익이 크면 클수록 투자를 받는 기업의 가치도 상승하게 된다. 즉, 적은 지분으로도 거액의 투자금을 받을 수 있다. 페이스 북이 MS사로부터 1.6%의 지분만 부여하고도 2억 4,000만 달러, 즉 3000억 원에 달하는 투자를 받은 것을 그 예로 들 수 있다.

이처럼 성공적인 투자를 받기 위해서는 기업의 가치를 입증할 수 있는 독점적 기술력이 있어야 한다. 즉, 시장지배력이 있는 독보적 기술개발이 선행되어야 투자를 받을 수 있다. 특히, 시장을 독점할 수 있도록 기술에 대한 BM특허[19] 등록 등 지식재산권 보호장치를 마련하는 것이 필요하다.

이는 반대로 사전에 독점적 기술력을 갖지 못하고 벤처투자를 받는 것만을 서두

19) BM특허란 인터넷비즈니스모델 특허의 약칭으로, 컴퓨터, 인터넷, 통신기술 등과 같은 정보시스템을 활용한 혁신적인 경영이나 마케팅기법에 부여하는 특허를 말한다. 영어로는 business model patent, business method patent라고 표기하며 인터넷이 사업용 수단으로 등장하면서 이를 활용한 새로운 사업 아이디어 자체가 특허로 인정한 것이다. BM특허는 특히 아이디어를 기반으로 한 특허이기 때문에 일반 기술특허보다 등록이 용이치 않다는 단점을 갖고 있다. 특허출원 후 등록까지 2~3년이 소요될 수 있다.

르다 보면 오히려 많은 지분을 부여하고도 소액의 투자금만을 받을 수 있다는 것을 의미한다. 이러한 경우 설령 투자금 수령 후 이를 기반으로 기술개발을 하여도 해당 기술의 소유자는 창업자가 아니라 벤처투자자가 될 수 있다.

따라서 투자를 받는 것을 서두르기 보다는 벤처기업으로서 시장을 독점적으로 지배할 수 있는 기술적 우위를 선점하는데 비중을 두고 창업을 하는 것이 매우 중요하다.

그리고 투자금에 대하여 지불할 지분율에 대하여도 사전에 철저한 분석이 필요하며 이를 기반으로 투자계약을 체결해야 성공적인 창업을 할 수 있다. 이는 투자계약 시 법률가의 조력을 받는 것이 필요하다는 것을 의미한다. 이러한 투자계약은 주주계약이라고도 하는데, 주주계약 시 창업자의 경영권 보장에 관한 구체적인 내용을 계약서에 포함시키는 것이 매우 중요하다. 참고로 이러한 벤처투자계약에 관한 구체적인 내용을 법률에서 규정하고 있지는 않다. 따라서 성공적인 창업을 위해서는 투자계약(주주계약) 시 창업자의 경영권을 보호할 수 있는 방안을 사전에 알아두는 것은 매우 중요하다. 다만, 경영권 보장에만 지나치게 치중하는 경우 투자 자체를 받을 수 없어 창업에 실패하는 경우도 발생할 수 있다. 적절한 방안이 사전에 모색되어야 한다.

일반적으로 벤처투자계약서에 포함되는 내용들을 보면 ① 목적, ② 투자금, ③ 상환 또는 지분배정방법, ④ 전용금지, ⑤ 보고사항, ⑥ 기한이익 상실, ⑦ 담보제공, ⑧ 담보물 처분, ⑨ 기타사항, ⑩ 분쟁해결, ⑪ 특약사항 등이 있다.

Ⅷ. 한국형 엔젤펀드/크라우드 펀딩에 의한 자금조달

1. 자금조달

창업을 하는데 자금을 조달하는 방법과 관련하여 앞에서는 전문적인 투자자, 특히 창업투자사로부터 투자받는 방법에 대하여 알아보았다. 이와 관련하여 벤처창업이 발달한 선진국의 경우에는 이러한 창업투자사뿐만 아니라 개인들로부터 투자를 받는 엔젤펀드(angel fund)들이 많이 발달하여 창업자들이 창업 시 자금을 조달할 수 있는 방안들이 다양하게 발달해 있다.

일반적으로 엔젤펀드는 독특한 기술과 참신한 아이디어를 갖췄으나 자본이 부족한 벤처기업에게 자금을 지원, 성공할 경우 투자자금을 회수하는 고위험 고수익 자본이다. 즉, 개인투자자들이 중심이 되어 고성장이 기대되는 기업을 창업하는 데 소요되는 자금을 제공하고 그 주식을 취득하는 펀드를 말한다.

우리나라에서는 이러한 엔젤투자를 중소기업창업지원법을 통하여 법률로 통제하고 있다. 즉, 시장에서 자생적으로 엔젤펀드들이 조성되어 투자되기 보다는 정부중심으로 투자가 이뤄지고 이에 대한 감독도 엄격히 이뤄지고 있다. 우리나라에서 엔젤펀드 등 투자펀드가 민간에서 활성화되지 못하는 이유이기도 하다.

우리나라에서는 창업지원법에 의거하여 설립된 엔젤투자를 위한 전문기관들이 존재하는데, 대표적인 기관으로 (사)한국엔젤투자협회를 들 수 있다. 이 협회는 엔젤투자자 육성 및 엔젤투자자와 창업기업간의 네트워크 구축, 엔젤투자저변 확대, 기업성장 지원 등 선순환 벤처투자 생태계 조성을 통해 고용창출과 국가 경제성장에 기여할 목적으로 2012년 9월 중소기업청으로부터 사단법인 설립허가를 받아 발족하였다. 그리고 그 주요업무로는 ① 회원 상호간의 업무협조 및 정보교환, ② 엔젤투자 활성화를 위한 제도 확립 및 개선 등에 필요한 사업, ③ 엔젤투자업무에 대한 정부 및 관계기관에 정책 건의, ④ 국내외 엔젤투자 벤처산업에 대한 조사연구, ⑤ 청년창업 및 중소기업 육성을 위한 위탁 사업, ⑥ 국내외 엔젤투자자 및 관련기관 제휴 및 교류 촉진을 위한 사업, ⑦ 대내외 홍보를 위한 사업, ⑧ 교육 및 연수 사업, ⑨ 기타 협회의 목적 달성에 필요한 사업 등을 수행하고 있다.

2. 엔젤펀드란?

엔젤펀드(angel fund)는 독과점적 시장지배력이 예상되는 독창적 기술과 아이디어를 확보하고 있음에도 불구하고 자본이 부족한 벤처기업에게 개인들이 투자하는 자금조달방법이라고 할 수 있다. 창업자 입장에서는 이러한 엔젤펀드로부터 투자를 받아 사업이 성공할 경우 창업자는 경영권 위협 없이도 성장발판을 마련하는 계기가 될 수 있으며, 개인투자자들 입장에서는 소액을 투자하고도 고액의 투자자금을 회수하는 투자방법이 될 수 있다. 그러나 벤처기업에 대한 투자란 손실의 위험성이 큰 만큼, 엔젤펀드란 고위험 고수익 자본이라고 할 수 있다.

이를 다시 정리해 보면, 투자를 전문으로 하는 벤처캐피탈과 달리 개인투자자들이 중심이 되어 고성장이 기대되는 기업을 창업하는 데 소요되는 자금을 제공하는 엔젤펀드로 자금을 조달하는 경우 경영권 탈취, 기술탈취 등과 같은 위험은 최소화될 수 있다.

벤처캐피털이 주로 창업 후 완제품의 시장진입 단계에서 투자하는 반면에 엔젤캐피털은 아이디어만 있고 제품이 없는 창업 초기단계에서도 자금을 공급하는 것이 일반적이다.

이처럼 엔젤펀드를 개인들로부터 조달하고, 아이디어만 있는 창업초기단계에서도 투자가 가능하다 보니 많은 경우 투자자 보호가 문제될 수 있다.

따라서 이러한 엔젤펀드운영상의 불공정행위를 차단하기 위해 엔젤투자지원센터인 한국엔젤투자협회에서 이에 대한 자율규제를 하고 있다.

엔젤투자지원센터는 엔젤투자를 개인형 엔젤투자자와 법인형 엔젤투자자로 구분하여 자율규제를 하고 있다.

3. 개인형 엔젤투자자

엔젤투자지원센터에서는 엔젤투자자를 개별엔젤투자자, 전문엔젤투자자, 엔젤클럽, 개인투자조합, 법인형 엔젤투자자 등으로 구분하여 자율규제를 하고 있다.

개별엔젤투자자란 창업초기중소기업에 투자와 경영지도를 해주는 개인 투자자로서 엔젤투자지원센터에 등록된 자를 말한다. 전문엔젤투자자란 벤처법상의 개인으로서, 중소기업청장으로부터 확인서를 발급받고 유효기간 2년 이내인 개인을 말한다. 엔젤클럽이란 창업초기기업에 투자와 경영지도를 해주는 개인 투자자(엔젤)들의 모임으로서, 엔젤투자지원센터에 등록하고 엔젤활동실적을 보유한 클럽을 말한다. 개인투자조합이란 개인투자자들이 조합원으로 참여하여 설립된 조합으로, 중소기업청에 등록된 조합을 말한다. 법인형 엔젤투자자에 대하여도 그 종류와 자격에 대해 엔젤투자지원센터에서 자율규제하고 있는데, 이에 속하는 것으로는 적격엔젤투자전문회사, 적격벤처기업, 창업지원기관, 지역창업관련기관, 산학협력기술 지주회사, 대학관련 투자가능기관, 창조경제혁신센터추천기관, 신기술창업전문회사, 창업경진대회 투자약정기관, 창업경진대회 투자약정기관, 액셀러레이터[20] 등이 있다.

적격엔젤투자전문회사란 창업 인큐베이팅을 수행할 수 있다고 인정되는 법인으로서, 별도의 특례를 통해 적격으로 선정된 회사를 말하며, 적격벤처기업이란 별도의 특례를 통해 적격으로 선정된 회사를 말한다.

창업지원기관은 비영리 법인으로서 한국엔젤투자협회, 한국청년기업가정신재단 또는 지역엔젤관리기관이 추천한 기관들이 이에 해당하며, 지역창업관련기관이란 지역 내 설립·운영되는 비영리 법인 창업지원 관련 기관으로서 지방자치단체 또는

---

20) 액셀러레이터란 벤처 인큐베이터보다 더 초기 단계의 창업 기업을 벤처 단계로 성장시키는 역할을 하는 기업으로 창업지원법에 그 근거를 두고 있으며, 일반적으로는 스타트업 엑셀러레이터(startup accelerator)라고 한다. 이러한 스타트업 엑셀러레이터는 창업 기업에 사무실, 컨설팅 서비스를 제공할 뿐 아니라 마케팅 · 전략 등 각 분야의 세계적 전문가들을 멘토로 연결시켜 주기도 한다.

지역엔젤관리기관이 추천한 기관이 이에 해당한다.

산학협력기술 지주회사는 산학협력단 또는 연구기관이 보유하고 있는 기술의 사업화를 목적으로, 다른 회사의 주식 소유를 통하여 그 회사를 지배하는 회사를 말하며, 대학관련 투자가능기관은 대학재단 또는 대학 내 창업관련기관으로 기업에 투자가 가능한 기관이 이에 해당한다.

신기술창업전문회사는 대학이나 연구기관이 보유하고 있는 기술의 사업화와 이를 통한 창업촉진을 주된 업무로 하는 회사로서, 벤처특별법에 의해 설립된 기관이 이에 해당하며, 창업경진대회 투자약정기관은 중소기업청 등 정부 및 지자체가 주최하거나 후원한 창업경진대회에서 기관 자체 고유계정으로 창업초기기업에 투자약정을 하고 투자한 기관을 말한다.

액셀러레이터란 중소기업창업지원법에 의한 “창업기획자”를 의미하는데, 초기창업자 등의 선발 및 투자, 전문보육을 주된 업무로 하는 자를 말한다. 미국 실리콘밸리의 성공에 가장 큰 기여를 한 것이 액셀러레이터인 것으로 알려져 있다.

4. 개별엔젤투자자 자격요건

개별엔젤투자자가 되기 위하여는 최근 2년간, 법상 “창업에서 제외되는 업종”을 영위하지 않는 기업에 신규로 발행한 주식 또는 지분에 대하여 투자를 한 실적을 보유한 투자자로서 단일 건의 경우, 5,000만 원 이상이어야 하며, 투자건 수가 2건 이상인 경우에는 건당 최소 500만 원 이상, 합산금액 2,000만 원 이상인 자가 개별엔젤투자자가 될 수 있다.

엔젤투자지원센터가 실시하는 교육을 이수한 자도 엔젤투자자가 될 수 있는데, 이 경우는 2인 이상이 인당 최소 1,000만원, 합계 5,000만 원 이상을 공동 투자하여야 자격을 취득한다.

그 밖에 엔젤투자 전문성과 멘토가능성을 보유한 것으로 인정되는 기업가이면서 기관의 추천을 받은 자와 코스닥 상장사, 벤처기업 천억클럽 회원사 대표이사 경력을 보유한 자, 벤처기업협회, 여성벤처기업협회, 이노비즈협회, 기타 엔젤투자지원센터 등록 후 6개월 이상이 지난 자 중, 1회 2천만원 이상 신주투자실적을 보유하고, 기간 내 엔젤활동(엔젤아카데미, 포럼 등 센터 프로그램 참여) 사실이 확인되는 자가 개별엔젤투자를 할 수 있다.

5. 엔젤클럽엔젤투자자 자격요건

개인적으로 엔젤투자를 하고 싶지만 개별엔젤투자자자격을 갖추지 못한 경우에는 엔젤클럽에 가입하여 회원으로서 간접적인 방법의 엔젤투자를 할 수 있다. 엔젤클럽에 참여하여 투자를 하는 개별투자자의 경우에는 투자목적이 경영참여보다는 수익성 확보에 있다는 점을 감안하여 볼 때에 창업자 입장에서는 가장 적합한 투자자일 수 있다.

그러나 다수의 엔젤클럽회원들로부터 소액다수의 투자를 받기 위해서는 사업의 발전가능성에 대한 정황증거를 구체적으로 제시하여야 한다는 점에서 투자유치에 성공하는 것은 용이치 않은 것이 현실이다.

이러한 엔젤클럽의 회원이 투자를 하고자 하는 경우에는 최소 2인 이상 신청하여야 하며, 엔젤클럽에 가입한 후 180일 이상 경과한 경우에만 투자자격을 취득하게 된다.

그리고 이러한 엔젤클럽은 회장, 총무 등 5인 이상 회원을 갖추고 엔젤투자지원센터에 등록된 클럽만이 자격이 주어진다.

그 밖에도 투자실적요건을 갖추어야 엔젤클럽으로서 활동할 수 있는데, 적격투자실적도 2건 이상, 건당 5백만 원 이상으로 총 2천만 원 이상인 신주투자실적을 갖거나 단일 건 5,000만 원 이상의 신주투자실적 보유회원을 갖춘 클럽이 자격을 갖게 된다.

6. 법인형 엔젤투자자 자격요건

창업지원법에서는 개별엔젤투자자뿐만 아니라 법인형 엔젤투자자도 유망기업에 투자할 수 있도록 제도적 장치를 마련해 놓고 있다. 특히, 법에서는 자격요건에 대하여 규정하고 있는데, 이는 투자법인의 보호차원에서 마련된 제도라고 할 수 있다.

그러나 투자자보호제도가 엄격한 경우에는 창업펀드의 조성이 어려운 것이 사실이다. 특히, 민간부문에서의 투자펀드가 활성화되어 있지 않은 우리나라의 현실상 법인형 엔젤투자자의 자격요건을 완화하는 것도 효과적인 정책이 될 수 있다고 본다.

현재는 한국벤처투자와 협약 또는 타 기관 추천을 받아 적격기관으로 선정한 기관이 법인형 엔젤투자자가 될 수 있다. 그리고 그 사업 목적이 엔젤투자, 창업 인큐베이팅을 통한 창업투자를 전문으로 하는 적격 엔젤투자전문회사회사이어야 한다.

이러한 법인형 엔젤투자자는 파트너계약을 통해 현장점검 후 특이사항이 없을 경우 자동매칭하며, 민간주도형 기술창업지원 운용사가 이에 포함된다.

7. 투자대상기업 자격요건

우리나라 창업지원법은 엔젤투자자의 자격요건 뿐만 아니라 투자를 받을 수 있는 대상자의 자격에 대하여도 상세한 규정을 두고 있다.

이를 구체적으로 보면 창업지원법상 "창업에서 제외되는 업종"을 영위하는 기업이 아니면서 기업가치가 50억 원 이하인 창업초기기업이 엔젤펀드로부터 투자를 받을 수 있다. 다만, 금융 및 보험업, 부동산업, 숙박 및 음식점업, 무도장운영업, 골프장 및 스키장운영업, 기타 갬블링 및 베팅업, 개인 서비스업은 투자대상에서 제외된다. 그러나 금융업 중 Fin-tech(핀테크)관련 기업은 매칭투자 대상에 포함된다.

창업초기기업은 창업 후 3년 이내의 중소기업 또는 직전연도 매출액이 15억 원

이하면서 연구개발비가 매출액의 5% 이상인 중소기업이 투자대상기업이 된다.

"재창업기업"도 투자대상인데, 이는 중소기업을 폐업하고 중소기업을 새로 설립하는 것을 의미하며, 기존 사업을 폐업한 개인기업 대표자 및 법인기업 대표이사가 재창업한 기업이 이에 해당한다. 다만, 실패 사업체의 폐업 후 5년 이내 매칭투자 신청기업을 설립하여야 하며, 고의부도, 회사자금 유용, 사기 등 폐업의 사유가 부도덕하지 않아야 한다. 그리고 신용미회복자는 총부채규모가 30억 원 이하이어야 하며, 후속투자 기업으로 기업가치가 50억 원 이하인 기업이어야 한다(중소기업창업지원법 시행령 제4조).

엔젤투자계약 시 계약서에는 일반적으로 ① 목적, ② 투자금, ③ 상환 또는 지분 배정방법, ④ 전용금지, ⑤ 보고사항, ⑥ 기한이익 상실, ⑦ 담보제공, ⑧ 담보물 처분, ⑨ 기타사항, ⑩ 분쟁해결, ⑪ 특약사항 등이 포함된다.

8. 크라우드 펀딩(crowd funding)

크라우드 펀딩이란 2005년 영국에서 처음 등장한 개념으로 자금을 필요로 하는 창업자가 온라인 플랫폼 등을 통해 불특정 다수 대중에게 자금을 모으는 방식을 말한다.

대중을 뜻하는 크라우드(Crowd)와 자금 조달을 뜻하는 펀딩(Funding)을 조합한 용어이다. 초기에는 페이스북이나 트위터 등과 같은 소셜네트워크서비스(SNS)를 적극 활용해서 이뤄진다는 점에서 '소셜 펀딩'이라고 불리기도 했다.

이러한 크라우드 펀딩은 종류에 따라 지분투자형(증권형), 대출형, 후원형, 기부형 등 네 가지 형태로 구분하기도 한다.

지분투자형(증권형)은 다수의 소액투자자들이 이윤 창출을 목적으로 비상장 주식이나 채권에 투자하는 형태의 펀딩을 말하는데, 투자자는 주식이나 채권 등의 증권을 취득하게 된다.

대출형은 개인과 개인 사이에서 이뤄지는 P2P 금융으로, 소액 대출을 통해 개인 혹은 개인사업자가 자금을 지원받고 만기에 원금과 이자를 다시 상환해 주는 방식을 말한다. 엄밀한 의미에 있어서의 손실의 위험을 감수하는 투자는 아니지만 창업자가 파산하는 경우 대출금을 회수할 수 없을 가능성이 높기 때문에 투자의 한 형태로 분류하기도 한다.

후원형은 대중의 후원으로 목표 금액을 달성하면 프로젝트가 성공하는 방식으로, 공연과 예술 분야에서 많이 활용되고 있는데, 엄밀한 의미의 투자는 아니다. 기부형도 증권교부 등을 조건으로 하지 않고 순수한 기부 목적으로 지원하기 때문에 투자는 아니지만 크라우드 펀딩의 한 유형으로 인정하고 있다.

이러한 크라우드 펀딩은 2005년 영국의 ZOPA.COM(조파닷컴)이 사업으로 처음으로 시작한 바 있다. 특히, 지분투자형 크라우드 펀딩은 2007년 영국의 크라우드 큐브(crowdcube.com)가 최초인 것으로 알려지고 있다.

그리고 2008년 미국에서 인디고고(Indiegogo)가 최초로 기부형(후원형) 크라우드 펀딩 플랫폼을 출시하면서 비로소 크라우드 펀딩이란 용어가 일반화되었다.

우리나라의 경우에는 2011년 후원형과 기부형, 그리고 대출형의 형태로 크라우드 펀딩이 정착되기 시작하였다. 그리고 2016년 1월에는 증권형 크라우드 펀딩이 도입되었다.

이러한 증권형 크라우드 펀딩은 개인 투자자가 크라우드 펀딩 플랫폼 업체를 통해 중소·벤처기업에 연간 최대 500만 원(업체당 200만 원)을 투자할 수 있도록 되어 있다(자본시장법 제9조 27항, 제83조).

자본시장법은 이를 담당하는 사업자를 온라인소액투자중개업자[21] 또는 온라인소액증권발행인으로 부르고 있다.

4차 산업혁명시대에 아이템만 우수하다면 창업자들이 널리 활용할 수 있는 자금조달수단이라고 할 수 있다.

---

21) 온라인소액투자중개업자는 크라우드펀딩을 온라인을 통해 중개해주는 것을 업으로 하는 사업자이다. 자본시장법은 크라우드펀딩 회사의 난립을 막기 위해 자본금 규모는 5억 원일 것을 요구하고 있으며, 일종의 금융사이기에 "예탁결제원"의 관리를 받는다.

Ⅸ. 대출에 의한 자금조달

1. 대출과 신용회복

창업 후 자금조달하는 방법 중 신주발행방식과 벤처투자방식, 엔젤펀드 투자방식 등 모두는 자본을 증가시키는 방법에 해당한다. 이는 향후 창업자의 지분율이 감소할 위험이 있어 경영권이 불안정해질 우려가 증가할 수 있으며, 장기적으로 기업의 지속가능성이 감소한다는 것을 의미한다. 따라서 창업자의 지분율을 감소시키지 않으면서 자금을 조달하는 방법으로 회사채 발행방법과 금융기관으로부터 대출, 즉 차입방식의 자금조달을 하는 방법이 있다. 그러나 회사채를 발행하려면 기업이 시장에서 신뢰를 받을 만큼의 규모를 갖추어야 하므로 창업초기의 기업의 경우 회사채를 발행한다는 것은 사실상 불가능할 수 있다.

따라서 대부분의 창업초기의 기업들은 금융기관으로부터 자금을 대출받는 간접자금조달방법을 택하는 것이 일반적이다. 그러나 우리나라의 금융시장의 특성상 벤처투자 시 가치평가 및 대출기준이 정립되지 않다보니 기술을 담보로 대출하는 관행이 형성되어 있지 못하다.

따라서 물적 담보를 제공할 만한 여력이 없는 창업기업의 경우에는 금융기관으로부터 대출받을 때 창업자가 개인적으로 인적 보증인 연대보증[22]을 서고 대출을 받는 경우가 많다. 이러한 경우에는 사업실패 시 창업자가 전 재산을 채무변제에 충당하거나 아니면 신용불량자가 되어 경제활동이 제약당하는 결과를 가져올 수 있다. 이는 창업자가 한번 실패한 경우 재기가 어려울 수도 있다는 것을 의미한다.

창업자가 금융기관으로부터 대출을 받는 것과 동시에 사업실패 시 부채로 인하여 재기가 어려운 경우 이를 극복할 수 있는 방안 즉, 신용회복 방안을 사전에 알아두

22) 연대보증이란 연대보증인이 주채무자와 연대하여 채무를 부담하므로 연대보증인은 보증채무의 보충성에 기한 최고(催告)의 항변권과 검색(檢索)의 항변권을 갖지 못한다(민법 제437조).

는 것은 매우 중요하다고 본다.

2. 대출에 의한 자금조달

일반적으로 자금조달방법은 직접 자금조달과 간접 자금조달로 구분할 수 있다. 직접적 자금조달은 주식과 사채를 발행해서 자금을 조달하는 것을 말하며, 간접 자금조달이란 금융기관에서 대출을 받아 자금을 조달하는 부채를 말한다.

이러한 금융기관은 금융서비스의 성격에 따라 은행, 저축은행 및 신용조합 등 예금·대출서비스를 제공하는 기관, 보험회사와 같이 연금·보험서비스를 제공하는 기관, 증권 및 투자회사와 같이 브로커, 인수(underwriting) 등의 업무를 수행하는 기관이다.

창업자가 일반적으로 대출받는 금융기관은 주로 은행과 비은행 예금취급기관들이다. 은행은 불특정 다수의 일반 국민으로부터 예금을 받아 기업, 가계 등에 대출을 해주는 대표적인 간접금융기관이다. 즉, 은행은 자금의 사용기간, 규모, 위험 등이 상이한 예금자와 대출자 사이에서 이들을 연결시키는 중간매개자 역할을 한다.

그리고 비은행 예금취급기관들은 과거 은행의 문턱이 높았던 시절에 서민과 영세 자영업자, 농어민들이 소액의 가계생활자금이나 영업자금, 영농자금 등을 쉽게 대출받을 수 있도록 하기 위해 정책적으로 육성한 신용협동기구 또는 상호금융 형태의 지역서민 금융기관으로서 은행보다 대출금리가 높은 것이 일반적이다. 이에 해당하는 것으로는 저축은행, 신용협동조합, 새마을금고와 농어촌지역에서 볼 수 있는 단위농협·수협, 산림조합 등을 들 수 있다.

창업자가 이러한 은행이나 비은행 예금취급기관으로부터 대출을 받는 경우 창업을 주식회사 형태로 하였다면 주주는 유한책임을 지기 때문에 회사가 부실해져서 부채가 많은 상태에서 해산한다 하더라도 주주개인이 책임을 지지는 않기 때문에 창업자는 회사부채로부터 자유로운 것이 원칙이다.

그러나 실무에서는 전혀 다른 현상이 발생하고 있는 것이 관행으로 되어 있다. 즉, 중소기업의 경우 금융기관이 대출해 줄 때 대표이사에게 개인적으로 연대보증을 설 것을 요구하기 때문에 회사가 파산한 경우 회사의 부채를 대주주인 창업자가 부담하는 경우가 많다.

따라서 창업 시에는 가능한 한 대출을 받지 않는 것이 필요하지만, 현실에서는 불가피한 경우가 많다. 특히, 대출금을 변제하지 못하는 경우 창업자가 신용불량자로 등재되어 재기가 어려울 수 있다.

이러한 경우 창업자가 재기하기 위하여 기존의 부채를 감소시키거나 면제받는 제도에 대하여 알아둘 필요가 있습니다. 창업 실패 후 재기를 위하여는 개인워크아웃, 프리워크아웃, 개인회생, 개인파산제도를 활용하는 것을 사전에 고려해 볼 필요가 있다.

3. 개인워크아웃제도

창업 후 사업이 실패하여 폐업을 한 후 회사경영 시 대출받은 채무에 대하여 연대보증을 서서 개인채무가 많아 신용불량상태에 직면한 경우, 취업을 하여 적더라도 최저생계비 이상의 고정적인 수입이 있는 경우 개인워크아웃제도를 이용하여 재기의 기회를 노릴 수 있다.

'개인워크아웃'의 정식명칭은 '신용회복지원제도'라고 하는데, 이는 금융기관간 맺은 '신용회복지원협약'에 따른 신용불량자 구제제도라고 할 수 있다.

구체적으로는 최저생계비(2017년 기준 99만원) 이상의 소득이 있는 개인 또는 개인사업자가 채무 과다로 인하여 현재의 소득으로는 채무상환을 할 수 없어 신용불량자로 등재되어 있는 경우 신용회복위원회[23]에 개인워크아웃 신청을 하면, 신용회복위원회가 금융기관의 채무를 일정 부분 조정하여 줌으로써 신용불량자가 경제적으

23) 신용회복위원회는 '금융기관 간 신용회복지원협약'에 따라 2002년 10월 출범 후 채무자를 위한 신용관리에 관한 상담 및 교육 등 공익적 업무수행과 채무조정업무의 공정성과 객관성을 확보하기 위해 금융위원회의 허가를 받아 2003년 11월 비영리 사단법인으로 전환되었다.

로 회생할 수 있도록 도와주는 제도이다.

이러한 개인워크아웃을 신청할 수 있는 대상은 금융기관간 자율협약인 '신용회복지원협약'에 가입한 금융회사 2곳 이상에서 모두 5억 원 이하의 대출금과 신용카드 대금, 할부금융채권 등의 개인채무가 있는 채무자로 3개월 이상 연체를 한 채무자이다.

'신용회복지원협약'에 가입한 금융회사는 은행과 보험, 신용카드, 상호저축은행, 농·수협중앙회, 농·수협단위조합과 새마을금고 등이 해당된다.

신용회복 신청자격을 얻기 위해서는 최저생계비 이상의 수입이 있거나, 최저생계비 미만의 소득이 있는 경우라도 심의위원회가 채무상환이 가능하다고 인정하는 채무자로서, 신청인의 소득 중 생활비를 공제하고 본인의 채무를 최장 10년 이내에 나누어 갚을 수 있을 정도의 소득이 있어야만 신청할 수 있다.

다만, 신용불량정보로 등록되기 직전에 과도하게 다액의 대출을 받거나 재산을 도피·은닉한 경우, 도박·투기 등으로 부채가 많은 경우는 제외된다. 개인신용회복지원제도를 이용하려면 채무자 본인(미성년자는 법정 대리인)이 신용회복지원위원회 사무국으로 방문하여 신청하거나 온라인으로 신청할 수 있다.

그러나 신용협동조합이나 사채(私債)업자로부터 대출받은 금전채무에 대하여는 개인워크아웃이 적용되지 않다.

이러한 개인 워크아웃제도는 회사의 부채가 과다하여 사업을 해산하고, 회사의 부채를 창업자가 연대보증한 상태에서 변제를 완료하지 못하고, 생계를 위한 다른 직장에 취업한 경우에 이용할 수 있는 제도이다.

4. 프리워크아웃

창업 후 직접적인 자금조달이 어려워 창업자가 직접 금융기관에 연대보증을 서고 대출을 받았으나 자금사정이 여의치 않아 이자도 변제하기 어려워진 상황이지만 아직 폐업하기 이전에 채무를 조정하여 사업을 계속할 수 있도록 지원되는 프리워크아웃(pre-workout)제도를 이용할 수 있다.

프리워크아웃은 신용회복위원회가 채무조정을 통해 과중채무자에게 연체이자 전액 감면, 이자율 인하, 상환기간 연장 등의 지원을 함으로써 금융채무불이행자로 전락하지 않도록 사전 지원하는 제도이다. 이러한 프리 워크아웃은 채무자가 원리금(원금+이자)을 분할 상환방식으로 상환을 완료하면 이행이 종료된다.

이 제도의 지원 대상은 연체기간이 90일 이내이며, 총 채무액이 15억 원(담보채무 10억 원, 무담보채무 5억 원) 이하인 경우가 해당한다.

프리워크아웃을 신청하면 다음 날부터 채권금융회사의 추심, 법적절차 등이 중단되게 되며, 신용회복위원회는 협약에 가입된 금융회사의 모든 채무를 통합하여 조정을 하게 된다.

이러한 프리워크아웃은 법원에서 하는 조정이 아니라 신용회복위원회라는 사적기관이 수행하는 사적 조정제도이기 때문에 일반적으로는 신속한 결정(동의율 98%)이 이뤄지게 된다. 그리고 신청 또한 공인인증서를 이용한 인터넷 신청이 가능하다. 그 밖에도 성실 상환자에게는 인센티브가 주어지는데, 12개월 이상 성실히 변제계획을 이행하는 중 긴급하게 생활안정자금, 학자금 및 기타 긴급자금이 필요한 경우 무담보, 저금리(2~4%)로 대출 지원도 가능하다.

이러한 프리워크아웃제도는 창업 후 직접적인 자금조달이 어려워 창업자가 직접 금융기관에 연대보증을 서고 대출을 받았으나 자금사정이 여의치 않아 이자도 변제하기 어려워지는 상태에 직면한 초기에 신속히 신청하는 것이 재기의 발판을 마련하는 큰 도움이 될 것으로 생각된다.

5. 개인회생제도

개인회생제도란 법원이 강제로 채무를 재조정해 파산을 구제하는 일종의 개인 법정관리라고 할 수 있다. 구체적으로는 파산에 직면한 임금생활자나 소규모 자영업자, 전문직 종사자 등 지속적인 수입이 있는 자들이 5년 동안 부채를 성실히 변제하면 잔여 부채를 탕감받게 되는 제도이다.

이러한 개인회생제도는 파산선고로 인해 개인들이 직장에서 퇴출당하는 등 사회적・경제적 불이익을 당하지 않도록 하기 위한 예방조치로 이해된다.

또한 이 개인회생제도는 신용협동조합이나 사채(私債)업자에게서 빌린 돈은 구제대상에서 제외하는 개인워크아웃과 달리 모든 채무에 대해 포괄적으로 구제받을 수 있다.

총채무도 5억 원으로 제한된 개인워크아웃과 달리 사채업자로부터 받은 대출 등 채무종류와 무관하게 포괄적으로 구제받을 수 있다.

원금감면 한도와 관련하여 개인워크아웃은 금융회사가 상각 처리한 채무범위 내에서 총채무액의 3분의 1만 감면해주는 반면, 개인회생은 최장 5년간 분할 상환하면 잔여 채무 전액이 감면될 수 있다.

보증채무와 관련하여 워크아웃은 변제계획에 따라 상환하면 소멸되지만 회생제도는 본인 당사자가 면책되더라도 보증인의 책임은 계속 유지될 수 있다.

신청절차와 관련하여 개인워크아웃을 신청하면 개별 금융회사에 이어 신용회복위원회의 이중 심사를 거쳐야 하지만 개인회생은 법원이 채무자의 변제계획에 대해 채권자의 의견을 검토해 채무 재조정 여부를 결정하게 되기 때문에 심사절차가 비교적 간편하다.

연체액이 소액이어서 상환조건의 적절한 변경만으로 최대 5년 동안 채무를 모두 분할하여 변제할 수 있는 것으로 판단되는 사람이라면 개인 워크아웃을 신청하는게 유리하다.

그러나 부채가 수억 원에 달해 전 재산을 모두 처분해도 도저히 변제할 능력이 없다고 판단되면 법원에서 개인회생절차를 밟는 게 유리할 수 있다.

창업자의 경우에도 불가피하게 회사채무에 대한 보증을 선 경우 개인회생제도를 활용하면 재기가 비교적 용이할 것으로 생각된다.

6. 개인파산제도

개인 파산이란 신의성실한 개인이 생계를 유지하는 과정에서 불가피하게 부채상환능력을 상실하여 정상적인 생활을 영위할 수 없는 상태에 직면한 경우 법원이 이를 인정하여 채무이행을 면책해주는 제도이다.

즉, 임금생활자, 주부 등 비사업자가 자신의 상환능력을 초과하여 과도하게 신용카드를 이용하거나 금전을 차용한 경우, 또는 타인의 채무에 대한 보증을 서서 자신의 모든 재산을 충당하고도 모든 채무를 변제할 수 없는 지급불능상태에 직면한 경우, 이를 정리하기 위해 법원에 스스로 파산신청을 하는 제도이다.

파산 및 면책은 자신의 모든 채무를 변제할 수 없는 재정상태에 직면한 자가 신청할 수 있으며 신용불량자가 아닌 경우에도 신청이 가능하다. 이때 신청서는 채무자 자신의 주소지를 관할하는 지방법원 본원에 접수하여야 한다.

다른 구제절차와는 달리 개인파산제도의 경우에는 공 · 사법(公 · 私法)상의 권리가 제한되는 경우가 있다.

우선 사법상으로는 가족법상의 후견인, 친족회원, 유언집행자, 수탁자가 될 수 없다. 그리고 공법상으로는 공무원, 변호사, 공인회계사, 변리사, 공증인, 부동산중개업자, 사립학교교원, 건축사 등의 자격이 제한된다.

다만, 파산자도 대통령, 국회의원, 지방자치단체장의 선거권 및 피선거권은 보유한다.

그 밖에도 주식회사, 유한회사와 위임관계에 있는 이사가 파산한 경우에는 회사와 이사간의 위임관계가 파산선고로 종료되기 때문에 당연퇴임사유가 된다.

파산선고를 받으면 경제활동도 제한받게 되는데, 구체적으로는 파산자의 신원증명업무를 관장하는 등록기준지 시 · 구 · 읍 · 면장에게 파산선고사실이 통지되고 신원증명서에 신원증명사항의 하나로 기재되어 각종 금융거래와 취직 등에 있어서 불이익을 받을 수 있다.

다만, 법원으로부터 전부면책결정이 확정되면 위와 같은 불이익은 모두 소멸될 수 있다. 즉, 법원으로부터 파산자의 신원증명업무를 관장하는 등록기준지 시 · 구 · 읍 · 면장에게 면책결정 확정사실이 통지되면 파산선고를 받은 사실이 신원증명사항에서 삭제되게 된다. 이러한 전부면책결정은 판사의 재량사항인 것으로 해석된다.

창업자가 임금체불에 직면하지 않기 위하여 금융기관으로부터 신용 대출 등을 받아 채무불능상태에 직면한 경우에는 그 사정을 감안하여 판사가 재량으로 전부면책결정하는 경우가 종종 있다.

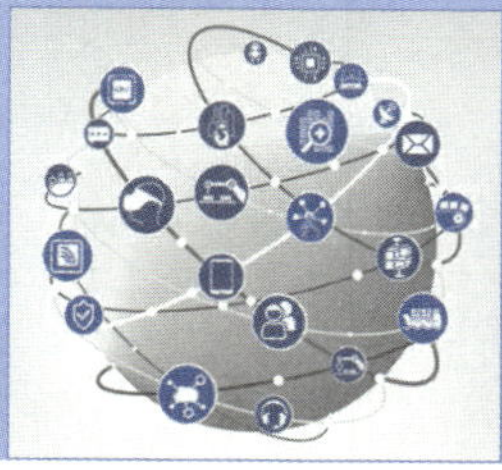

제3장 기업지배구조

제3장 기업지배구조

Ⅰ. 기업지배구조의 의의

1. 이해충돌과 경영권분쟁

창업 후 기업에 이익이 발생하기 시작하면 이해관계자들 간의 이해충돌이 발생하는 것이 일반적이다. 이러한 이해관계를 조절할 수 있는 시스템을 기업지배구조라고 하는데, 지배구조는 창업단계부터 설계를 할 필요가 있다. 기업지배구조는 기업의 성장의 동력이 될 수도 있는 반면에 경영권분쟁의 단초가 될 수 있기 때문이다.

기업지배구조는 국가마다 서로 상이한 법제도를 갖고 있는데, 이와 관련하여 학자들은 각국의 기업지배구조 유형을 분류하고자 노력하였으며, 일반적으로는 이익분배의 주체를 중심으로 영미식의 주주자본주의와 유럽, 특히 독일식의 이해관계자 자본주의로 구분하고 있다. 그리고 이사회와 감사기관과 관련하여 이사회가 업무집행을 하면서 감독도 하는 영미식의 일원적 시스템과 이사회와 감사기관이 분리되어 독립적으로 존재하는 독일식의 이원적 시스템으로 구분하고 있다.

우리나라는 자산 2조원 이상인 상장회사인 경우에는 이사회 내에 감사위원회를 반드시 설치하도록 강제함으로써 일원적 시스템을 택하고 있으며, 자산 1천억 원 이상부터 2조원 미만인 상장회사는 상근감사를 두도록 강제하고 있어서 이원적 감사시스템도 병행하여 택하고 있다.

자산 1천억 원 미만인 상장회사와 규모와 관계없이 모든 비상장회사는 일원적 시스템과 이원적 시스템 중 하나를 선택할 수 있도록 되어 있다.

결론적으로 우리나라의 기업지배구조는 미국식과 독일식을 혼합한 형태의 기업지배구조를 갖고 있으며, 일본은 독일식에 가까운 기업지배구조의 형태를 취하고 있다.

2. 기업지배구조란?

기업지배구조란 이를 직설적으로 표현하면 기업을 다스리는 구조라고 할 수 있다. 즉, 경영진(대주주 포함) – 소액주주 – 채권자 – 종업원 등 기업 이해당사자들의 역학관계를 나타내는 구조라고 할 수 있다.

이러한 역학관계에서 회사에 이익이 발생한 경우 누가 분배주체가 되어야 하는지에 대하여 주주자본주의는 손실의 위험을 감수한 투자자인 주주만이 회사이익의 분배주체가 되어야 한다는 이념에 기초하고 있다.

반면에 이해관계자 자본주의는 주주뿐만 아니라 이익창출에 기여하였다면 근로자나 채권자, 지역주민 등 모든 관계자가 이익분배에 참여할 권리가 있다는 이념에 기초한다.

미국은 주주자본주의를 원칙으로 하고 있으며, 독일이나 유럽은 이해관계자 자본주의를 원칙으로 하고 있다. 우리나라와 일본은 주주자본주의를 원칙으로 하고 있으나 우리나라는 최근 노동이사제 도입 논의 등과 관련하여 유럽식의 이해관계자 자본주의로 전환하려는 노력들이 지속적으로 일어나고 있다. 노동이사제[1])가 입법적으로 도입되는 경우 근로자경영참여를 통한 투명한 경영이 실현될 수는 있으나, 경우에 따라서는 이사회가 노사간의 대립의 장으로 변모될 가능성이 있다. 창업 시에 이러한 점을 고려를 하여 기업지배구조의 밑그림을 그리는 것 또한 중요하다.

그럼에도 불구하고 현재까지 우리나라의 기업지배구조는 주주자본주의를 택하고 있기 때문에 기업 내에서의 이해관계자 기관은 주주총회, 이사회, 감사, 대표이사, 소수주주 등으로 구성되어 있으며, 이에 대하여 상법이 그 권한과 의무에 대하여 상세히 규정하고 있다.

창업 후 성공한 기업이라 할지라도 안정된 경영권을 확보하기 위해서는 이러한 기업지배구조가 균형적으로 확립되도록 설계할 필요가 있다. 기업지배구조란 이해관계자들이 회사운영에 대한 기본원칙을 합의한 것이고, 이를 위반한 경우에는 분쟁이 발생할 수 있기 때문이다.

예를 들어 페이스 북의 경우 저커버그가 하버드대 기숙사에서 창업을 할 때 자금이 부족하여 급우인 새버린으로부터 1,000 달러를 투자받으며 페이스북의 지분 34% 배정하기로 하는 합의를 한 바 있다. 그 후 페이스 북이 추가 투자를 받을 때는 물론이고, 경영관련 의사결정을 할 때 종종 갈등을 빚었으며 결국, 소송으로까지 전개된 바 있다. 특히, 의사결정과 관련하여 저커버그가 페이스북의 지배구조 내에 포함되어 있지 않은 냅스터 공동창업자인 숀파커(Sean Parker)의 자문을 받고 의사결정한 것에 대하여 새버린이 불만을 갖게 되면서부터 시작되었다.

따라서 창업을 희망한다면 창업 전부터 향후 기업지배구조를 어떻게 구성할 것인지를 미리 구상해 놓는 것이 매우 중요하다고 할 수 있다.

---

1) 노동이사제는 노동자 대표가 기업 이사회에 이사로 참석해 발언권과 의결권 등을 행사하는 제도다. 유럽, 특히 독일에서는 법률로 이를 제도화하고 있으며, 국내에서는 서울시가 2016년 9월 최초로 관련 조례를 도입하여 시행하고 있다.

3. 경영권과 지배구조

앞에서 본 바와 같이 저커버그와 새버린의 경우처럼 누가 회사를 지배하는지를 두고 지분소유자간의 갈등이 발생할 가능성은 항상 존재한다. 페이스북의 갈등이 기업지배구조 외곽에 존재하는 숀파커(Sean Parker)의 자문 때문에 시작되었다는 점을 감안하여 볼 때에 안정적으로 회사경영을 하기 위해서는 의사결정절차와 결정권자, 결정기관 등을 제도적으로 정하는 기업지배구조를 명확하게 하는 것이 매우 중요하다. 상법상으로는 기업지배구조에 관여하는 이해관계자 및 집단, 즉 기관을 주주총회, 이사회, 대표이사, 감사로 구분하여 규정하면서 각자의 권리와 의무 책임 등에 대하여 상세히 규정하고 있다.

이 중에서 지배구조의 핵심이라고 할 수 있는 이사회와 감사기관과 관련하여 상호 견제적 관계를 어떻게 제도화할 것인지를 두고 각국마다 서로 상이한 점들을 보이고 있다.

각국은 크게 영미식의 일원적 시스템과 독일식의 이원적 시스템을 기준으로 각기 다양한 형태로 지배구조를 제도화하고 있다.

미국식의 일원적 시스템은 이사회가 경영도 하고 감독도 하는 시스템을 말한다. 이러한 미국식은 주식시장 중심의 자본시장에 의존하여 주식시장을 통해 경영성과에 따라 경영진이 평가를 받도록 하여 간접적인 업무집행감독을 기본 방침으로 하고 있다. 따라서 독립된 감사기관을 설치하기 보다는 이사회가 스스로 감독기능도 담당할 수 있도록 이사회 내에 감사위원회를 설치하여 이 감사위원회가 이사들의 업무를 감독하도록 하고 있는 것이다.

반면에 독일식의 감사제도를 택하고 있는 국가들은 독립된 감사기관을 주식회사 내에 두고 있다. 독일식의 감사제도가 모든 나라에 보편화되어 있는 것은 아니고 독일만 독립된 감독이사회제도[2]를 통한 근로자의 경영참여가 가능하도록 되어 있

---

2) 독일에서는 공동결정법상 근로자가 2천명 이상인 주식회사의 경우에는 근로자대표 50%, 주

다. 즉, 주주대표자뿐만 아니라 근로자대표도 동등한 입장에서 이사회의 경영을 감독하고 견제하는 시스템을 갖고 있다.

우리나라나 일본과 같은 국가들은 독립된 감사기관을 두되, 근로자의 경영참여가 배제되는 식의 감사제도를 갖추고 있다. 또한 각국의 회사지배 시스템마다 경영 스타일도 차이가 있다. 미국에서는 경영의 권한이 최고경영자(chief executive officer)에 집중되고 있는 반면에 독일의 경우에는 기업의 전체구성원들의 이익을 고려할 수 있도록 이해관계자 중심의 협의체적 기업지배를 지향하고 있다. 즉, 근로자의 경영참여로 인하여 회사경영 시 주가나 회계 상의 이익을 추구하는 등 단기적인 변동성보다는 기업의 전체구성원들의 이익 및 사회적 이익을 고려하여 경영판단을 하여야 하므로 경영자의 권한은 미국보다는 매우 약한 실정이다.

이러한 각기 다른 시스템에서 우리가 주의 깊게 봐야 할 점은 미국 등과 같은 주식시장 중심의 시스템 하에서는 벤처캐피탈 산업이 활성화되고 성장하여 왔다는 점이다. 이러한 활발한 벤쳐캐피탈시장은 기술혁신을 촉진함은 물론이고 투자를 촉진시켜 경제를 활성화시키는 동력이 되어 왔다.

이러한 점 때문에 상당수의 국가들은 주식시장 중심의 자본시장을 형성하고자 노력하고 있으며 독일도 현재는 그 예외가 아닌 것으로 알려지고 있다.

이런 점을 고려하여 볼 때 현행 상법상 기업지배구조의 구성요소인 주주총회, 이사회, 감사, 대표이사, 소수주주 등에 관하여 알아보는 것은 매우 중요하다.

4. 주주총회

주주총회는 투자자들로 구성된 총회이며, 주식회사의 최고 의사결정 기관이다. 주주총회에서는 1주 1의결권의 원칙 하에 모든 주주는 회사에 대하여 1주를 기준

주대표 50%로 구성된 감독이사회를 설치하도록 강제화되어 있다. 이때 감독이사회 의장은 주주대표 중에서 선임하며, 의장은 캐스팅 보트를 행사할 수 있다.

으로 평등한 대우를 받도록 상법이 규정하고 있다.

주주총회의 권한은 상법에서 규정하고 있는데, 주된 내용으로는 이사의 선임권 및 해임권, 합병 및 분할, 영업양도, 해산, 재무제표, 이사의 보수한도, 정관변경 승인권 등을 들 수 있다.

특히, 이사의 보수한도와 관련하여서는 모든 이사들의 보수합계액에 관한 한도를 승인하는 것이며, 개별 이사의 보수에 대하여까지 주주총회에서 승인하는 것은 아니다.

주주총회와 관련하여 법에서 정한 절차를 위반한 경우에는 그 결의의 효력을 부정하는 주주총회결의 취소소송, 주주총회 무효확인 소송, 주주총회 부당한 결의 변경 및 취소소송, 주주총회결의 부존재 확인의 소송 등을 통해 그 결의의 효력을 부정할 수 있다.

주주총회의 결의형식은 '특별결의'와 '보통결의', '특수결의'로 분류할 수 있는데, '특별결의'는 총회출석 주주 의결권의 2/3 이상과 발행주식 총수의 1/3 이상의 찬성이 필요하다. 이에 해당하는 것으로는 정관의 변경, 영업양수도, 이사와 감사의 해임, 합병승인, 회사분할 승인 결의 등이 있다.

'보통결의'는 출석주주 의결권의 1/2 이상과 발행주식 총수의 1/4 이상의 찬성이 필요한데, 이에 해당하는 것으로는 이사 · 감사 · 청산인의 선임 및 그 보수의 결정, 재무제표의 승인, 주식배당, 배당금 지급시기의 특정, 외부감사인의 선임 결의 등이다. 여기서 말하는 외부감사인이란 회계법인이나 회계사 등을 말한다.

'특수결의'는 발행주식총수 전부를 소유하고 있는 전체주주의 동의가 필요하며, 이에 해당하는 것은 이사 또는 감사의 회사에 대한 책임 면제와 유한회사로의 조직변경에 관한 결의 등이다.

주식회사를 유한회사로 조직을 변경할 때 총주주 전원의 동의가 필요한 이유는 유한회사의 경우에는 주식회사보다 지분양도가 자유롭지 못하며, 자본의 결손이 발생하는 경우 이를 지분수에 비례하여 전보할 책임이 발생할 수 있기 때문이다.

5. 이사회

창업자는 이사가 되고 이사회를 주도해야 하는 것이 일반적이다. 즉, 경영권의 원천은 이사회라고 할 수 있으며, 이사회를 안정적으로 지배할 수 있어야 경영권이 안정된다. 이사는 3인 이상이 되어야 하는 것이 원칙이며, 상법상 자산 2조원 이상 상장회사로 성장하면 사외이사를 과반 수 이상 선임하여야 하는데, 예를 들어 사내이사가 3인이면 사외이사는 4인이 선임되어야 한다. 이사회에서 대표이사를 선임하는데, 예외적으로 자본금 10억 원 미만의 회사는 대표이사를 이사회에서 선임할 필요없이 대주주인 창업자만을 이사로 선임하는 1인 이사선임도 가능하다.

이사회는 실질적으로 회사의 가장 중요한 의사결정기관이며, 회사 경영과 관련된 갈등의 대부분은 이사회 운영과 관련하여 발생하는 것이 일반적이다. 상법도 이사회의 구성과 역할에 대하여 상세히 규정하고 있으며, 이사회가 결정해야 할 사항도 법률로 규제하고 있다.

구체적으로는 회사의 대표이사나 이사, 그리고 그 친인척, 회사지분의 10% 이상을 소유한 주주 및 그 친인척이 회사와 거래할 때는 재적이사 3분의 2 이상의 찬성을 얻어야 거래가 가능하다. 등기이사가 아닌 부사장이나 전무, 상무 등 회사 내의 등기임원을 제외한 임원을 선임할 때 이사회의 승인이 필요하다. 회사가 자본을 증가시키기 위하여 신주를 발행하는 경우 그 발행사항 및 신주배정에 대하여도 이사회가 결정을 하게 된다.

이사회는 주주총회에서 선임할 이사후보자들에 대한 추천권을 비롯한 주주총회의 의안과 의제 모두를 상정할 권한도 갖고 있다.

이처럼 이사회는 권한이 큰 만큼, 책임도 크다. 즉, 이사회가 위법한 결정을 한 경우 반대의사를 명확히 표현한 이사를 제외한 모든 이사들이 위법한 결정으로 인하여 회사나 제3자가 손해를 입은 경우 그 손해에 대하여 연대하여 손해배상책임을 지게 된다.

6. 대표이사

대표이사는 이사회 구성원 중에서 선임하는데, 회사를 대표하는 기관으로서 상법에서 정한 주주총회, 이사회, 감사의 권한을 제외한 모든 경영관련 사안에 관하여 의사결정권을 갖게 된다. 대표이사의 행위는 회사의 설립목적 범위 외의 행위라 할지라도 제3자에 대하여는 회사가 권리와 의무를 가지게 되는데, 이러한 법리를 정당화시키는 이론이 법인실제설이다.

예를 들어 섬유회사의 대표이사가 개인적으로 의류도매상을 하는 상인의 채무에 대하여 보증을 선 경우에도 개인적으로 보증서지 않고 회사대표자격으로 보증을 선 것으로 추정되어 회사가 보증책임을 지게 된다. 물론, 보증인으로서 회사채무를 대신 변제한 경우에는 감사가 대표이사를 상대로 손해배상청구소송을 할 수 있다. 문제는 감사가 이를 알면서도 대표이사를 상대로 책임을 추궁하지 않는 경우에는 1% 지분을 소유한 주주가 감사를 대신하여 대표이사를 상대로 회사에 배상하라고 청구할 수 있다. 상장회사의 경우에는 0.01%를 소유한 주주가 대표소송을 제기할 수 있다. 아울러 소수주주는 감사에게도 임무해태책임을 물어 소송을 제기할 수 있다.

그리고 일반적으로 대표이사는 최대주주가 직접 담당하거나 최대주주가 추천하는 자로 선임되는 것이 일반적인데, 대표이사 선임에 관한 갈등이 심한 기업은 지배구조가 불안정하여 성장성과 지속성이 불확실해질 수 있다.

경우에 따라서는 대표이사가 권한을 남용하는 사례가 발생할 수 있는데, 이때에는 2인 이상을 공동대표이사로 선임하여 공동으로 대표행위를 하도록 제한을 가할 수 있다.

7. 감사

감사는 이사회와 대표이사가 주주총회로부터 위임받은 사무를 제대로 집행하고 있는지를 감독하는 독립된 기관이다.

감사도 주주총회에서 보통결의로 선임하며 해임 시에는 특별결의가 필요하며, 자산이 2조원 이상인 상장기업의 경우에는 별도의 독립된 감사기관을 두지 않고 이사회 구성원 중 3인 이상을 선임하여 감사위원회를 설치하여 감사업무를 집행하게 된다.

감사위원 중 3분의 2 이상은 사외이사로 구성되어야 한다. 그리고 자산이 1천 억 원 이상, 2조원 미만인 회사는 상근감사를 두어야 하며, 자산이 1천 억 원 미만인 회사는 비상근감사를 선임할 수 있다.

감사는 업무집행감독권과 회계감독권 모두를 가지며, 감사는 이사회에 참석하여 의결에 참여할 권한은 없지만 발언할 권한은 가지고 있다. 그리고 감사는 회사를 대신하여 이사들을 상대로 소송을 제기할 권한을 갖고 있으며, 감사의 독립성을 확보하기 위하여 감사선임에 관한 주주총회의 선임결의 시 3% 이상의 지분을 소유한 주주는 3%까지만 의결권을 행사할 수 있도록 제한하고 있다.

Ⅱ. 지배구조관련 법적 규제

1. 지배구조 통제

회사를 창업 후 성공적으로 사업을 영위하고, 지속가능한 기업으로 생존하기 위하여는 지배구조를 상호유기적으로 정립시켜 놓아야 한다. 이는 지배구조가 취약한 경우 회사 내 갈등으로 인해 기업의 성장과 발전이 멈출 수 있다는 것을 의미한다.

따라서 대부분의 기업들은 창업자가 주도적으로 의사결정과 집행을 할 수 있도록 지배구조를 설계하는 것이 일반적이며, 경우에 따라서는 이러한 현상이 기업의 성장과 발전에는 도움이 되지만 독단적 경영 또는 황제식 경영이라는 오너 리스크로 낙인되어 부정적 결과를 가져오기도 한다.

이러한 문제를 해결하기 위해서 대한민국은 1980년 대 후반부터 민간기업들의 지배구조를 다른 국가들에 비하여 엄격하게 법률로 규제하고 있다. 특히, 법이 정한 지배구조관련 규제를 위반하는 경우 의결권을 제한당하거나 정부로부터 주식처분명령을 받아 경영권을 상실하는 경우도 있다.

결국, 기업지배구조는 법률이 정한 범위 내에서 확립이 되어야 회사경영이 가능하다는 것을 의미한다. 따라서 법률이 정한 지배구조의 범위를 알아보는 것은 매우 중요하다.

2. 금융기관에 대한 지배구조 규제

4차 산업혁명시대를 맞이하여 금융분야에서는 핀테크(fintech: finance + technology)가 대세를 이루고 있으며, 이러한 핀테크의 핵심은 간편결제라고 할 수 있다. 이러한 핀테크업은 분류상으로는 여전히 금융업자로 분류되어 금융기관의 지배구조에 관한 법률의 적용을 받게 된다. 이러한 금융기관의 지배구조와 관련하여 정부는 금융3사, 즉, 은행과 증권, 보험 등을 비롯한 유관 금융기관 등에 대하여 각기 사업영역을 지키면서 영업을 해왔으며, 지배구조 역시 금산분리라는 대원칙하에 칸막이식 규제 속에 정부주도로 성장해 왔다.

4차 산업혁명과 관련하여 금융 분야에서 핀테크가 대세를 이루면서 이에 대한 금융규제를 어떻게 적용해야 하는지를 두고 해석들이 분분하다.

IT와 금융의 융합은 크게 4가지 영역으로 나뉘어 진행되고 있는데, 지급 결제, 금융데이터 분석, 금융 소프트웨어, 플랫폼 등이 그 것이다.

지급결제와 관련하여서는 '애플페이'와 '삼성페이' 같은 하드웨어 기반의 모바일 간편결제 서비스부터 '카카오페이'와 '라인페이' 같은 앱 기반의 간편결제 서비스까지 다양한 서비스가 나왔기 때문에 아직도 창업분야의 블루오션으로 인식되고 있다. 즉, 핀테크 스타트업도 이러한 편리한 서비스를 무기로 대기업이 할 수 없는 틈새시장을 공략할 수 있다는 것이다.

금융데이터 분석 업무는 고객의 금융 거래를 바탕으로 신용도를 파악해 적절한 이자율을 계산하는 업무를 핀테크 기술이 한 차원 발전시킨 업무라고 할 수 있다. 예를 들어 미국의 소액대출회사 온덱(OnDeck)은 사회관계망 서비스(SNS)와 인터넷 활동 내역을 바탕으로 대출 이자율을 계산해 금융 거래 내역이 없는 소상공인에게 대출을 해주는 핀테크 스타트 기업인데, 그 기업가치가 1조6천 억 원을 넘는 것으로 평가받고 있다.

그리고 금융 소프트웨어는 금융 업무를 더 효율적으로 만드는 소프트웨어를 제공하는 사업으로서 리스크 관리나 회계 업무 등의 효율성을 제고하는 핀테크 기업이 이를 담당하고 있다. 예를 들어 페이팔(PayPal)이 자체적으로 제작한 사기거래탐지(FDS) 기술도 금융 소프트웨어 분야라고 할 수 있다.

플랫폼은 금융기관이 중간에 개입하지 않고도 전세계 고객이 자유롭게 금융업무를 처리할 수 있는 기반을 제공하는 사업분야이다. 대표적인 예로 플랫폼 핀테크 회사로는 P2P(peer to peer) 대출회사인 렌딩클럽(LendingClub)을 들 수 있다. 이 회사는 2015년에 이미 기업가치가 9조원으로 평가받은 바 있으며, 뉴욕증권거래소에 상장된 유니콘 기업 중 하나이다.

이러한 핀테크 기업들도 업종은 금융회사에 포함되기 때문에 우리나라에서는 은행법 등의 규제를 받게 된다. 즉, 이 핀테크분야에 창업을 하려면 금융위원회의 승인이나 인가 등을 받아야 하며, 정기적으로 창업자, 즉 대주주는 금융위원회의 자격심사를 받아야 한다. 그리고 P2P사업은 은행업종으로 분류되기 때문에 창업자가 10% 이상의 지분을 취득하려면 금융위원장의 승인을 받아야 한다. 이를 위반한 경우에는 과징금은 물론이고 주식에 대한 의결권이 제한될 수 있다. 경우에 따라서는 주식처분명령[3]으로 인해 소유주식을 처분해야 하는 경우도 발생할 수 있다.

더욱이 이러한 핀테크 벤처기업이 지주회사의 손자회사나 증손회사로 편입되는 경우에는 이들 회사들이 소유한 다른 회사의 주식을 모두 처분하거나 아니면 이들 주식을 100%까지 소유해야 하는 경우가 발생할 수 있다. 그리고 이를 2년 이내에 처분하지 않으면 의결권이 제한됨은 물론이고, 과징금이 부과되며, 공정거래위원회가 처분하라고 명령할 수도 있다.

이처럼 핀테크 기업의 경우에도 금융기관으로 분류되기 때문에 2015년 7월 제정된 「금융회사의 지배구조에 관한 법률(금융지배구조법)」의 적용을 받아야 한다.

이 법은 글로벌 금융위기 이후 전 세계적으로 금융회사의 바람직한 지배구조에 관한 중요성이 강조되고 있는 추세였고, 금융회사의 이사회와 감사위원회의 역할 강화 등 금융회사의 지배구조에 관한 규율을 강화해야 하는 주장들이 제기되면 그 필요성이 증가하여 제정되었다.

이처럼 별도의 독립된 금융지배구조법이 제정된 배경은 과거에 이사회의 사외이사[4] 비율, 임원의 자격요건 등에 대하여 개별 금융업권별로 차이가 나는 지배구조에 관한 사항을 통일적이고 체계적으로 규정하여 금융업간의 형평성 논란을 해소하기 위하여 이를 제정한 것이었다.

또한, 이 법은 이사회와 감사위원회의 기능을 강화하고 위험관리위원회와 위험관리책임자를 두도록 함으로써 금융회사의 책임성을 높이는 한편, 금융회사의 대주주에 대한 자격요건을 주기적으로 심사하도록 함으로써 건전한 경영을 유도하여 금융

3) 주식처분명령이란 정부기관이 법령을 위반한 주주에게 그가 소유한 회사의 주식을 타인에게 처분하라는 명령을 하는 행정처분이다. 이를 준수하지 않은 경우에는 당해 주식에 대한 의결권이 제한되며, 과징금도 부과된다. 그리고 정부가 발주하는 사업에 참여할 수 있는 자격도 박탈되게 된다.

4) 사외이사란 전문적인 지식이나 풍부한 경험을 바탕으로 기업경영 전반에 걸쳐 폭넓은 조언과 전문지식을 구하기 위해 선임되는 이사를 말한다. 이러한 사외이사는 기업 외부의 비상근이사아며, 일반적으로 대학교수, 변호사, 공인회계사, 언론인, 퇴직관료나 기업인 등 일정 요건을 갖춘 전문가들이 사외이사로 선임되는 것이 일반적이다. 사외이사는 비상근임에도 불구하고 사내이사와 동일한 책임을 지게 된다.

시장의 안정성을 유지하기 위한 제도적 기반을 마련하기 위하여 제정되었다.

이에 따르면 핀테크 회사의 경우 전략기획·재무관리 등 주요업무를 집행하는 주요업무집행책임자를 대표이사, 즉 창업자 임의대로 선임하지 못하고 이사회 결의를 거쳐야 임명할 수 있도록 규제하고 있다.

금융회사는 반드시 사외이사를 선임하여야 하는데, 이러한 사외이사의 자격요건과 관련하여 최근 3년 이내에 금융회사의 상근 임직원 또는 비상임 이사이었던 사람은 해당 금융회사의 사외이사로 임명될 수 없도록 하는 한편, 임원후보추천위원회를 3인 이상의 위원으로 구성하되, 사외이사를 총 위원의 과반수가 되도록 규제하고 있다. 핀테크업을 하는 금융회사는 자산운용 등 각종 금융거래에서 발생하는 모든 위험을 적시에 인식하고 통제하는 등 위험관리를 위한 그 기준을 마련하고, 위험관리위원회와 그 관리책임자를 두어야 한다. 그리고 임원보수의 결정 및 지급방식 등을 심의·의결하는 보수위원회를 설치하고, 보수의 일정비율 이상을 성과와 연동시키되, 성과보수를 일정기간 이연(移延)하여 지급하도록 강제하고 있다.

3. 공정거래법상의 지배구조 규제

공정거래법은 시장에서의 공정한 경쟁을 촉진하기 위하여 제정된 법률이다. 그러나 1986년부터 특별히 대기업집단의 경제력 집중을 억제하기 위한 엄격한 규제를 도입한 이후에는 대기업들이 중소기업들을 계열화하는 것에 대하여도 엄격한 통제를 가하고 있다.

특히, 벤처기업들이 기술개발 후 해당 기업을 대기업들과 M&A하는 것에 대하여도 엄격히 통제를 가하고 있다. 따라서 벤처기업과 대기업간의 상생체제를 구축하는데 상당한 제약이 가해지고 있다.

특히, 벤처기업들이 일정한 기술을 확보한 후 지주회사에 인수되어 손자회사나 증손회사가 되는 경우에, 이들이 소유한 다른 회사의 주식을 100% 소유하거나 아니면 전부 처분하도록 규제하고 있다.

또한 자산 10조원 이상 되는 대기업 집단의 10% 이상의 주식을 소유하고 있는 일명 재벌총수일가에 속한 개인이 벤처기업에 투자한 경우 당해 벤처기업은 해당 대기업 및 그 계열사들과 거래하는 경우 일감몰아주기로 보고 부당지원성 또는 경쟁제한성 여부와 관계없이 일괄적으로 제재를 가할 수 있도록 규제하고 있다(공정거래법 제9조의2).

즉, 대기업집단 그룹 내 계열사에 대한 총수 일가의 지분율이 일정 비율 이상(상장사 30%, 비상장사 20%)인 기업의 내부거래행위는 경쟁제한성의 입증 없이도 제재가 가능하도록 되어 있는 것이다. 이를 위반한 경우 공정위는 해당 불공정거래행위 또는 특수관계인에 대한 부당한 이익제공행위의 중지 및 재발방지를 위한 조치, 계약조항의 삭제, 시정명령을 받은 사실의 공표 기타 시정을 위한 필요한 조치를 명할 수 있으며 거래한 매출액의 2% 범위 내에서 과징금도 부과할 수 있다(법 제24조).

결론적으로, 현행법상 고도의 지적 능력에 기반하여 벤처창업을 한 스타트업 기업을 소프트 뱅크처럼 대기업 또는 지주회사가 공정한 가격을 주고 인수하는 것 자체가 우리나라에서는 제한을 받을 수 있는 것이 현실이다.

참고로 소프트뱅크사가 국내 유니콘 기업인 쿠팡에 1조 2천억원의 투자를 할 수 있었던 이유는 이 기업이 국내 대기업이 아니기 때문이다.

4차 산업시대에 대기업과 중소기업간의 상생이 대세일 것이라는 전문가들의 전망을 고려하여 볼 때에 현행 공정거래법은 일정부분 개정이 필요하다고 할 수 있다.

최소한 벤처기업들과 대기업간의 M&A, 또는 벤처기업이 자산 1천억 원 이상인 지주회사의 손자회사나 증손회사로 편입되는 경우에는 이에 대한 예외를 인정하는 법개정이 필요하다고 할 수 있다.

4. 상법상의 지배구조 규제

기업지배구조에 관한 기본법은 상법이라고 할 수 있으며, 우리나라 상법은 이에 대하여 다른 국가들에 비하여 엄격한 기준을 제시하고 있다. 특히, 자산이 일정규모 이상인 상장회사에 대하여는 보다 엄격한 기업지배구조 기준을 제시하고 있다.

예를 들어 자산이 1천억 원 이상인 경우에는 상근감사를 반드시 선임하여야 한다. 자산이 2조원 이상인 상장기업의 경우에는 이사회 구성원 중 과반수 이상을 사외이사로 선임하여야 하며, 3인 이상으로 된 감사위원회도 설치하여야 하는데, 이때 3분의 2 이상을 사외이사로 구성하여야 한다.

여기서 말하는 사외이사란 상근하지 않으면서 이사회 결의에 참여하는 자로서 법이 정한 자격요건을 갖추어야 하며, 그 자격요건은 전문성과 최대주주로부터의 독립성이라고 할 수 있다. 다만, 우리 상법은 사외이사의 전문성 요건에 대하여는 아무런 규정을 두고 있지 않기 때문에 자율규범인 이사회규정을 통하여 전문성에 관한 요건을 정하는 것이 일반적이다.

독립성 요건과 관련하여서는 적극적 자격요건은 규정하지 않고, 소극적인 자격요건만을 규정하고 있다. 즉, 상법은 사외이사의 결격요건을 구체적으로 정하여 놓고 있는데, 사외이사가 될 수 없는 자로 ① 회사의 상무에 종사하는 이사·집행임원 및 피용자 또는 최근 2년 이내에 회사의 상무에 종사한 이사·감사·집행임원 및 피용자, ② 최대주주가 자연인인 경우 본인과 그 배우자 및 직계 존속·비속, ③ 최대주주가 법인인 경우 그 법인의 이사·감사·집행임원 및 피용자, ④ 이사·감사·집행임원의 배우자 및 직계 존속·비속, ⑤ 회사의 모회사 또는 자회사의 이사·감사·집행임원 및 피용자, ⑥ 회사와 거래관계 등 중요한 이해관계에 있는 법인의 이사·감사·집행임원 및 피용자, ⑦ 회사의 이사·집행임원 및 피용자가 이사·집행임원으로 있는 다른 회사의 이사·감사·집행임원 및 피용자 등이 열거하고 있다.

그 밖에도 지배구조상 소액주주들이 이사회나 대표이사의 의사결정이나 업무집행에 대하여 견제할 수 있는 다양한 소수주주권도 인정하고 있다. 예를 들어 소액주주가 직접 이사나 대표이사를 상대로 회사에 손해배상할 것을 청구할 수 있는 대표소송제기권이나 이사들이 법령이나 정관을 위반한 행위를 할 때에 그 행사를 사전에 저지할 수 있는 위법행위유지청구권이 있다. 또한 주주총회가 법이 정한 절차에 따자 진행되지 않은 경우에는 그 효력을 부정할 수 있도록 주주총회 결의의 취소 · 무효 소송도 제기할 권한이 있다.

그 밖에도 이사를 해임하기 위한 주주총회 소집청구권, 회사 해산청구권, 주주제안권, 집중투표청구권 등을 통해 소액주주들도 경영진을 견제하거나 경영에 참여할 수 있는 제도들이 있다.

Ⅲ. 대표이사의 역할과 책임

1. CEO

창업을 하는 경우 창업자는 CEO로서 역할을 하여야 하는데, 이를 일반적으로 사장 또는 대표이사라고 부른다. 이러한 대표이사는 권한도 크지만 책임도 크다는 점에서 그의 역할이 회사의 미래와 직결되는 사람이라고 할 수 있다. 일반적으로 창업자인 최대주주가 대표이사의 직을 맡는 경우 경영이 효율적인 것으로 평가받는다. 즉, 페이스북의 저커버그나 구글의 래리페이지 등을 보면 잘 알 수 있다. 물론, 때로는 대표이사의 무능이나 독단경영으로 인하여 회사가 부실화되는 경우가 있는데, 이 경우에는 전문경영인을 대표이사로 선임하면 리스크를 감소시킬 수 있다.

결론적으로 창업 후 급성장하는 기업들의 대부분은 대표이사의 역량에 상당부분을 의존하고 있는 것이 사실이다. 그러나 대표이사가 그 역할과 의무에 대하여 정확히 인식하지 못하는 경우 장기적으로 기업의 성장과 발전에 상당한 위험요소가 될 수 있다. 특히, 대표이사가 업무를 집행함에 있어서 법령이나 정관을 위반한 경우에는 민·형사상의 책임을 지게 되며, 이러한 경우에는 기업의 운명과 직결된다는 점에서 사전에 이를 숙지하는 것은 매우 중요하다.

2. 대표이사의 지위

일반적으로 CEO는 주식회사의 경우 대표이사라고 부르는데, 이러한 대표이사는 대내적으로는 업무를 집행하고 대외적으로는 회사를 대표하는 주식회사의 필요적 상설기관이다. 즉, 대표이사가 없으면 그 회사는 행위능력이 없어서 어떠한 영업활동도 할 수 없게 된다.

이러한 대표이사와 회사와의 관계는 법인실제설상 "대표이사 = 회사"로 정의되고 있다. 즉, 대표이사가 설령 정관에 정한 회사의 설립목적 범위 외의 행위를 한 경우에도 그 법률효과는 회사가 권리와 의무를 갖게 된다. 예를 들어 핀 테크 사업을 하는 회사의 대표이사가 개인으로부터 회사의 사업상 금전이 필요하다고 하면서 금전을 차입하여 사적으로 돈을 유용하였다 하더라도 회사는 일단 채권자에게 차입금을 변제하여야 한다. 물론, 회사는 차후에 대표이사를 상대로 책임을 추궁할 수는 있지만 외관상으로는 회사가 모든 권리와 의무를 부담하는 것이 원칙이다.

이러한 대표이사는 원칙적으로 이사회에서 선임하지만, 정관에 의하여 주주총회에서 직접 선임할 수도 있다. 대표이사의 자격이나 인원수에 대하여는 법에서 아무런 제한을 가하고 있지는 않기 때문에, 대표이사가 여러 명이어도 상관없다. 다만, 규모가 적은 회사는 1인의 대표이사가 존재하는 것이 바람직하며, 글로벌 기업에 해당하는 초대형 기업의 경우에는 대표이사가 2인 이상인 것이 바람직하다.

이러한 대표이사는 이사의 자격을 상실하거나 사임, 또는 이사회나 주주총회의 해임결의 등에 의하여 종임될 수 있다.

따라서 경영권 분쟁이 발생하는 경우, 특히 대규모 자본을 소유한 자가 적대적 M&A를 시도하는 경우 일반적으로 대표이사를 해임하기 위한 주주총회 소집을 법원에 청구하는 경우가 빈번히 발생한다.

3. 대표이사의 권한

대표이사는 이사회의 위임의 범위 내에서 업무집행에 관한 세부적 · 일상적 사항을 결정하고 집행할 권한을 갖고 있다.

대표이사는 구체적으로는 재무제표와 부속명세서 · 영업보고서를 작성하여 거래소나 감독기관에 제출해야 할 권리와 의무를 갖는다. 이와 관련된 서류들은 회사에 비치하여 주주들이 열람할 수 있도록 하고, 회사에 중요한 사항들은 공고하여야 한다.

발행한 주식에 대한 주권과 사채권에 기명날인할 권한과 주식 · 사채의 청약서 작성, 정관 · 주주명부 · 사채원부 · 의사록의 비치 등이 대표이사의 업무에 해당한다.

대표이사는 회사를 대표하여 영업에 관한 재판상 또는 재판 외의 모든 행위를 할 수 있으며, 대표권의 제한은 선의의 제3자에게 대항하지 못한다. 여기서 말하는 재판상의 행위란 회사상대의 소송이 제기되거나 회사가 타인을 상대로 소송을 제기하는 경우 소송당사자가 된다는 것을 의미한다. 재판 외의 행위란 소송 이외의 모든 행위로서 회사경영과 관련된 모든 행위를 말하며, 공동대표이사가 존재하는 경우에는 공동으로 업무를 집행하고 회사를 대표하게 된다.

4. 대표이사의 의무

대표이사는 회사에 대하여 위임에 따른 선량한 관리자의 주의의무를 부담하여야 하므로 일반인들이 기대하는 정도로 회사에 충실하게 업무를 집행해야 할 의무를 지게 된다. 이 중에서 대표이사가 임무를 해태(태만)하거나 회사의 이익보다 자신의 이익을 추구할 위험성이 높은 2가지 사항에 대하여는 상법이 별도로 특별히 규제를 가하고 있다. 즉, 회사와 동종의 영업을 자기의 이익을 위하여 행사할 가능성이 높은 경업금지(피지)의무를 부과하고 있다. 예를 들어 회사의 대표이사를 하면서 본인이 개인의 재산으로 설립한 동종의 영업을 하는 사업체나 회사를 운영하는 것을 금지시키고 있다. 이는 회사의 이익보다는 개인의 이익을 위하여 업무를 집행할 가능성이 높기 때문이다.

다른 하나는 대표이사가 회사와 직접 거래하는 것, 즉 자기거래의 경우 재적이사 3분의 2의 찬성이 필요하다. 이때 대표이사뿐만 아니라 그의 친인척과 회사와 거래하는 경우에도 동일하게 이사회의 승인을 얻어야 한다.

그리고 대표이사가 법령 또는 정관에 위반한 행위를 하거나 그 임무를 해태한 때에는 회사에 대하여 다른 이사들과 연대하여 손해를 배상할 책임을 지게 된다. 이때 이사회의 승인을 받고 집행한 경우에는 책임을 지지 않지만, 이사회 승인 없이 독단적으로 정관이나 법령을 위반하거나 임무를 해태하여 업무를 집행한 경우에는 단독으로 모든 책임을 져야 한다. 물론, 이러한 책임은 모든 주주들이 회사를 위하여 불가피하게 위법행위를 한 것이니 책임을 면제해주자고 동의하면 면책될 수는 있지만 현실적으로 이것이 실현되기는 매우 어렵다.

그 밖에도 대표이사가 악의 또는 중대한 과실로 인하여 그 임무를 해태한 때에는 그 이사는 제3자에 대하여도 손해를 배상할 책임을 지게 된다.

이처럼 대표이사의 책임이 과중하다 보니 최대주주 또는 창업자는 대표이사로 등기를 하지 않고 실질적으로 대표이사의 역할을 하는 경우 책임을 회피할 수 있다.

따라서 상법은 대표이사로 등기도 하지 않은 채 실질적으로 대표이사라는 직함을 사용하면서 업무를 집행하고, 회사가 이를 승인 또는 묵인한 경우에는 이를 표현대표이사라고 개념을 정의하고 이에 대한 책임을 별도로 규정하고 있다. 그리고 이러한 표현대표이사의 행위로 거래 상대방이 손해를 입은 경우에는 당해 표현대표이사도 이사들과 연대하여 손해를 배상하는 책임을 지게 된다. 물론, 이때 거래상대방은 표현대표이사가 대표이사라고 신뢰한 경우에만 보호를 받게 된다.

5. 대표이사의 경영권 보장(황금주/차등의결권)

창업자는 대표이사인 CEO로서 회사에 대한 책임이 큰 것은 사실이다. 그리고 고도의 지적능력을 자산으로 창업한 경우 창업자가 회사의 운명을 책임져야 할 상황이 발생하는 것이 일반적이다.

대부분의 경우 창업 당시에는 창업주, 즉 대표이사의 지분이 많기 때문에 특별히 대표이사의 의결권을 보호해야 할 장치가 필요한 것은 아니다.

그러나 창업 후 기업이 성장하면서 자본을 증가시키는 증자 과정에서 창업자인 대표이사의 지분이 희석되는 경우 창업자의 경영권이 약화될 수밖에 없다.

따라서 창업 후 회사가 대기업으로 성장하는 것 자체를 창업자가 원하지 않는 소위 피터팬 신드롬에 빠져들 수도 있다. 예를 들어 2014년 알리바바가 미국 뉴욕거래소에 상장을 하였는데, 그 이유로 마윈 회장은 중국이 경영권이 보장되지 않기 때문이라고 언급한 바 있다. 즉, 피터팬 신드롬[5]에 빠져들지 않기 위해 미국에 상장을 하였다는 것이다.

미국은 주주평등의 원칙에 대한 예외를 기업들이 스스로 정관에 둔 경우에는 대표이사에게 황금주[6]나 차등의결권을 부여할 수 있도록 법으로 통제하지는 않는다. 예를 들어 페이스 북의 마크 저커버그는 2015년 보유주식의 99%를 사회에 환원하

---

5) 피터팬 신드롬(Peter Pan syndrome)이란 신체적으로는 어른이 되었지만 그에 따른 책임과 역할을 거부하고 어린이의 심리 상태에 머무르고자 하는 심리적 퇴행 상태에 빠진 어른들을, 영원히 늙지 않는 동화 속 주인공에 비유한 것이다. 이는 최근 중소기업들이 대기업으로 성장하는 경우 각종 규제가 많아지고 지원제도를 활용 못하는 경우를 회피하기 위하여 계속해서 중소기업으로 잔류하고자 하는 것을 비유한 용어로 널리 사용되고 있다.

6) 황금주란 보유 주식의 수나 비율에 관계없이, 창업자 등이 1주만 소유하더라도 적대적 M&A 등이 시도되는 경우 주주총회에서 해당 안건에 대하여 거부권을 행사할 수 있는 권리가 부여된 주식을 말한다. 영국에서 처음 활용된 주식으로 공기업이 민영화된 뒤 공익성과 민주성에 반하는 결정을 할 때 정부가 이를 차단하기 위한 목적으로 도입되었다. 현재는 미국에서 벤처기업들이 대기업에 인수된 후 창업자들의 경영권을 보장하기 위한 수단으로도 활용되고 있다. 이러한 황금주에 관한 내용은 정관에 명시하는 것이 일반적이지만 인수자측과 합의하여 매각계약에 해당 내용을 포함시키는 경우도 있다. 우리나라에서는 허용되지 않는다.

기로 한 약속을 이행하기 위해 소유주식 중 15%를 제외한 모든 주식을 처분하여 그와 아내가 운영하는 공익법인으로서 유한책임회사 형태를 취한 '찬-저커버그 이니셔티브(Chan Zuckerberg Initiative)'에 기부한 바 있다. 그럼에도 불구하고 여전히 마크 저커버그는 페이스 북에 대한 경영권을 확보하고 있다. 그 이유는 15%의 지분을 가지고도 주주총회에서 54% 의결권을 행사할 수 있도록 정관에 차등의결권을 인정하는 규정을 두고 있기 때문이다.

페이스 북은 3종류의 주식을 발행하였는데, 클래스A 주식에 대하여는 10배의 의결권을 부여하고, 클래스B 주식에는 1의결권을 부여하지만 클래스C 주식에 대하여는 의결권을 배제하는 내용을 정관에 규정한 것이다. 참고로 우리나라에서는 주주평등의 원칙상 차등의결권의 발행이 금지되어 있다.

Ⅳ. 주주의 자익권 및 공익권(경영참여권)

1. 주주의 권리

4차 산업시대의 창업은 경우에 따라서는 또 하나의 새로운 유니콘 기업의 탄생을 의미할 수도 있다. 이처럼 한 기업이 탄생하고 성장하는 과정 속에는 많은 이해관계자들이 관여할 수밖에 없고, 창업자의 지배력 역시 분산될 수밖에 없다.

특히, 기업이 성장과정에서 자금조달을 위해 신주발행을 한 경우 자본을 투자한 주주들과의 조화로운 관계를 유지하는 것이 매우 중요하다.

따라서 상법은 이러한 창업자를 중심으로 한 경영진과 주주들 간의 지배구조에 관한 기본 틀을 정해 놓고 있다. 구체적으로는 소액주주들이 경영진의 경영을 견제하고 감독할 수 있는 각종의 제도들을 마련해 두고 있다.

창업을 하기 위해서는 사전에 주주들이 어떠한 권리를 갖고 주주권을 어떻게 행사하는지를 구체적으로 아는 것은 매우 중요하며, 상법에서는 이러한 주주권리로 자익권과 공익권을 부여하고 있다. 자익권이란 모든 주주들에게 회사로부터 경제적 이익을 직접 받을 수 있는 권리를 말하며 이에는 이익배당청구권, 잔여재산분배청구권, 주식매수청구권, 신주인수권 등이 있다. 공익권은 경영참여권이라고 할 수 있는데, 이에 해당하는 것으로는 대표소송제기권, 주주제안권, 집중투표청구권, 회계장부열람권, 이사의 위법행위유지청구권, 주주총회결의취소의 소송 등이 있다.

이러한 주주의 권리는 소액주주들에게만 부여되는 것이 아니라 창업자인 대주주에게도 부여되는 권리임은 당연하다. 즉, 대주주가 경영에 참여하지 않고 전문경영인을 선임하여 회사를 경영하는 경우에 대주주도 이러한 주주권을 행사할 수 있다.

2. 주주의 자익권(自益權)

주주의 자익권이란 주주가 회사로부터 경제적인 이익을 얻기 위한 권리를 말한다. 이러한 자익권은 다시 투자금에 대한 수익을 위한 권리와 투자한 자금의 회수를 위한 권리로 분류할 수 있다.

우선, 출자금의 수익을 위한 권리에는 이익배당청구권과 신주인수권, 주식매수청구권이 해당한다. 이익배당청구권이란 회사에 이익이 발생할 경우 주주가 그 이익의 배당을 청구하는 권리를 말하며, 신주인수권은 주주가 그가 가진 주식 수에 따라서 신주의 배정을 받을 수 있는 권리를 말한다. 만약 이사회가 주주에게 우선적으로 신주인수권을 부여하지 않고 특정 주주 또는 제3자에게 신주인수권을 부여한 경우에는 주주나 이사, 감사로부터 신주발행 무효의 소송이 제기될 수 있다.

투자금의 회수를 위한 권리에는 잔여재산분배청구권과 주식매수청구권이 해당된다. 잔여재산분배청구권은 회사의 청산 시 회사의 잔여재산에 대해 각 주주가 가진 주식의 수에 따라 분배받을 수 있는 권리를 말한다.

주식매수청구권은 주식회사의 합병 · 영업양도 등 주주의 이익과 중대한 관계가 있는 사항을 주주총회의 결의, 즉 다수결의 원칙에 따라 결정하는 경우 이에 반대한 주주는 자기 소유주식을 공정한 가격으로 회사가 매수하여 줄 것을 청구할 수 있는 권리를 말한다.

이 때 매수가격은 회사와 주주간에 합의하여 정할 수 있는데, 합의가 이뤄지지 않는 경우에는 법원에 매수가격을 정해달라고 청구할 수 있으며, 이때 법원은 양 당사자의 의견을 고려하여 판사가 재량으로 가격을 정하게 된다.

3. 주주의 공익권

1) 주주총회 결의를 통한 경영참여

창업 후 회사가 성장하면 할수록 자본이 증가하게 되고, 주주의 수도 증가하게 된다. 이러한 총 주주들로 구성된 주주총회는 최고의사결정기관으로서 그 역할은 상법에 규정되어 있다.

주주총회는 매년 1회 일정한 기간(매결산기)에 정기주주총회를 소집하게 되는데, 모든 회사는 법률로 결산기를 매년 1월 1일부터 12월 31까지로 정하고 있다. 따라서 정기 총회는 회사 내 경리부서에서 회계장부를 정리하여 재무제표를 작성한 후에 개최해야 하므로 회사마다 다르지만 일반적으로 2월부터 3월 중에 개최한다.

중간배당을 위해 연 2회 이상의 결산기를 정한 회사는 매기에 총회를 소집하여야 하며, 결산기로부터 3개월 내에 주주총회를 개최하고, 배당을 결정한 지 1개월 이내에 배당금을 지급하여야 한다.

정기주주총회 외에도 필요할 때 수시로 소집하는 임시총회가 있는데, 이 임시총회의 소집은 원칙적으로 이사회에서 결정하고 대표이사가 구체적인 소집절차를 진행하게 된다. 그러나 소액주주나 감사도 회의의 목적과 소집이유를 서면으로 이사회에 제출하여 임시총회의 소집을 청구할 수 있다. 그럼에도 이사회가 임시총회를 소집하지 않는 경우에는 3% 이상의 주식을 소유한 주주는 법원의 허가를 얻어 직접 주주총회를 소집하는 것도 가능하다.

주주총회를 소집하기로 이사회가 결의한 경우에는 주주총회일 2주간 전에 각 주주에게 서면으로 통지를 발송하여야 한다. 물론, 정관에 전자메일 등으로 서면통지를 대체할 수 있다는 규정이 있는 경우에는 전자적 방법으로 통지를 하는 것도 가능하다.

총회소집통지서에는 회의의 목적사항을 기재하여야 하는데, 이때 회의 목적사항은 구체적으로 기재할 필요는 없고, 결의사항이 무엇인지를 고지하는 정도면 충분한 것으로 해석되고 있다.

주주총회 장소와 관련하여서는 정관에 다른 정함이 없으면 본점 소재지 또는 이에 인접한 곳에서 소집하게 된다. 주의할 점은 주주이익공여금지[7] 원칙 상 주주총회에 참여한 주주들에게 사은품 등의 참석대가를 지급하거나 총회꾼에게 회사비용으로 보수를 지급해서는 안된다는 것이다. 이는 주주평등의 원칙에 위배될 뿐만 아니라 재무건전성이 훼손될 수 있기 때문이다.

주주가 직접 주주총회에 참석하지 못하는 경우에는 대리인을 정하여 그에게 의결권 대리행사를 위임할 수 있다.

주주로부터 위임을 받은 대리인은 대리권을 증명하는 위임장을 회사에 제출하여야 하며, 1통의 위임장을 통해 수개의 총회에 참석하여 의결권을 행사할 수 있도록 포괄적인 대리권을 수여하는 것도 가능한 것으로 해석된다.

회사 정관에 전자적 방법으로 의결권을 행사할 수 있도록 정한 경우에는 위임을 하지 않고 주주 본인이 직접 전자적 방법으로 의결권을 행사할 수 있다.

이 때 전자투표 관리기관인 한국예탁결제원[8]과 계약을 맺어 전자투표시스템에

---

7) 주주이익공여금지란 회사가 누구에게든지 주주의 권리행사와 관련하여 재산상의 이익을 공여할 수 없다는 것을 의미한다. 재산상의 이익을 공여한다는 것은 금전이나 유가증권뿐만 아니라 동산 및 부동산, 심지어는 신용이나 노무, 또는 이권 등을 무상으로 또는 현저히 낮은 대가를 받고 제공하는 것을 말한다. 특히, 총회꾼들에게 수고의 대가로 회사자금을 지급하는 것은 전형적인 이익공여에 해당한다. 다만, 이익공여자가 회사가 아니라 대주주 개인인 경우에는 이에 해당하지 않는다.

8) 한국예탁결제원은 유가증권 중앙예탁결제기관이다. 이 기관은 기관투자자와 개인투자자가

주총의 의안과 의안별 자료, 의결권 제한 내용 등을 올리면 주주들은 주총이 열리기 하루 전까지 온라인으로 투표할 수 있다.

이처럼 전자투표제를 상법에 도입한 이유는 주주들이 총회에 참석하는 비율이 낮아 최소의결정족수인 4분의 1 또는 3분의 1 요건을 충족하기 어렵기 때문이다.

이와 관련하여 상장회사들의 경우에는 1991년부터 쉐도우보팅(Shadow Voting)이라고 불리는 그림자투표 제도를 사용하여 주주가 주주총회에 참석하지 않아도 투표한 것으로 간주하고 다른 주주들의 투표 비율을 의안 결의비율에 맞추어 그대로 적용하여 왔다.

예를 들어 동일한 지분을 소유한 주주 100명 중 주주총회에 참석한 주주가 10명일 경우 이 10명 가운데 해당 안건에 대해 7명이 찬성하고 3명이 반대하였다고 하면 출석하지 않은 나머지 90명의 주주에 대해서도 70%가 찬성표결에 참여한 것으로 의제하는 것을 말한다.

이처럼 쉐도우 보팅은 정족수 미달로 주주총회가 무산되는 것을 막기 위해 도입된 제도이지만, 실제로는 소수 경영진이나 대주주의 경영권 강화 수단으로 악용돼 '주주 우선 경영원칙'에 위배된다는 비판을 받아 왔다.

정부는 2013년 5월 자본시장법을 개정하여 2015년 1월에 폐지될 예정이었으나 현실적으로 실현이 불가능하였다. 따라서 국회는 부칙을 개정하여 폐지를 3년간 유예한 바 있다.

그럼에도 다시 2018년부터 쉐도우 보팅 제도가 폐지되는 경우 대안이 마땅치 않아 입법적 혼란에 직면한 상태이다. 일각에서는 전자투표를 의무화하면 대안이 될 수 있다고 하지만, 전자투표는 해킹논란으로부터 자유롭지 못한 상황이어서 이 역시 선택이 어려운 것으로 알려져 있다.

보유한 주식이나 채권 등의 유가증권을 관리하는 기능을 수행하며, 증권 매매가 이루어진 경우 증권과 대금은 예탁결제원을 통해 계좌간 대체의 방법으로 결제된다.

4. 주주의 공익권(경영참여권/견제권)

주주의 공익권이란 경영참여권 또는 경영진 견제권으로 불리는데, 이는 이사회나 대표이사가 법령이나 정관을 위반하는 등 부당한 경영을 하는 경우 이를 억제할 권리를 의미한다. 이러한 주주권은 1주 1의결권 원칙에 의거하여 주주총회에 참석하여 의결권을 행사할 수 있을 뿐만 아니라, 일정수의 주식을 소유한 주주가 개별 사안에 대하여 경영진에게 책임을 추궁하거나 견제하는 소수주주권, 1주 만 소유해도 경영진을 견제할 수 있는 단독주주권 등이 있다.

소수주주권은 구체적으로는 주주총회 소집청구권, 이사의 위법행위 유지청구권, 대표소송 제기권, 회사해산 청구권, 주주제안권, 집중투표청구권, 회계장부열람권 등이 있다.

주주총회 소집청구권이란 3% 이상의 지분을 소유한 주주가 이사해임결의 등을 위해 법원에 주주총회소집을 명령해 달라고 청구할 수 있는 권리를 말하는데, 경영권 분쟁 시 대주주의 이사자격을 박탈시키기 위하여 청구되는 경우가 대부분이다.

이사의 위법행위 유지청구권은 이사가 법령이나 정관에 위반한 행위로 인하여 회사에 회복할 수 없는 손해가 발생할 염려가 있는 경우 1% 이상의 지분을 소유한 주주가 법원에 이사업무집행의 정지를 명해달라고 청구할 수 있는 권리를 말한다.

대표소송 제기권은 이사가 정관이나 법령을 위반하여 회사에 손해를 가한 경우 1% 이상 주식을 소유한 주주는 감사에게 회사를 대표하여 이사를 상대로 손해배상을 청구할 것을 요구하고, 이 요구가 있는 날로부터 30일 이내에 소송을 하지 않는 경우 주주가 직접 회사를 대신하여 회사에 배상하라고 소송을 제기할 수 있는 권리를 말한다.

회사해산 청구권은 10% 이상의 지분을 가진 주주가 법원에 회사해산을 명해달라고 청구할 수 있는 권리를 말한다.

주주제안권은 발행주식 총수의 3% 이상을 소유한 주주는 이사회에 대하여 주주총회의 의제와 의안을 제안을 할 수 있는 권리를 말한다. 원칙적으로는 이사회가 의제 및 의안을 정하는데, 이러한 주주제안권을 제도적으로 보장함으로써 소수주주에게도 참여기회를 부여한 것이다.

집중투표청구권은 2인 이상의 이사 선출 시 3% 이상 지분을 보유한 주주가 요청하면 주주총회에서 투표를 실시해 다득표 순위대로 이사를 선출하는 제도를 말하는데, 의결 시 선임이사 수만큼 주주의 소유주식 수에 곱하여 의결권을 부여한다.

회계장부열람권은 주식회사나 유한회사의 주주 또는 사원이 회사의 회계장부 및 회계서류의 열람 또는 등사를 요구할 수 있는 권리를 말한다.

그러나 회계장부는 회사의 영업비밀 등이 포함되어 있는 장부이므로 이 권리를 주주가 남용하는 경우 회사의 피해가 클 수 있다. 따라서 이러한 회계장부는 그 열람권의 남용을 방지하기 위하여 발행주식 총수의 3% 이상을 소유한 주주 또는 사원에게만 허용되는 주주권이다. 주주가 열람을 청구하려면 서면으로 하여야 하며, 그 이유를 명시하여야 한다. 이때 회사는 이러한 청구가 부당함을 증명하지 않으면 이를 거부하지 못한다. 다만, 회계장부열람을 청구하더라도 회계장부 전부를 열람할 수 있는 것이 아니라 문제가 되는 부분에 한정하여 열람을 청구할 수 있다.

Ⅴ. 대표이사의 형사상 책임

1. 기업범죄

회사가 본 궤도에 진입하게 되면 신규 사업 투자와 관련하여 항상 손실의 위험을 안게 된다. 즉, 경영판단을 잘못하는 경우, 항상 손실이 발생할 가능성이 상존하는 것이다.

이와 관련하여 전통적으로 우리나라 사법부는 경영판단과 관련한 기업범죄에 대한 형사처벌을 하는 과정에서 대표이사가 전혀 인식하지 못한 종업원의 행위에 대하여도 그에게 추상적 위험범[9]의 법리를 적용하여 형사처벌을 하는 사례가 빈번히 발생하고 있다.

이에 대하여 전문가들은 이처럼 대표이사에게 종업원 행위에 대한 감독책임까지 물어 형사처벌을 하는 것이 간접적으로는 다소나마 기업범죄를 억제하는 긍정적 효과를 얻을지는 모르지만, 직접적으로는 오히려 기업활동을 위축시키는 부정적 효과가 더 클 수 있다고 보고 있다.

즉, 기업가정신을 고취시켜야 창업이 활성화될 수 있다는 점을 고려해 보면, 이처럼 기업인들에게 엄격한 형사처벌을 가하는 경우 경제가 위축될 수 있다는 우려들이 많을 것이다.

그럼에도 불구하고 기업에 일단 손실이 발생하면 투자자들이 손해 본은 물론이고, 채권자들 역시 채권을 회수 못해 손해를 보는 경우가 많다.

그러나 위법적 사실이 명확하지 않은 경우에도 경영손실에 대한 책임추궁의 일환으로 형사처벌을 하는 것은 죄형법정주의[10]에 위반될 수 있다.

이번에는 대표이사가 최선을 다하였거나 과실로 경영판단을 하였으나 회사에 손해를 가한 경우에도 형사처벌을 받는 경우를 알아보고 이에 대한 대처방안을 알아보고자 한다.

2. 경영판단에 대한 형사책임

미국의 경우에는 기업의 경영자가 충분한 정보에 근거해 이해관계 없이, 그리고 성실히 회사의 이익에 합치한다는 믿음을 가지고 회사의 경영에 관한 판단을 한 경

9) 추상적 위험범은 그 행위가 현실적인 위험을 야기하지 않아도 일반적인 위험성만 인정되면 범죄의 구성요건이 충족된다.

10) 죄형법정주의란 아무리 사회적으로 비난받아야 할 행위라 할지라도 법률이 범죄로서 규정하지 않았다면 처벌할 수 없으며, 범죄에 대하여 법률이 규정한 형벌 이외의 처벌을 과할 수 없다는 주의이다. 즉, 국민 개인의 자유와 권리를 보장하기 위하여 승인되는 국가권력의 자기제한을 죄형법정주의라고 할 수 있다.

우에는 결과적으로 회사에 대해 손해를 초래했더라도 그러한 판단을 한 기업의 경영자에 대해 책임을 묻지 않는다는 경영판단의 원칙이 확립되어 있다.

이런 경우 우리나라는 업무상 배임죄에 해당하여 형사처벌의 대상이 될 수 있다. 즉, 우리나라의 경영자는 경영판단을 할 때 항상 위법성의 경계선에 서 있다고 할 수 있다.

문제는 경영판단의 경우 합리적인 판단과 비합리적인 판단간의 구분을 하는 것이 법적 판단을 하는 경우 위법과 합법을 구분하는 것처럼 그리 간단치 않다는 점이다.

그 이유는 경영판단에는 "위험감수원칙"이 적용되는데 반해 법적 판단의 경우에는 "위험회피의 원칙"이 적용되기 때문에 근본적으로 다름에도 불구하고 우리나라 대표이사들은 검찰수사가 시작되면 대부분이 무죄판결을 받기 어려운 것 또한 사실이다.

우리나라 법원도 업무상 배임죄로 재판 중의 사건들 중 일부는 경영판단에 관한 사항에 대하여 법원이 사법적 판단을 하는 경우가 종종 발생하고 있어, 업무상 배임죄에 대한 사전 지식이 필요하다.

3. 업무상 배임죄

대표이사는 주주들이 투자한 자본을 가지고 회사를 경영하는 경우에는 대표이사가 "타인의 사무를 처리하는 자"에 해당한다. 이와 관련하여 우리 상법과 형법, 특정경제범죄가중처벌법(특경법) 등에서는 업무상 배임죄에 관한 규정들을 명문으로 규정을 두고 있다. 즉, "타인의 사무를 처리하는 자가 그 임무에 위배하는 행위로써 재산상의 이익을 취득하거나 제3자로 하여금 이를 취득하게 하여 본인에게 손해를 가한 때에는 5년 이하의 징역 또는 1,500만 원 이하의 벌금에 처해지게 된다(형법 제356조).

여기서 말하는 "타인의 사무를 처리하는 자"에는 발기인, 이사 기타의 임원, 지배인, 기타 회사영업에 관한 어느 종류 또는 특정한 사항의 위임을 받은 사용인 모두가 포함되며, 대표이사도 당연히 포함된다.

여기에 추가로 이득액이 일정금액 이상인 경우에는 형법이 아니라 특정경제범죄가중처벌법(특경법)에 따라 가중된 처벌을 받게 된다. 특경법에 따르면 이득액이 50억 원 이상인 때에는 무기 또는 5년 이상의 징역에 처하도록 규정하고 있다(3조).

이와 관련하여 법원에서는 이러한 업무상 배임죄를 적용함에 있어서 ① 타인의 사무를 처리하는 자가, ② 그 업무상의 임무에 위배되는 행위로써, ③ 재산상 이익을 취득하거나 제3자로 하여금 재산상 이익을 취득하게 하여, ④ 회사에 재산상의 손해를 가하여야 한다는 기준을 적용하여 범죄구성요건을 충족하였는지 여부를 기준으로 유무죄를 판단하고 있다.

이러한 요건을 보면, 아무리 선의를 가지고 회사를 위하여 경영판단을 하였다 할지라도 회사가 손해를 본 경우에는 형사처벌을 받을 수 있게 된다. 물론, 대표이사가 재산상 이익을 보았어야 하는데, 예를 들어 계열사가 발행한 어음을 인수한 경우에 본사는 어음상의 채무를 부담하는 손해를 보았지만 계열사가 회생한 경우, 그리고 계열사의 주가가 상승하여 대표이사의 주식가치가 상승한 경우에도 업무상 배임죄가 성립될 수 있다.

이와 관련하여 일본의 경우에는 처음부터 회사가 손해를 가할 목적이 대표이사에게 있었다는 것을 검찰이 입증해야만 형사처벌할 수 있도록 법조문에 명시되어 있다.

그러나 우리 형법에는 이런 목적이 없더라도 형사처벌이 가능하도록 규정되어 있어서 이에 대한 입법적 논란들이 많은 것이 사실이다.

4. 형사벌 적용사례

대표이사들이 형사처벌을 받는 대표적인 사례는 분식회계라고 할 수 있다. 분식회계란 회계장부를 사실과 다르게 기재하는 것을 말한다. 예를 들어 자산을 과다하게 평가하면 투자자들과 채권자들을 속이는 것이고, 자산을 과소계상한 경우에는 회사자산을 대표이사가 이중장부를 만들어 개인적으로 사취하는 것이 되기 때문이다. 물론, 이러한 경우에는 당연히 대표이사가 사기죄는 물론이고 업무상배임죄의 처벌을 받아야 마땅하다. 그리고 이러한 분식회계금액이 50억 원을 넘는 경우 특경법에 따라 5년 이상 무기징역에 해당하는 엄중한 처벌을 받도록 되어 있다.

문제는 대표이사가 경리담당직원에게 직접 분식회계를 지시하지 않은 경우에도 업무상 배임죄에 관한 형사처벌을 받아야 하는지에 대하여는 논란이 많다. 그럼에도 사법부는 대표이사가 경리담당자에게 지시하였다는 사실을 입증하지 않고도 형사처벌하는 일이 종종 발생하였다. 그 이유는 대표이사의 경우 부진정부작위범으로서 회계감독을 잘못한 책임을 물어야 하기 때문이라는 것이다. 이는 경리부서에서 자발적으로 분식회계를 하고 대표이사에게는 제대로 보고하지 않은 경우에도 대표이사가 업무상 배임죄의 처벌을 받을 수 있다는 것을 의미한다.

비상장회사가 합병이나 기업을 인수하는 과정에서 그 주식가격을 산정할 때 제대로 하지 않았다는 이유로 형사처벌 받는 경우도 있다. 비상장주식은 그 가격을 산정하는 것이 매우 어렵기 때문에 대부분은 비상장회사의 순자산가치를 주식수로 나누어 1주의 가치를 평가하는 것이 회계관행으로 되어 왔다. 그런데 자산가치를 평가함에 있어서 각 감정평가사마다 상이하기 때문에 정확히 그 가격을 산정하기 어렵다. 문제는 비상장회사가 합병한 후 주가가 상승한 경우 대표이사가 소유한 주식의 가치가 상승한 경우 주식가격을 과도하게 저가 또는 고가로 산정하였다는 이유로 처벌받는 사례들이 있었다.

그리고 투자계약 시 파생금융상품, 특히 옵션거래를 할 때 일정기간이 지나면 거래상대방이 재처분이나 재매입 등의 선택권을 행사할 수 있는데, 이 경우에 다른 주주에게는 보상해주지 않고 특정 주주에게만 손해를 보전해 주는 것 자체가 주주평등의 원칙에 위반된다는 지적들을 받아 왔다. 그리고 보전해주지 않아도 될 손해를 손실보전이면계약을 체결하여 보전해주었기 때문에 보전금액만큼 회사에 손해를 가하였다는 이유로 형사처벌 대상이 되는 경우도 있다. 그러나 손실보전이면계약은 파생상품거래 중 풋옵션[11] 또는 콜옵션[12] 거래에 해당하는 것이다.

또한 경영권을 방어하는 과정에서 자사주를 우호세력인 특정인에게 처분할 때 그 가격 산정이 잘 못되었다는 이유로 업무상 배임죄로 형사처벌받는 경우도 종종 있다. 그 이유는 우호세력에게 주식을 처분하여 경영권을 방어한 것 자체를 재산상 이득으로 보았기 때문일 것이다.

또한 전환사채를 발행한 후 사채를 주식으로 전환하는 과정에서 주식가격을 산정할 때 적정한 가격으로 하지 않았다는 이유로 형사처벌받는 경우도 있다. 특히, 주식이 비상장회사의 주식인 경우에는 그 가격 산정이 어려운 만큼, 차후에 주식가치가 상승하면 재산상 이익을 보았다고 볼 수 있으므로 과거에 현재보다 저가에 주식을 인수하였다면 처벌받을 가능성이 높아진다.

그럼에도 불구하고 대표이사가 법에서 정한 절차를 제대로 준수하였다면 대부분은 형사책임을 면할 수 있다. 예를 들어 외부평가기관에 자산평가나 가격평가를 의뢰하였고, 이사회를 합법적으로 거친 경우에는 크게 문제가 없지만, 이러한 절차를 흠결한 경우에는 형사처벌받을 가능성이 급증하는 것으로 분석된다. 즉, 모든 경우에 법에서 정한 절차를 준수하면 처벌을 면할 가능성이 높고, 절차를 위반했으면 설령 대표이사가 이익을 보지 못했음에도 불구하고 형사처벌을 받는 경우가 많다.

실무상 회사돈을 임의로 사용하는 횡령죄의 경우에는 형사처벌을 면하기 어렵지만 업무상 배임죄의 경우에는 직접적으로 이익을 취한 것이 아니라 주가상승 등과 같은 간접적 이익을 얻은 경우에는 경영판단시 법에서 정한 절차를 준수하였다면 형사처벌을 면하는 사례들이 증가하고 있다.

11) 풋옵션(put option)이란 옵션거래에서 특정한 기초자산을 장래의 특정 시기에 미리 정한 가격으로 팔 수 있는 권리를 말한다.

12) 콜옵션(call option)이란 옵션거래에서 특정한 기초자산을 만기일이나 만기일 이전에 미리 정한 행사가격으로 살 수 있는 권리를 말한다.

Ⅵ. 법률 리스크 회피제도

1. 회계관리

앞에서 본 바와 같이 회사의 대표이사로서 경영판단을 할 때 법에서 정한 절차들이 복잡하여 이를 알지 못해 법을 위반한 결과를 가져와 민사나 형사상 소송을 당하는 경우가 많다.

따라서 이러한 문제를 해결하기 위하여 상법은 회사 내부적으로 감사기관에게 이를 감독하도록 하는 방법을 제도화하였다.

비상장회사의 경우에는 감사에게 업무감독권과 회계감독권을 부여하여 포괄적으로 법률위반여부를 감독하도록 되어 있다. 그러나 구체적으로 어떻게 감독해야 할지에 대하여는 아무런 규정을 두고 있지 않다. 다만, 회계업무와 관련하여서는 상업장부 작성 시 자산평가를 하는 원칙을 정해 놓고 있을 뿐이다. 즉, 유동자산을 평가할 때에는 취득가액 또는 제작가액을 회계장부에 기재하되, 시가가 현저히 낮을 때에는 시가로 기재하도록 규정하고 있다. 고정자산을 평가할 때에는 취득가액 또는 제작가액에서 감가상각비를 공제한 후 이를 회계장부에 기재하도록 규정하고 있다. 이러한 회계장부를 사실과 다르게 기재하는 등의 분식회계를 한 경우에는 형사상 처벌을 받도록 규정하고 있다.

반면에 상장회사의 경우에는 자본시장법에서 정한 내부통제기준에 따라 회계업무를 처리하도록 규정하고 있으며, 이를 위반한 경우에는 업무정지나 과태료 등과 같은 행정상 제재 이외에도 증권집단소송에 의한 거액의 손해배상을 해야 하는 경우도 발생할 수 있다.

자본시장법은 이러한 점을 고려하여 그 위법 여부를 사전에 내부적으로 점검할 수 있도록 법률전문가인 준법지원인을 고용하여 모든 의사결정 절차가 제대로 이행되는지를 사전에 조사하고 감독하도록 하는 내부통제시스템을 구축할 것을 요구하고 있다.

4차 산업혁명시대에는 사회가 다변화되면서 경영과 관련된 위험도 예견치 못한 형태로 발전할 수 있다. 따라서 다양한 각도에서 법률리스크를 관리하는 방안이 무엇인지를 숙지할 필요가 있다.

2. 내부 감사기관에 의한 리스크 관리

창업 後 자본이 증가하고 영업이익이 발생하면서 이해관계자간 갈등구조가 생성될 가능성이 높아진다. 이러한 갈등구조의 핵심에는 회계부정, 즉 분식회계가 있다. 분식회계는 투자자 등을 비롯한 이해관계자들에게 사실과 다른 허위사실을 알려주는 근거자료가 될 수 있다는 점에서 사기적 행위의 원인이 될 수 있다.

특히, 자본시장에서 공개적으로 자본을 조달하는 상장회사가 분식회계를 하는 경우 투자자가 피해를 입는 것은 물론이고 자본시장 자체가 신뢰를 잃어 성장을 못하는 부작용을 가져올 수 있다.

이런 문제를 해결하기 위해 상법과 자본시장법은 회사의 회계와 관련하여 내부감사와 외부감사가 경영진의 업무와 회계를 감독하도록 하고 있다.

감사는 회계감사뿐만 아니라 업무감사도 할 수 있도록 법이 규정하고 있는데, 이러한 감사는 반드시 상근을 하여야 하는 것은 아니지만 자산이 1천억 원 이상인 상장기업은 반드시 상근감사를 선임하여야 한다. 이는 자산이 1천억 원 미만인 주식회사의 경우에는 반드시 상근 감사를 두지 않아도 된다는 것을 의미 한다.

상근감사의 자격과 관련하여서는 적극적 자격요건에 관한 규정은 없고 결격요건만 규정하고 있다. 즉, 미성년자・금치산자 또는 한정치산자, 파산자로서 복권되지 아니한 자, 금고 이상의 형을 받고 그 집행이 종료되거나 집행을 받지 아니하기로 확정된 후 2년 미경과자, 해임되거나 면직된 후 2년을 경과하지 아니한 자, 당해 회사의 주요주주(지분 10% 이상 소유자), 당해 회사의 상근임・직원 또는 2년 이내에 상근임직원이었던 자, 주요주주의 배우자 및 직계존비속, 상근임원의 배우자 및 직계

존비속, 계열회사의 상근임·직원 또는 최근 2년 이내에 상근임직원이었던 자는 상근감사가 될 수 없다.

자산 2조원 이상인 상장회사는 감사위원회를 반드시 설치하여야 하는데, 감사위원회를 설치한 경우에는 감사를 선임할 수 없다. 감사위원회는 이사회 내의 위원회 중 하나로서 3명 이상의 이사로 구성하며 다만, 사외이사가 위원의 3분의 2 이상이어야 한다.

감사위원회는 그 결의로 위원회를 대표할 자를 선정하여야 하며 이 경우 수인의 위원이 공동으로 위원회를 대표할 것을 정할 수 있다.

감사위원회를 사외이사가 아닌 사내이사 감사위원들만으로 구성할 수는 없으나, 사외이사인 감사위원들만으로 구성은 가능하다.

이러한 감사는 주주총회에서 선임되며, 임기는 취임 후 3년 내의 최종 결산에 관한 정기총회의 종결 시까지 업무감독권과 회계감독권을 갖고 있다. 감사는 언제든지 이사에게 영업에 관한 보고를 요구할 권리와 회계장부 및 서류를 조사할 권한을 갖고 있다.

감사에게는 의무와 책임도 따르게 되는데, 감사는 주주총회에서 회계에 관한 보고를 할 의무를 지며, 감사가 악의 또는 중대한 과실로 인하여 그 임무를 게을리 한 때에는, 회사 또는 제3자에 대하여 연대하여 손해배상 책임도 져야 한다.

3. 외부감사기관에 의한 회계리스크 관리

내부감사의 경우에는 객관성에 대한 신뢰도가 낮을 수밖에 없다. 더욱이 다수로부터 투자를 받는 주식회사의 경우에는 내부감사가 적정했는지를 외부의 전문가가 객관적으로 평가해야 회계에 대한 시장의 신뢰도가 증가하는 것은 물론이고 투자자 보호에도 효과적이라고 할 수 있다.

이러한 외부감사와 관련하여서는 상법이나 자본시장법이 아닌 「주식회사 외부감사에 관한 법률」이라는 별도의 법률로 이에 대하여 규율하고 있다.

외부감사란 내부감사에 대응되는 용어로서 일반적으로 기업외부의 공인회계사나 회계법인 같은 직업적 감사인이 당해 기업이 작성한 회계기록, 특히 재무제표[13)]가 기업회계기준[14)]에 적합한지 여부를 감사하는 것을 말한다.

이러한 외부감사인은 회계사로 구성된 감사반이나 회계법인만 선정될 수 있으며, 이들은 재무제표 등 각종 회계장부를 감사하고 그 결과를 감사보고서로 작성한다.

외부감사인이 감사한 결과는 감사보고서에 적정의견, 한정의견, 부적정의견, 의견거절 등 4가지의 의견의 형태로 나타나게 된다.

우선, 적정의견이란 재무제표의 모든 항목이 적절히 작성되어 기업 회계기준에 일치하고 불확실한 사실이 없을 때 표시하는 감사인의 의견을 말한다. 이 경우에는 아무런 제재가 없으며, 동시에 회사가 부담할 회계리스크도 없다고 할 수 있다.

한정의견이란 회계처리 방법과 재무제표 표시방법 중 일부가 기업회계에 위배되거나, 재무제표의 항목에서 합리적인 증거를 모두 얻지는 못하고 있는 경우에 외부감사인이 내는 의견이다. 다만, 이러한 위배되거나 합리적인 증거가 없다는 이유만으로 한정의견을 낼 수 없으며, 그 것이 재무제표에 영향을 주거나 줄 수 있다고 인정되어야 하며, 그 영향이 없거나 제외시켰다는 것을 입증하는 것을 조건으로 기업의 재무제표가 기업 회계기준에 적정하게 표시하고 있다는 의견을 제시하는 것을 말한다.

부적정의견이란 재무제표가 전체적으로 합리적으로 기재되지 못하고 왜곡표시됨으로써 무의미하다고 인정되는 경우를 표시하는 의견이다.

의견거절은 감사의견을 형성하는 데 필요한 합리적 증거물을 얻지 못하여 재무제

---

13) 재무제표는 재무회계의 과정을 통해 수집, 처리된 정보를 정기적으로 이용자에게 전달하는 방법으로서 재무보고의 가장 핵심적인 보고수단으로 활용되고 있다. 상법에는 재무상태표, 손익계산서 및 이익잉여금처분계산서 또는 결손금처리계산서를 재무제표로 하고 있으며, 기업회계기준에서는 재무상태표, 손익계산서, 이익잉여금처분계산서 또는 결손금처리계산서 및 현금흐름표, 주기 및 주석을 재무제표로 정하고 있다.

14) 기업회계기준은 일반적으로 인정된 회계원칙, 즉 회계기준은 회계관습 중에서 일반적으로 공정성 · 타당성이 인정된 것을 반영한 것으로서 회계실무상 실행가능하도록 제정된 것이므로 모든 기업이 회계실무에서 의거해야 할 실천규범으로 이해된다.

표 전체에 대한 의견표명이 불가능한 경우, 또는 기업존립에 관계될 정도의 객관적 사항이 특히 중대한 경우, 또는 감사의 독립성이 결여되어 있는 경우 등은 이러한 사유를 기재하고 이 때문에 재무제표에 대한 의견을 표명할 수 없음을 표시하는 의견을 말한다.

코스피 시장에 상장한 회사의 경우 외부감사인으로부터 감사의견이 '한정'인 기업은 관리종목에 지정되는데, 이러한 관리종목 지정을 두 차례 연속 받을 경우 상장이 폐지된다. '거절' 또는 '부적정' 판정을 받은 기업의 경우 곧바로 상장 폐지된다. 코스닥 시장에 등록된 기업인 경우에는 재무제표에 대한 감사인의 감사의견이 '부정적' '의견거절' 또는 '감사범위 제한에 의한 한정'일 경우 '관리종목'으로 지정되고 코스닥위원회의 승인을 거쳐 등록이 취소된다.

이러한 외부감사의 목적은 이해관계자(정보이용자)의 보호와 기업의 건전한 발전을 도모하는데 있다.

다만, 외부감사는 모든 기업이 받는 것이 아니라 일정한 규모에 달하여야 그 대상이 된다. 구체적으로는 ① 직전 사업연도 말의 자산총액이 120억 원 이상인 주식회사, ② 해당 사업연도 또는 다음 사업연도 중에 상장하려는 주식회사, ③ 직전 사업연도 말의 부채총액이 70억 원 이상이고 자산총액이 70억 원 이상인 주식회사, ④ 직전 사업연도 말의 종업원 수가 300명 이상이고 자산총액이 70억 원 이상인 주식회사라는 요건 중 어디 하나에 해당하면 외부감사를 받아야 한다.

이러한 회사들은 매사업연도개시일로부터 4월 이내에 감사인선임위원회의 승인을 얻어 감사인을 선임하여야 한다.

4. 내부통제기준을 통한 리스크 관리

앞에서 본 바와 같이 회계장부가 잘 못 작성되는 경우 이로 인한 투자자 피해는 물론이고 회사 자체의 존립이 위협받을 수 있다. 문제는 이러한 회계장부 작성과 관련한 리스크 이외에도 법에서 정한 사항을 이행하지 않거나 금지사항을 위반하여 내부직원들이 위법행위를 하는 경우 회사에 미치는 부정적 영향은 물론이고 행위자뿐만 아니라 대표이사도 함께 법적인 제재를 받는 경우가 많다. 이처럼 내부직원들에 대한 감독책임을 이행하지 못하였다는 이유로 내부 담당자뿐만 아니라 대표이사가 민형사상 책임을 지는 것을 사전에 예방하기 위하여 상장회사와 금융기관의 경우에는 내부통제기준(internal control system)을 마련하고 이를 준법지원인이나 준법감시인이 내부기준이 제대로 이행되고 있는지를 조사하는 리스크관리제도가 있다.

이러한 내부리스크 관리를 내부통제라 하는데, 이러한 내부통제는 개념상으로는 "관리자가 조직임무의 달성에 관한 합리적인 확신을 확보하기 위하여 공식적으로 설정한 계획 · 규정 · 방법 · 절차 및 수단"이라고 정의하고 있다.

이러한 내부통제제도는 일반적으로는 회계 면에서 다루어지는 일이 많으며, 회계제도로서의 내부통제 제도는, 회사조직 중에서 가장 기본적인 것이라고 할 수 있다. 내부통제제도의 주된 역할은 회계상의 과실이나 법위반 사실을 발견하고 방지함으로써 기업이 정하는 회계규칙 · 절차의 준수여부를 검사하는 모든 절차를 말한다.

내부통제제제도의 구성요소로서 각 감사기준마다 조금씩 달리 규정하고 있지만 대체적으로 ① 기관 · 사업의 운영(program operations)에 대한 통제, ② 자료의 타당성과 신뢰성에 대한 통제, ③ 법 · 령 · 규칙의 준수에 대한 통제 및 ④ 자원의 보호에 대한 통제 등 4가지 영역으로 구분할 수 있다.

이러한 내부통제를 담당하는 자는 일반기업의 경우 준법지원인이라 하고, 금융기관의 경우에는 준법감시인이라고 부른다.

우선, 준법지원인은 상장사의 경영진이나 임직원이 정해진 법과 규정을 준수하고 내부통제기준에 따라 회사경영을 적정하게 수행하는지 감시해 이사회에 보고하는 역할을 담당하고 있다. 그 자격요건은 변호사와 5년 이상 경력의 법학 교수, 그 밖에 법률적 지식과 경험이 풍부한 사람이며, 자산이 3천억원 이상되는 상장사는 이러한 자격요건을 갖춘 자 중 1인 이상 반드시 선임하여야 하며 임기는 상근 3년이다.

감사위원회 등과 같은 내부감사제도는 주로 주주의 입장에서 경영진의 직무집행을 감시하는 것을 목적으로 하는데 반하여, 준법지원인 제도는 경영진의 입장에서 임직원의 업무수행 과정상 내부통제기준의 준수여부를 스스로 점검하는 리스크 관리 방법이라고 할 수 있다.

준법감시인은 금융기관의 임직원이 그 직무를 수행함에 있어서 따라야 할 기본적인 절차와 기준인 내부통제기준의 준수여부를 점검하고 내부통제기준에 위반하는 경우 이를 조사하여 감사위원회에 보고하는 자를 말한다.

이러한 준법감시인 제도는 준법지원인처럼 주로 주주의 입장에서 경영진의 직무집행을 감시하는 것이 아니라 경영진의 입장에서 임직원의 업무수행 과정상 내부통제기준의 준수여부를 스스로 점검하는 리스크 관리 방법이라고 할 수 있다.

이러한 준법감시인 제도가 도입되어 시행됨으로써 경영진 스스로 사전 예방적이고 상시적인 내부통제기능을 수행하기 용이해졌다는 평가를 받고 있다.

다만, 경우에 따라서는 준법지원인이나 준법감시인 때문에 공격적 경영을 할 수 없다는 지적들도 있다. 그 이유는 준법지원인이나 감시인은 위험회피의 본성 하에 업무를 판단하기 때문에 때로는 모험을 감수한 공격적 경영을 견제하는 것이 일반적이어서 기업이 신성장동력을 찾는데 장애요인이 될 수 있다는 지적들이 많다. 즉, 매뉴얼 사회가 때로는 좋은 점도 있지만 4차 산업시대를 맞이하여 융합형 사업을 하는데는 상당한 장애요인이 될 수 있는 것이다.

특히, 내부통제기준을 너무 세부적으로 작성하는 경우 탄력적 경영이 불가능할 수 있기 때문에 적절한 조화가 필요하다.

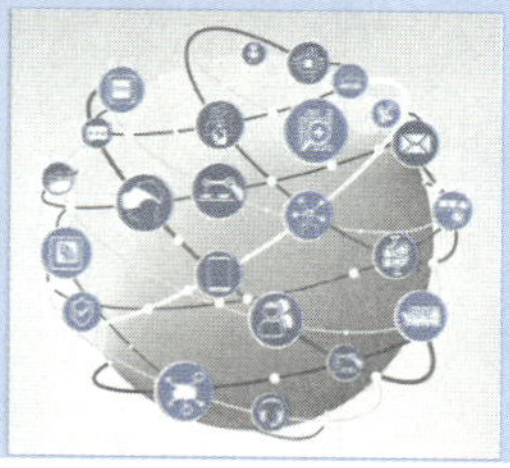

제4장 경영관리

제4장 경영관리

Ⅰ. 스톡옵션

1. 임직원 인센티브

창업 초기에는 회사의 자금사정이 어려운 것이 일반적이기 때문에 임직원, 즉 근로자들은 저임금에 야간 근무 등을 감당하면서 회사성장에 기여를 하게 된다. 그럼에도 창업에 성공한 후 정작 큰 이익을 보는 주체는 임직원이 아니라 기업에 자본출자한 창업자와 주주들이다. 특히, 4차 산업시대에는 지적능력이 우수한 근로자들이 회사에 기여하는 정도가 커질 수밖에 없기 때문에 이러한 현상은 더욱 심화될 것으로 예상된다.

이런 환경 속에서는 창업 초기, 임직원들이 열정을 가지고 기술개발에 총력을 기울이지만 점차 시간이 흐를수록 임직원들이 이직을 생각하는 등 회사에 대한 충성도가 약해질 수밖에 없다.

심지어는 개발된 기술 등 영업비밀[1]을 다른 경쟁업체에 제공하고 그 대가로 금

1) 영업비밀이란 지적재산권 등록, 즉 특허등록, 실용신안등록 등을 하지 않았지만 상당한 노력에 의하여 비밀로 유지된 생산방법, 판매방법, 그 밖에 영업활동에 유용한 기술상 또는 경영상의 정보를 말한다(부정경쟁방지 및 영업비밀보호에 관한 법률 제2조 제2호). 이처럼 기술

전을 받는 유혹에 빠질 수 있다. 이러한 문제를 해결하는 방법 중의 하나가 바로 스톡옵션 제도이다. 이 제도는 상법에서는 주식매수선택권이라고 정의하고 이에 대한 상세한 규정을 두고 있다.

이러한 스톡옵션제도는 기업이 성장함으로써 창출되는 이익을 지분투자한 주주뿐만 아니라 임직원도 향유케 함으로써 근로자들이 기업의 성공에 기여할 인센티브를 제공하는 제도라고 할 수 있다.

창업을 했거나 준비하는 경우 창업자는 사전에 스톡옵션이 무엇이고, 이를 제공하는 방법과 절차에 대하여 미리 알아보는 것은 매우 중요하다고 본다.

2. 스톡옵션이란?

스톡옵션(stock option)이란 회사의 설립과 경영 · 기술혁신 등에 기여하였거나 기여할 능력을 갖춘 임직원에게 일정수량의 자기회사의 주식을 저가로 매수할 수 있는 권리를 부여하는 제도를 말한다. 상법에서는 이를 주식매수선택권이라고 하고 있으며, 기업회계기준에서는 주식매입선택권이라고 말하고 있다.

벤처 등 새로 창업한 기업들이 자금 부족에도 불구하고 유능한 인재를 확보하기 위한 수단으로 이 스톡옵션 제도를 널리 이용하고 있다.

이 제도는 창업할 당시 자본의 가치, 즉 주식의 가치는 액면가이지만 기업이 성장하여 일명 성공을 하면, 주식의 가치가 액면가보다 훨씬 높아지게 된다. 이 경우

정보 또는 경영정보가 영업비밀보호법상 보호를 받지만, 그 보호의 강도는 특허법이 훨씬 높다고 할 수 있다.
구체적으로 특허권의 경우에는 특허된 발명을 권리자 이외의 다른 사람들이 의도적으로 복제하는 것을 금지시킬 뿐만 아니라, 그들이 독자적으로 개발한 경우에도 그것의 제조 · 판매를 금지시킬 수 있다. 그러나 영업비밀은 신뢰관계의 파기(破棄)나 그 밖의 부정한 수단에 의하여 획득한 경우에만 그 사용을 금지시키고, 스스로 개발하였거나 그 밖의 정당한 방법, 예컨대 역공정(reverse engineering) 등으로 그 비밀인 발명을 획득한 경우는 그 사용을 금지시킬 수 없다. 또한 영업비밀로 보호하는 경우 비밀의 영속성을 유지하기 어렵고, 한 번 유출된 영업비밀의 경우 회수가 불가능하며, 국가별로 보호 정도가 상당히 상이하다는 문제점이 있다.

주식을 소유한 창업자와 투자자들은 상승한 주식가치만큼 이익을 보지만 주식을 소유하지 못한 임직원들은 그 동안 받은 저임금에 만족해야 하는 현상이 발생할 수 있다.

이 때 스톡옵션제를 이용하면 임직원들도 자사의 주식을 일정 한도 내에서 액면가 또는 시세보다 훨씬 낮은 가격으로 매입할 수 있는 권리를 갖게 함으로써 주주자본주의 본질적 결함을 다소 해결할 수 있다.

다만, 임직원이 스톡옵션만 행사하고 이직을 하는 경우 오히려 이 제도로 인해 기업의 지속가능성이 침해될 여지 또한 존재한다.

우리 상법은 이러한 점을 고려하여 스톡옵션을 부여받은 후 일정기간 동안 회사를 위하여 일하도록 하고, 그 기간이 경과하면 이를 임의대로 처분할 수 있도록 함으로써 회사는 물론이고 임직원들도 기업성장의 이익을 향유할 수 있도록 규정하고 있다. 미국의 경우에는 스톡옵션이 거의 일반화되어 있고, 전문경영인들은 스톡옵션을 통해 본봉보다 더 많은 소득을 올리는 경우도 많다.

이러한 스톡옵션은 철저하게 능력 중심으로 제공되기 때문에 직급 또는 근속연수를 바탕으로 하는 우리사주조합 제도와는 근본적으로 다르다고 할 수 있다.

그러나 경영진이 기업의 장기적인 성과보다는 단기적인 주가 상승을 위해 스톡옵션을 발행하는 경우 오히려 스톡옵션제도가 회사의 장기적인 성장에는 부정적인 영향이 미칠 수도 있다는 비판이 있다.

창업자는 이러한 스톡옵션 제도의 장·단점을 모두 고려하여 적절한 방안을 마련하는 것이 필요하다고 본다.

3. 스톡옵션의 유형 및 부여한도

스톡옵션과 관련하여 어떤 유형의 스톡옵션이 있으며, 임직원들에게 어느 정도까지 스톡옵션을 부여할 수 있는지를 알아보는 것이 필요하다. 스톡옵션에 관하여 규율하고 있는 법은 상법인데, 이에 따르면 스톡옵션 부여 유형을 세 가지로 구분하고 있는데, 이에는 자기주식양도형, 신주발행형, 차액정산형 등이 있다.

자기주식양도형 스톡옵션은 임직원이 회사가 보유하는 자기주식을 예정된 저가로 양수할 수 있는 권리를 부여하는 유형을 말한다(상법 제340조 제1항). 이 유형은 신주를 발행하지 않는다는 점에서 자본증가 없는 스톡옵션 부여방식이라고 할 수 있다. 즉, 창업자의 지분비율이 감소하지 않는 방식이다. 이 방법을 사용하려면 사전에 회사 이익 중 일부를 가지고 자사주를 매입해 놓아야 한다.

신주발행형은 스톡옵션 권을 행사할 수 있는 임직원이 회사를 상대로 액면가로 신주를 발행하여 줄 것을 청구하느 방식의 스톡옵션 방법이다. 이 신주발행형 스톡옵션의 경우에는 회사의 자본이 증가하면서 주식 수도 증가하기 때문에 창업자의 지분율이 감소하게 된다.

차액정산방식은 스톡옵션권을 갖고 있는 임직원들이 회사의 주식을 소유하기보다는 액면가와 시가와의 차액을 회사로부터 현금으로 지급받고자 하는 경우에 선택하는 방법이다.

임직원이 주식을 소유하지 않는다는 점에서 회사의 운명과 같이 하겠다는 의지가 약한 경우일 수도 있다. 그러나 창업자는 지분을 유지하면서 향후 추가로 적은 지분으로 고액의 투자를 받을 수 있는 여지가 크다는 점에서 회사에 불리한 스톡옵션 유형은 아니라고 할 수 있다.

이러한 스톡옵션은 무제한적으로 부여할 수 있는 것은 아니며, 원칙적으로 주식발행총수의 10% 범위 내에서만 부여할 수 있다. 다만, 상장회사의 경우에는 주식발행총수의 20%가 그 한도이며(상법 340조의2, 제542조의3), 벤처기업의 경우에는 벤처특별법상 주식발행총수의 50%가 그 한도이다(법시행령 제11조의3 제7항).

그리고 법상 스톡옵션의 부여한도를 준수해야 할 시점이 스톡옵션을 정관에서 정한 시점인지, 아니면 부여시점인지 또는 실제로 행사할 시점인지가 불분명하다. 다만, 입법취지와 분쟁예방이라는 관점에서 볼 때 정관에 규정할 당시뿐만 아니라 부여시점에서도 위 한도를 준수하여야 한다고 보는 것이 일반적인 해석이다. 이러한 해석에 따른다면 양 시점을 비교하여 주식발행총수가 적은 시점을 기준으로 하여 스톡옵션을 부여하는 것이 법리적으로 분쟁을 예방할 수 있는 방법이라고 해석된다.

4. 스톡옵션 부여 절차

스톡옵션의 부여와 관련하여서는 상법이 그 절차를 상세히 규정하고 있다. 우선, 회사 정관에 스톡옵션에 관한 사항들이 규정되어 있어야 하는데, 이는 주주들이 이에 관하여 동의를 하여야 한다는 것을 의미한다. 창업자 1인이 주주인 경우에는 창업자가 결정하는 것이 곧 정관의 규정이기 때문에 스톡옵션 부여 문제는 전적으로 창업자의 결정에 따르게 된다. 그러나 주주가 2인 이상이 되는 경우에는 주주총회에서 정한 정관에 그 근거규정이 있어야 하며, 정관에서 정한 방법으로 스톡옵션을 부여해야 한다.

정관에 규정해야 하는 내용으로는 ① 일정한 경우에는 스톡옵션을 부여할 수 있다는 뜻, ② 스톡옵션을 행사하는 경우 발행하거나 양도할 주식의 종류와 수, ③ 스톡옵션을 부여 받을 자의 자격요건, ④ 스톡옵션의 행사기간, ⑤ 특별한 경우에는 이사회 결의로 스톡옵션을 취소할 수 있다는 내용을 규정하여야 한다.

이러한 스톡옵션에 관한 내용은 그 대상인 임직원과 개별적인 계약서 형태로 작성되어야 한다. 그리고 정관에서 이처럼 정한 내용에 따라 스톡옵션을 부여하더라도 부여 시마다 최종으로 그 이사회 안에 대한 주주총회 특별결의가 필요하다. 즉, 정관에 선택권을 부여하였다고 하더라도 실제 선택권을 부여하기 위해서는 주주총회의 특별결의를 통한 승인을 받은 후 반드시 계약서를 작성하여야 한다는 것이다.

주주총회에서 결의할 때에는 ① 스톡옵션을 부여 받을 자와 그가 행사할 주식수를 특정하여야 하고, ② 스톡옵션을 위해 신주 발행 또는 자기주식 양도 등을 결정하여야 하며, ③ 스톡옵션을 부여 받은 자가 실제로 행사할 때 그 행사기간과 가액을 정해야 하고, ④ 스톡옵션 행사 전에 추가로 신주발행 또는 자본감소를 해야 하는 사정이 발생한 경우, 스톡옵션 행사가액을 증감할 수 있는지 여부 및 그 변경사항을 정해야 한다.

5. 스톡옵션의 행사

스톡옵션은 법에서 정한 일정한 기간을 경과해야 실제로 행사할 수 있다. 예를 들어 비상장회사는 주주총회 결의일, 상장회사의 경우는 이사회 결의일을 기산점으로 하여 2년 이상 회사에 재직 또는 재임하여야 스톡옵션권을 행사할 수 있다. 즉, 스톡옵션을 행사하기 위해서는 주총 결의일로부터 2년 이상 재임하여야 하는 것이 원칙이다. 대법원의 판결에서도 주식매수선택권을 부여받은 비상장법인 임직원들이 자신들의 귀책사유가 아닌 비자발적인 사유로 퇴임·퇴직한 경우라도 2년이라는 최소 재임(재직) 요건에 관계없이 주식매수선택권을 행사할 수 있는지가 문제된 사안에서, 최소 재임(재직) 요건을 충족하지 못하는 한 주식매수선택권을 행사할 수 없다고 판결한 바 있다.[2)]

다만, 상장회사와 비상장회사간에 다소 차이가 있다. 예를 들어 재임의무기간 중에 어떤 사유로든 퇴임 또는 퇴직하는 경우에는 비상장회사의 경우 당해 임직원은 스톡옵션 권리를 상실하게 된다. 그러나 상장회사의 경우에는 재임의무 기간 중에 사망 또는 그 밖의 본인의 책임이 아닌 사유로 퇴임이나 퇴직한 경우에는 여전히 스톡옵션에 대한 권리를 행사할 수 있다(상법 제542조의3 제5항)

문제는 스톡옵션을 부여받은 자가 본인의 의사에 따라 사임하거나 사직한 경우이다. 이때 상장회사는 회사에 고의 또는 중대한 과실로 손해를 입힌 경우, 회사가 파산한 경우, 계약상 특별한 취소사유가 발생한 경우에는 스톡옵션에 관한 권리를 취소할 수 있다.

스톡옵션 행사시점에 그 권리를 행사하려는 자는 스톡옵션으로 행사할 주식의 종

---

2) 대법원 2011. 3. 24. 선고 2010다85027 판결.

류와 수를 기재한 청구서를 2통 작성하여 회사에 제출하여야 한다.

이 때 회사는 위 청구를 받고 기존에 주주총회 결의에서 정한대로 스톡옵션을 부여할지 아니면 차액정산에 의할 것인지를 이사회 결의로 정할 수 있다.

이후 회사의 결정에 의하여 선택권의 행사가 가능해지면 스톡옵션 선택권자는 신주의 경우 행사가액 전액을 납부한 때에 주주가 된다. 그리고 회사가 소유한 자기주식을 양수할 경우에는 양수받은 주식에 대한 주권을 이전받고 명의개서를 해야 회사에 대항할 수 있다.

6. 우리사주와의 관계

스톡옵션이 임직원들에게 회사주식을 취득할 수 있는 권리라고 한다면, 이와 유사한 제도로 우리사주제도가 있다. 다만, 스톡옵션은 철저하게 능력 중심으로 제공되기 때문에 모든 근로자에게 부여되어야 하는 것은 아니다.

반면에 우리사주는 능력보다는 직급 또는 근속연수를 바탕으로 모든 근로자들에게 공평하게 자사주를 인수할 수 있는 권리가 부여된다.

이러한 우리사주는 근로자의 재산형성, 기업의 생산성 향상 및 협력적 노사관계 등을 목적으로 미국・영국 등 세계 여러 나라에서 이러한 목적을 위해 널리 활용되고 있다.

우리나라에서는 이러한 우리사주에 대하여 근로복지기본법에서 규정하고 있는데, 이에 따르면 우리사주조합[3]을 통하여 주식을 취득하게 함으로써 근로자의 경제, 사회적 지위 향상과 노사협력 증진을 도모함을 목적으로 도입된 제도이다(제32조).

---

3) 우리사주조합(employee stock ownership association)이란 근로자가 자기 회사의 주식을 보유하여 기업의 경영과 이익분배에 참여하게 함으로써 근로자의 근로의욕을 고취시키고 재산 형성을 촉진시키기 위해 만든 종업원지주제의 일환으로 결성된 조직이다. 자주적이며 자율적인 단체로 종업원의 자유로운 의사에 따라 조합에 가입・탈퇴할 수 있고, 조합은 당해 회사 및 지주관리회사(증권금융회사)와 대등한 입장에서 종업원지주제의 운영에 관한 사항을 협의・약정하고 그 관리운영의 주체가 된다.

우리사주는 발행주식의 20%를 기존 주주 보다 우선적으로 배정받는 것이 원칙이지만, 근로자별 연봉한도, 누적적 취득한도 등의 제한이 따른다(자본시장법 제165조의7).

우리사주를 취득하려면 근로자는 자기부담으로 우선배정을 청약을 해야 하는데, 이때 회사가 우리사주 취득가액의 50% 이상을 무상출연해야 하는 경우가 있다. 이 경우에는 무상출연이 선행되어야 하며, 이때 근로자가 출연한 금품으로 취득한 주식은 즉시 개인별 계정에 배정되게 된다.

사업주 등이 무상출연으로 취득한 주식은 우리사주조합원에게 가배정한 후 3~7년 이내의 기간에 조합 규약이 정하는 바에 따라 조합원 개인별 계정에 배정하게 된다.

이렇게 개인별 계정에 배정된 주식은 수탁기관인 한국증권금융에 1년간 의무예탁한 후 인출하여 처분할 수 있다.

이러한 우리사주제도는 운영방식에 따라 퇴직연금형과 성과급형으로 구분할 수 있는데, 미국은 근로자가 퇴직할 때 인출할 수 있는 확정출연형 퇴직연금제도로 운영하고 있다.

영국은 근로자가 일정기간 의무예탁한 후 인출하여 처분할 수 있는 성과배분형으로 운영하고 있는데, 우리나라는 영국처럼 성과배분형으로 운영하고 있다.

7. 고려사항

스톡옵션은 창업자가 지분투자하지 않은 임직원에게 회사가 성공하면 후에 보상이 가능하도록 하는 제도이다.

벤처창업자들 중 상당수가 우수한 제품개발에는 성공하는 경우 고액의 투자도 받지만, 후속 제품개발을 하지 못해 사업에 실패하는 경우가 종종 있다.

이처럼 실패하는 이유 중의 하나는 창업자가 임직원에게 적절한 시기에 스톡옵션권을 부여하지 않았기 때문인 경우도 있지만 과도하게 부여해서 발생하는 사례도 있다.

그럼에도 스톡옵션은 저임금에 과도한 업무를 담당하는 임직원들에게 창업자가 부여할 수 있는 중요한 인센티브제도 중에 하나임은 분명하다. 이를 잘 활용하면 창업자는 물론이고 임직원이 모두 하나가 될 수 있다.

전문경영인이 CEO로 있는 경우에는 이러한 스톡옵션제도가 단기적인 주가 상승에만 주력하는 용도로 사용될 수도 있다. 이는 스톡옵션이 회사의 장기적인 성장에는 부정적인 영향이 미칠 수도 있다는 점도 알아두는 것이 필요하다.

Ⅱ. 민간기업간의 하도급거래

1. 하도급거래법

창업을 한 후 독자적으로 제품을 개발하여 시장에 직접 판매하는 경우도 있지만, 대기업으로부터 하청을 받아 계약대로 이행한 후 이에 대한 대가를 받는 하도급거래를 하는 경우가 많다.

이러한 하도급거래는 대기업과 중소기업간의 상생을 위한 훌륭한 수단으로 활용될 수 있다. 그러나 때로는 대기업이 중소기업의 열악한 지위를 이용하여 과도하게 폭리를 취하거나 일명 갑질을 하는 불공정거래행위의 온상이 될 수도 있다.

이러한 문제를 해결하기 위해 우리나라는 전 세계적으로 유일한 「하도급거래 공정화에 관한 법률(하도급거래법)」을 제정하여 발주하는 대기업인 원사업자와 발주를 받는 수급사업자, 즉 하청업체가 대등한 입장에서 하도급거래를 체결하도록 입법화하였다. 이를 위반한 경우에는 공정거래위원회가 과징금을 부과하고, 영업정지 등의 행정처분까지 할 수 있도록 엄정한 규제를 가하고 있다.

한걸음 더 나아가 하청업체는 입은 손해를 대기업으로부터 3배까지 배상받을 수 있도록 하는 징벌배상책임제도까지 도입하였다. 다만, 이러한 3배 징벌배상제는 기술탈취, 부당한 단가인하, 부당한 하청업체의 변경, 하청대금 지연 등의 사유가 발생한 경우에만 활용할 수 있다.

이와 관련하여 주의할 점은 국내하청사업자들이 이러한 징벌배상제도를 남용하는 경우 대기업들이 국내중소기업에 하청을 주기 보다는 외국기업에 하청을 줄 수 있다는 것이다. 이는 내수시장이 위축될 수 있다는 것을 의미한다. 따라서 적절하게 법을 이용하는 지혜가 필요하다.

2. 하도급거래란?

대기업이 대부분을 차지하는 발주기업(원사업자)과 중소기업들이 대부분을 차지하는 하청기업(수급사업자) 간에 이뤄지는 거래형태를 하도급거래라 한다. 이러한 하도급거래에 대하여 일반적으로는 하청거래라 하며, 수급사업자를 하청업체라고 말하고 있다.

이러한 하도급 거래는 분업체제가 확산될수록 더욱 활성화될 것으로 보이며 특히, 4차 산업이 확산되면 될수록 분업형태의 하도급거래는 더욱 증가할 것으로 예상된다.

그럼에도 하도급거래에 대하여 우려하는 시각들이 있다. 그 이유는 원사업자가 중소 하청업체보다는 자금력과 조직력 등의 면에서 상대적으로 유리한 위치에 있기 때문에 그 지위를 남용하는 불공정거래행위가 관행화될 수 있기 때문이다. 구체적인 예로는 원사업자가 하청사업자에게 납품대금의 지불을 지연하거나 납품가격을 부당하게 저가로 결정할 것을 요구하는 경우, 임의대로 위탁내용을 변경하는 경우, 하청업체의 기술을 탈취하여 대기업의 사업에 활용하는 경우 등이 이에 해당한다.

이와 관련하여 일각에서는 대금지급지연이나 납품가격 인하, 하청사업자 변경, 하청사업자 기술관련자료 요구 등이 당사자의 사정상 필요한 경우도 있을 수도 있다.

그럼에도 하도급법상으로는 경제적 약자인 수급사업자인 입장에서 일방보호적 규정들을 두고 있기 때문에 법적용상 형평의 법리를 적용할 수 있는 입법적 보완이 필요하다는 지적들도 있다.

3. 기술을 탈취당한 경우 대처방안

대기업이 중소기업과 하도급계약을 체결할 때 원사업자인 대기업은 수급사업자인 하청업체에 원가내역이나 매출정보 같은 경영정보와 기술자료를 요구할 수 있다.

이러한 기술자료 요구는 하도급법상 원칙적으로 금지되어 있다. 특히, 4차 산업군에 속하는 중소창업자의 경우에는 기술자료가 가장 중요한 자산이기 때문에 이에 대한 대처가 중요하다.

일반적으로는 원사업자가 정당한 사유를 입증하여 수급사업자인 하청업자에게 기술자료를 요구할 수 있다. 이때에는 하청사업자는 기술자료를 제시하여야 하고, 원사업자가 정당한 사유를 입증하였다 할지라도 하청업자에게 기술자료를 요구할 때에는 요구목적, 비밀유지에 관한 사항, 권리귀속 관계, 대가 등에 관한 사항을 하청사업자와 미리 협의하여야 한다.

이러한 기술자료에는 작업공정도, 원재료 성분표 등 제조 · 수리 · 시공 또는 용역수행 방법에 관한 정보와 자료부터 특허권, 실용신안권 등과 관련된 기술정보 자료뿐만 아니라 경영상 정보 자료도 포함된다.

이와 관련하여 원사업자와 수급사업자가 공동으로 특허를 개발하는 과정에서 그 특허출원을 위하여 필요한 기술자료를 요구하는 것은 가능하다. 또한 하도급법에 따른 하도급대금을 조정협의할 때 하도급대금의 인상폭을 결정하는 것과 관련하여 직접 관련이 있는 원재료의 원가비중 자료를 요구하는 것도 가능하다.

제품에 하자가 발생하여 그 원인을 규명하기 위해 하자와 직접 관련된 기술자료를 요구하는 경우에도 정당한 사유가 있는 기술자료 요구에 해당하는 것으로 해석된다.

이처럼 정당한 사유가 있는 기술자료 요구라 할지라도 이러한 내용을 기재한 서면을 하청사업자에게 교부하여야 한다. 이때 원사업자는 취득한 기술자료를 자기 또는 제3자를 위하여 유용해서는 안된다.

이를 위반한 경우에는 하청업체를 이로 인해 입은 손해의 3배까지 원사업자를 상대로 배상을 청구할 수 있다.

하청업자가 이 사실을 공정거래위원회에 신고한 경우, 공정위는 조사를 거쳐 하도급대금의 2배 범위 내에서 과징금을 부과할 수 있으며, 법위반행위를 중지할 것과 그 사실을 공지하도록 시정조치명령을 받을 수 있다.

4. 대금지급지연 시 대처방안

원사업자와 체결한 계약내용대로 하청업자가 이행했음에도 불구하고 원사업자가 대금을 지급하지 않는 경우가 종종 발생한다. 하도급법상으로는 원사업자가 하청업체로부터 납품 후 60일 이내에 하도급대금을 지급하도록 규정하고 있으며, 이 기일을 초과하여 이행하지 않는 경우에는 지연이자 등을 지급해야 한다.

이를 위반한 경우에는 하청업자가 이 사실을 공정거래위원회에 신고할 수 있는데, 이때 공정위는 조사를 거쳐 하도급대금의 2배 범위 내에서 과징금을 부과할 수 있으며, 법위반행위를 중지할 것과 그 사실을 공지하도록 시정조치명령을 할 수 있다. 이처럼 하청업자가 공정거래위원회에 대금지급사실을 신고한 경우에는 공정거래위원회가 과징금 등의 제재를 가하기 때문에 간접적으로 대금지급을 압박하는 효과를 가져 온다.

그럼에도 지급을 하지 않는 경우에는 하청사업자가 직접 법원에 지급명령을 해줄 것을 청구할 수 있으며, 금액이 3000만 원 이하인 경우에는 소액심판청구를 하는 것도 바람직하다.

다만, 법원에 지급명령[4)]을 청구하는 경우에는 원사업자가 대금을 지급하지 않았다는 사실을 명백히 입증할 수 있는 증거자료가 있어야 한다. 이것이 존재하지 않는 경우에는 소송을 해야 하기 때문이다.

이러한 소액심판청구[5]를 하는 경우에는 통상적인 소송절차보다 간편하고 저렴하며, 이행권고결정이 내려지는 경우에는 소송보다 용이하게 문제를 해결할 수 있다.

5. 하청계약 부당변경 시 대처방안

원사업자가 하청업자와 하도급계약을 체결한 후 이행내용이 불만족스럽다고 임의적으로 위탁계약을 취소하거나 계약내용을 변경하는 것이 원칙적으로 금지되어 있다. 즉, 원사업자가 위탁을 한 후 하청업자에게 책임이 없음에도 불구하고 ① 위탁을 임의로 취소하거나 변경하는 행위, ② 목적물 등의 납품 등에 대한 수령 또는 인수를 거부하거나 지연하는 행위를 할 수 없다.

이를 위반한 경우에는 하청사업자는 이로 인해 입은 손해의 3배까지 원사업자를 상대로 배상을 청구할 수 있으며, 공정거래위원회는 하도급대금의 2배 범위 내에서 과징금을 부과할 수 있으며, 법위반행위를 중지할 것과 그 사실을 공지하도록 시정조치명령을 할 수 있다.

---

4) 지급명령이란 금전 기타의 대체물 또는 유가증권의 일정 수량의 지급을 목적으로 하는 청구에 관하여 채권자의 일방적 신청이 있으면 채무자를 심문하지 않고 채무자에게 그 지급을 명하는 재판을 말한다(민사소송법 462~474조). 독촉절차라고도 하며, 채무자의 보통재판적 소재지나 근무지 또는 사무소·영업소의 특별재판적 소재지를 관할하는 지방법원이 담당한다. 채무자는 지급명령이 송달된 날로부터 2주일 내에 이의신청을 할 수 있으며, 채무자가 이의신청을 한 때에는 이의의 범위 내에서 지급명령이 실효된다. 이처럼 판결절차 외에 이 독촉절차를 둔 것은 채무자의 자발적 이행을 촉구하는 동시에 채권자를 위하여 수고와 비용의 부담을 덜어 주고 간이·신속하게 집행권원을 얻게 하기 위해서이다.

5) 소액심판제도란 개인간의 소액 민사분쟁이나 전세분쟁을 신속하게 해결하기 위해 마련된 재판제도를 말한다. 즉, 대여금·물품대금·손해배상청구 등 금액이 3000만원 이하이며, 사건이 비교적 단순한 경우 신속하고 간편한 절차로 심판을 받을 수 있도록 한 제도이다. 이러한 소액심판제도는 금액에 상관없이 전세분쟁의 당사자에게도 준용되어 임대차 분쟁을 신속하게 해결할 수 있도록 제도화되었다. 소송기간은 대략 2~3개월 정도가 소요된다.

이 제도는 하청업체가 하도급거래상 위탁받은 사업을 성실이 수행하였음에도 불구하고 원사업자가 다른 구실을 만들어 위탁계약을 취소하거나 변경하는 것을 예방하는데 입법취지가 있다.

그러나 이 때 '하청업자에게 책임이 없는 사유'를 하청업자가 입증하여야 하는데, 이를 제대로 입증하지 못하는 경우 더 큰 불이익을 당할 수도 있다. 특히, 하청업자의 귀책사유가 없음을 입증하는 증거 없이 부당한 변경을 했다는 이유로 공정거래위원회에 신고하거나 징벌적 손해배상을 청구한 경우에는 오히려 시장에서 신뢰를 잃을 수도 있다.

이러한 문제를 해결하기 위해서는 위탁받은 사업을 수행하면서 성실히 수행하였다는 것을 입증할 수 있는 증거들을 수시로 수집해 놓는 것이 필요하다.

6. 부당한 하도급대금 결정 시 대처방안

원사업자가 우월적 지위를 이용하여 하청업자에게 부당하게 저가로 납품대금을 결정하는 경우에 하청업자는 불이익을 감수할 수밖에 없는 상황이 발생할 수 있다.

이러한 불공정거래행위를 예방하기 위해 하도급법은 원사업자가 하청사업자에게 제조 등의 위탁을 하는 경우 부당하게 목적물 등과 같거나 유사한 것에 대하여 일반적으로 지급되는 대가보다 낮은 수준으로 하도급대금을 결정하거나 하도급받도록 강요하는 것을 금지시키고 있다.

하도급법은 이러한 규제의 효율성을 확보하기 위하여 구체적으로 ① 정당한 사유 없이 일률적인 비율로 단가를 인하하여 하도급대금을 결정하는 행위, ② 협조요청 등 어떠한 명목으로든 일방적으로 일정 금액을 할당한 후 그 금액을 빼고 하도급대금을 결정하는 행위, ③ 정당한 사유 없이 특정 수급사업자를 차별 취급하여 하도급대금을 결정하는 행위, ④ 수급사업자에게 발주량 등 거래조건에 대하여 착오를 일으키게 하거나 다른 사업자의 견적 또는 거짓 견적을 내보이는 등의 방법으로 수급사업자를 속이고 이를 이용하여 하도급대금을 결정하는 행위, ⑤ 원사업자가 일방적으로 낮은 단가에 의하여 하도급대금을 결정하는 행위, ⑥ 수의계약(隨意契約)으로 하도급계약을 체결할 때 정당한 사유 없이 직접공사비 항목의 값을 합한 금액보다 낮은 금액으로 하도급대금을 결정하는 행위, ⑦ 경쟁입찰에 의하여 하도급계약을 체결할 때 정당한 사유 없이 최저가로 입찰한 금액보다 낮은 금액으로 하도급대금을 결정하는 행위, ⑧ 계속적 거래계약에서 원사업자의 경영적자, 판매가격 인하 등 수급사업자의 책임으로 돌릴 수 없는 사유로 하청사업자에게 불리하게 하도급대금을 결정하는 행위 등을 하는 경우에는 원사업자의 행위가 부당한 하도급대금의 결정에 해당하는 것으로 의제하여 제재를 가하고 있다.

원사업자가 이러한 규정에도 불구하고 이를 위반한 경우에는 하청사업자는 이로 인해 입은 손해의 3배까지 원사업자를 상대로 배상을 청구할 수 있다.

하청업자가 이에 관한 사실을 공정거래위원회에 신고하면 공정위가 조사한 후 하도급대금의 2배 범위 내에서 과징금을 부과할 수 있으며, 법위반행위를 중지할 것과 그 사실을 공지하도록 시정조치명령을 할 수 있다.

이처럼 창업 후에 대기업으로 성장하기까지에는 많은 과정을 거쳐야 하지만, 하청업자로서 사업을 위탁받아 이를 성공적으로 수행하는 것도 중요한 일이다.

다만, 우리나라 하도급법은 하청업체를 보호하는 입장에서 하도급거래상의 분쟁이 발생하였을 때 하청업체에게 유리한 입장에서 규정하고 있다.

다만, 법제도가 보호를 많이 한다고 하여 이를 남용하는 경우에는 오히려 시장에서 신뢰를 상실하여 지속적으로 사업을 하기 어려울 수도 있기 때문에 적절한 운용의 묘가 필요하다.

Ⅲ. 정부기관과 민간사업자간 하도급거래

1. 정부발주사업

앞에서 본 것처럼 민간사업자간의 하도급거래에 대하여 독립된 하도급법이 적용되고 있으며, 이 법은 일반적으로 갑의 지위에 있는 원사업자로부터 을의 지위에 있는 수급사업자를 보호하고, 계약체결 시 원사업자와 수급사업자가 대등한 지위에서 계약을 체결할 수 있도록 다양한 규정들을 두고 있다.

이와 유사한 것으로서 국가예산을 가지고 정부기관이 사업자들을 상대로 사업을 발주하는데, 이 경우에 국가기관과 사업자간의 하도급거래가 성립되게 이 경우에 적용되는 법률은 「국가를 당사자로 하는 계약에 관한 법률(국가계약법)」이다.

이 법에 의거한 계약을 '국가를 당사자로 하는 계약', 간단히는 '국가계약'이라고 부르고 있다.

이 법은 하도급법과는 달리 수급사업자인 민간사업자의 보호보다는 계약업무를 원활하게 수행하도록 하는데 입법의 목적을 두고 있다.

이 법에서는 정부발주사업의 입찰참가자격 등을 정하는 것처럼 통제적 의미의 규정들이 많은 점이 하도급법과는 큰 차이점이라고 할 수 있다. 특히, 민간기업의 규모를 기준으로 참가제한을 가하고 있어 창업 후 얼마 되지 않은 중소기업들에게는 오히려 보다 많은 기회가 주어질 수도 있다.

2. 국가계약이란?

민간 당사자와 국가간에 체결하는 계약을 국가계약이라 하며, 이에 관해서는 「국가를 당사자로 하는 계약에 관한 법률」, 일명 「국가계약법」이 적용된다.

전통적으로 국가계약은 그 성질에 따라 3가지의 종류로 대별해 왔다. 첫째는 행정계약과 같이 국가가 공익의 달성을 위해 체결한 공법상의 계약으로서 계약 당사자의 지위가 본래 불평등하며 일정의 경우, 공익을 위해 계약을 일방적으로 파기하는 것이 인정되는 계약이다.

둘째는 차관계약과 같이 공영기업의 건설과 운영 기타를 위해 외국의 개인 또는 사기업으로부터 금전의 제공을 받아 국가가 금전채무를 지는 사법상의 계약이다.

셋째는 공법상의 계약과 사법상의 계약의 중간에 있는 국가계약법상의 국가계약으로서 계약의 체결과 이행에 대하여 사법상의 제도에 따라야 하는 특징을 갖고 있다.

이 중에서 셋째 유형에 해당하는 국가계약은 일반 경쟁입찰[6]방식을 통해서 체결하는 것이 원칙이다. 다만, 계약의 목적, 성질, 규모 등을 고려하여 필요하다고 인정되면 참가자의 자격을 제한하거나 참가자를 지명하여 경쟁에 부치거나 수의계약을 할 수 있다.

중앙정부가 발주하는 모든 사업은 조달청에서 이를 관장하며, 국방부에서 담당하는 모든 국가계약은 방위사업청이 담당하고 있다.

그리고 지방자치단체에서 발주하는 사업은 「지방자치단체를 계약당사자로 하는 법률」이 적용된다.

3. 참가자격 제한 사항

국가계약법은 국제입찰에 따른 정부조달계약과 국가가 대한민국 국민을 계약상대자로 하여 체결하는 계약 등 국가를 당사자로 하는 계약에 대하여 적용된다. 따

---

6) 경쟁입찰이란 다수의 입찰자를 참여시켜 경쟁으로 낙찰자를 선정하여 계약을 성립시키는 입찰방법을 말한다. 문서로 낙찰희망 예정가격을 기입하기 때문에 비밀이 유지되는 점이 다른 경매와 다른 점이다. 입찰자의 수가 너무 많으면 의사결정과정이 복잡하므로 입찰자의 자격을 사전에 심사하여 입찰참가자의 수를 제한할 수 있다.

라서 국가의 정책취지에 부합하는 계약조건을 법령으로 정할 수 있다.

특히, 대형사업의 경우에는 일정한 규모와 경력을 갖춘 사업자가 계약을 이행할 수 있다는 전제하에서 사업자의 자격을 법령으로 제한하고 있다. 구체적으로는 정부 발주사업의 금액이 3억 원 이상인 경우에는 이 사업과 동일 또는 유사한 사업 실적이 있어야 입찰에 참가할 수 있도록 자격제한을 가하고 있다.

또한 특수한 성능 또는 품질이 요구되어 품질 인증 등을 받은 물품을 구매하려는 경우에는 그 품질 인증 등을 받은 경우에만 입찰에 참여할 수 있다.

반면에 중소기업보호 차원에서 대기업의 참여를 제한하는 자격제한 제도도 있다. 즉, 중소벤처기업부장관이 지정 · 고시한 물품을 제조 · 구매하는 경우에는 중소기업자만이 입찰참가자격이 부여된다. 다만, 계약이행의 부실화를 방지하기 위하여 필요하다고 판단하여 특별히 인정하는 경우에는 경쟁참가자의 재무상태를 고려하여 자격이 제한되기도 한다.

4. 지명경쟁방식의 계약

국가계약체결 시 경쟁입찰 방식 이외에도 필요한 경우에는 지명경쟁방식으로 입찰하여 계약을 할 수도 있다. 이에 해당하는 경우로는

① 계약의 성질 또는 목적에 비추어 특수한 설비 · 기술 · 자재 · 물품 또는 실적이 있는 자가 아니면 계약의 목적을 달성하기 곤란한 경우로서 입찰대상자가 10인 이내인 경우

② 건설공사로서 추정가격이 3억 원 이하인 공사, 전문공사로서 추정가격이 1억 원 이하인 공사 또는 그 밖의 공사로서 추정가격이 1억 원 이하인 공사를 하거나 추정가격이 1억 원 이하인 물품을 제조할 경우

③ 추정가격이 5천만 원 이하인 재산을 매각 또는 매입할 경우

④ 예정임대 · 임차료의 총액이 5천만 원 이하인 물건을 임대 · 임차할 경우

⑤ 공사나 제조의 도급, 재산의 매각 또는 물건의 임대 · 임차외의 계약으로서 추정가격이 5천만 원 이하인 경우
⑥ 표준산업 인증을 받은 제품
⑦ 품질인증을 받은 재활용제품 또는 환경표지의 인증을 받은 제품을 제조하게 하거나 구매하는 경우 등이 있다.

이러한 지명경쟁방식으로 계약을 체결하는 경우에는 이를 감사원에 통지하여야 한다.

5. 수의계약을 하는 경우

정부기관이 민간기업과 경쟁입찰하지 않고 직접 수의계약[7)]을 하는 경우도 있다. 우선, 경쟁에 부칠 여유가 없거나 경쟁에 부쳐서는 계약의 목적을 달성하기 곤란하다고 판단되는 경우에는 수의계약을 할 수 있다. 이에 해당하는 경우로는

① 천재 · 지변, 작전상의 병력 이동, 긴급한 행사, 긴급복구가 필요한 수해 등 비상재해, 원자재의 가격급등, 그 밖에 이에 준하는 경우
② 국가안전보장, 국가의 방위계획 및 정보활동, 군시설물의 관리, 외교관계, 그 밖에 이에 준하는 경우로서 보안상 필요가 있거나, 국가기관의 행위를 비밀리에 할 필요가 있는 경우 등이 있다.

다음으로는 특정인의 기술이 필요하거나 해당 물품의 생산자가 1인뿐인 경우 등 경쟁이 성립될 수 없는 경우에도 수의계약이 가능하며, 이에 해당하는 경우로는

---

7) 수의계약이란 계약할 때 경매(競賣) · 입찰(入札) 등의 방법에 의하지 않고, 적당한 상대방을 임의로 선택하여 맺는 계약을 말한다. 이러한 수의계약은 일반경쟁계약이 불리하다고 인정되는 경우, 계약의 목적 · 성질이 경쟁에 적합하지 아니한 경우, 경매 · 입찰이 성립되지 아니한 경우, 또는 계약목적의 가격이 소액인 경우 등 특별한 경우에는 지명경쟁입찰에 의하거나 수의계약이 제한적으로 체결되기도 한다.

① 작업상 혼란이 초래될 우려가 있는 등 동일 현장에서 2인 이상의 시공자가 공사를 할 수 없는 경우로서 현재의 시공자와 계약을 하는 경우
② 특허공법을 적용하는 공사 또는 지정 · 고시된 신기술, 인증받은 신기술이나 검증받은 기술 또는 전력관련 신기술을 적용하는 공사로서 사실상 경쟁이 불가능한 경우
③ 특허를 받았거나 실용신안등록 또는 디자인등록이 된 물품을 제조하게 하거나 구매하는 경우로서 적절한 대용품이나 대체품이 없는 경우
④ 특정인의 기술 · 품질이나 경험 · 자격을 필요로 하는 조사 · 설계 · 감리 · 특수측량 · 훈련 계약, 특정인과의 학술연구 등을 위한 용역 계약, 관련 법령에 따라 디자인공모에 당선된 자와 체결하는 설계용역 계약의 경우 등이 이에 해당한다.

또한 중소기업자가 직접 생산한 제품을 해당 중소기업자로부터 제조 · 구매하는 경우에도 수의계약이 가능하다. 이에 해당하는 제품으로는 ① 중소기업제품 성능인증을 받은 제품, ② 소프트웨어 품질인증을 받은 제품, ③ 중소기업 기술혁신 촉진기금의 지원을 받아 개발이 완료된 제품으로서 당초의 수요와 연계된 자가 구매를 협약한 제품, ④ 산업기술혁신 신제품으로 인증받은 제품, ⑤ 우수조달물품으로 지정 · 고시된 제품 등이 있다.

그 밖에도 계약의 목적 · 성질 등에 비추어 경쟁에 따라 계약을 체결하는 것이 비효율적이라고 판단되는 경우로서 ① 추정가격이 2천만원 이하인 물품의 제조 · 구매계약 또는 용역계약, ② 추정가격이 2천만원 초과 5천만원 이하인 계약 중 학술연구 · 원가계산 · 건설기술 등과 관련된 계약으로서 특수한 지식 · 기술 또는 자격을 요구하는 물품의 제조 · 구매계약 또는 용역계약 등에 수의계약이 가능하다.

Ⅳ. 노사관리

1. 노동권

4차 산업시대에는 일자리 감소를 가져온다는 사실에 대하여는 이의를 제기하는 사람이 없을 것이다. 또한 새로운 일자리가 탄생할 것이라는 점에 대하여도 이의를 제기하는 사람이 없는 것 역시 사실이다.

다만, 어떠한 일자리가 사라지고 어떠한 새로운 일자리가 등장할 것인가에 대한 관심들이 집중되어 있다. 그러나 기업마다 어느 날 CEO가 결정하면 새로운 사업을 하게 되거나, 기존 사업을 폐지할 수 있는 것은 아니다.

그 이유는 근로자에게는 노동3권이라는 근로자 보호장치가 법으로 보장되어 있기 때문이다.

우리나라를 비롯한 모든 국가들은 대표이사가 임의대로 근로자의 퇴출을 결정하는 것을 차단하기 위하여 노동관련법을 두고 있으며, 그 방법과 절차도 상세히 규정해 놓고 있다.

이를 위반하여 고용주가 근로자에게 인사상 불이익을 가하거나 해고하는 경우에는 민사상뿐만 아니라 형사상의 처벌도 받는 것은 물론이고, 행정벌도 받게 된다.

창업을 준비하려면 향후에 새로운 일자리가 어떤 분야에서 창출될 것인지, 그리고 새로운 일자리를 창출하는 사업분야의 노사관계를 어떻게 유지하고 관리하여야 하는 지를 사전에 알아두는 것은 매우 중요하다.

2. 노사관계의 의의

노사관계는 계급관계에서 그 근본사상이 출발하게 된다. 즉, 계급관계를 바탕으로 발생하는 집단으로서의 노동자와 자본가, 그리고 경영자와의 관계에서 출발하게 되었다.

구체적으로는 노동력의 매매와 이를 위한 교섭을 둘러싼 노동조합과 자본가, 그리고 그 단체와의 관계가 노사관계라고 해석된다. 이러한 노사관계는 경영이라는 관점에서 노동관계, 종업원관계, 공공관계로 구별하는 것이 일반적이다.

노동관계란 단체교섭, 협약, 알선, 조정, 중재, 불만처리 등 노동조합과의 직접적인 관계를 의미한다. 종업원관계는 일반적으로 인사관리의 대상이 되는 고용, 배치, 훈련, 임금, 노동조건, 복지후생, 승급, 승진, 해고, 정리해고 등 노동자와의 직접적인 관계를 의미한다.

공공관계란 일반소비자, 출자자, 종업원 등의 이익집단과의 관계를 말한다. 이러한 공공관계는 사회적 존재로서의 기업, 사회적 책임을 갖는 경영이라는 관점에서 생긴 새로운 노사관계로 평가되고 있다. 이러한 의미에서 보면 공공관계는 노사교섭 영역 외의 특별한 성격의 노사관계라고 할 수 있다.

이러한 노사관계에서 가장 많이 논란이 되고 있는 사안들은 단체교섭, 통상임금, 부당노동행위, 부당해고 등이다.

3. 단체교섭(협약)

노동법은 2인 이상의 근로자들이 단결할 수 있는 노동조합을 결성할 권리, 즉 단결권을 부여하고, 노동조합의 대표가 사용자 대표와 근로조건 및 취업규칙에 대하여 협상할 수 있는 단체 교섭권을 부여하고 있다. 그리고 사용자가 단체교섭에 불성실하게 임하여 평화적인 교섭이 실패할 경우 파업 등의 단체행동을 할 수 있는 권리를 부여하고 있다.

이러한 단체교섭권의 행사는 단체협약이라는 이름으로 노동조합과 사용자 또는 그 단체간의 교섭을 통해 협약이 체결되는데 이는 자치적 노동법규에 해당한다.

이러한 단체협약은 개별 근로계약에 대한 지배력을 가지며, 이러한 단체협약 내용에 위반한 근로계약은 당연무효[8]가 되며, 이처럼 무효가 된 근로계약의 내용은 단체협약에서 정한 대로 근로계약의 내용이 되도록 노동조합법이 규정하고 있다.

다만, 근로자단체라 하더라도 노동조합이 아닌 일시적 단체나 임의단체는 노동조합법상 단체협상체결 능력이 없다. 이러한 단체협약은 반드시 서면으로 작성하여야 하며, 단체협약서에는 양 당사자의 서명 또는 날인 후 행정관청에 신고하여야 하며, 단체협약의 유효기간은 2년이다.

이러한 단체협약 내용 중 위법 부당한 사실이 있으면 노동위원회가 의결을 거쳐 이를 변경하거나 취소할 수 있다.

4. 통상임금

통상임금은 근로자에게 정기적이고 일률적으로 소정 근로 또는 총 근로에 대하여 지급하기로 정한 것을 말하며, 이에는 시간급 금액, 일급 금액, 주급 금액, 월급 금액 또는 도급 금액이 해당된다(근로기준법 시행령 6조). 여기에는 기본급 외에 직무수당 · 직책수당 · 기술수당 · 면허수당 · 위험수당 · 벽지수당 · 물가수당 등과 같이 실제 근무일이나 실제 수령한 임금에 구애됨이 없이 사업주가 고정적이고 일률적으로 지급하는 임금이 모두 포함된다. 다만, 상여금이나 연월차수당 · 연장근로수당 등과 같이 근로 실적에 따라 지급 여부와 지급액이 달라지는 임금은 포함되지 않는다.

이러한 통상임금은 연장근로와 야간근로, 휴일근로에 대한 가산금과 유급 휴가 시에 지급될 임금을 산출하는 기준이 된다.

현행 근로기준법에서는 연장근로 · 야간근로 · 휴일근로에 대하여 통상임금의 50% 이상을 가산하여 지급하도록 하고(56조), 연차 유급휴가 기간에 취업규칙 등에서 정하는 통상임금 또는 평균임금[9]을 지급하도록 규정하고 있다(61조 5항).

---

8) 당연무효란 법률행위에 흠이 있어서 소송을 통하지 않고서도 무효인 경우를 말한다.

그럼에도 불구하고 통상임금의 범위를 두고 그 동안 노사간 소송이 지속적으로 발생하였는데, 그 이유는 근로기준법 시행령에 존재하는 통상임금의 개념 때문이다. 우리나라도 일본처럼 근로기준법 시행령이 아닌 근로기준법 내에 통상임금의 범위를 구체적으로 규정하는 입법안 마련이 시급하다고 본다. 법률에 통상임금의 범위를 구체적으로 정하면 법리상 논쟁의 여지가 없지만, 지금처럼 법률에 통상임금이라는 용어를 사용하면서 그 개념을 시행령에서 정하다 보니 시행령의 규정내용이 법률의 입법취지와 맞는지 여부를 두고 논란이 많은 것이 사실이다. 이러한 문제를 해결하기 위해서는 조속한 시일 내에 법개정을 실행하는 것이 필요하다고 본다.

5. 부당노동행위

노사관계에서 발생하는 분쟁 중 상당부분은 부당노동행위에 관한 문제이다. 부당노동행위란 근로자들이 노동 3권, 즉 단결권, 단체교섭권, 단체행동권을 행사하는 것에 대하여 사용자가 행하는 모든 방해 행위를 말한다. 이는 개별근로자와 노동조합이 노동3권을 자주적으로 방위하기 어렵다는 전제하에서 정부가 노사관계에 개입하여 균형 있는 노사관계가 정립될 수 있도록 국가기관이 적극적으로 개입하는 것을 의미한다.

이러한 부당노동행위에 대하여 국가가 개입하기 시작한 것은 1935년 미국의 아그너법이 제정되면서부터라고 할 수 있다. 이 법의 근본취지는 사용자에 의해 노동조합이 어용화되거나 무력화되는 것을 방지하는 것이었다.

현행 노동조합 및 노동관계조정법(노동조합법) 제81조는 부당노동행위를 개별적인

---

9) 평균임금이라 함은 이를 산정하여야 할 사유가 발행한 날 이전 3월간에 그 근로자에 대하여 지급된 임금의 총액을 그 기간의 총일수로 나눈 금액을 말한다. 취업후 3월 미만도 이에 준한다. 이 평균임금은 퇴직금, 휴업수당, 재해보상, 취업규칙에 의한 감급 등을 산출하는 기초가 된다. 평균임금산출방식에 의하여 산출된 금액이 당해 근로자의 통상임금보다 저액일 경우에는 그 통상임금액을 평균임금으로 한다(근로기준법 제2조).

근로자 대상 부당노동행위와 노동조합 대상 부당노동행위로 구별하여 놓고 구체적으로 5종류의 부당노동행위를 규정하여 이를 금지시키고 있다.

노동조합법상 부당노동행위로서 금지되는 행위로는

① 노동조합에 가입 또는 가입하려고 하였거나, 노동조합을 조직하려고 하였거나 기타 노동조합의 업무를 위한 정당한 행위를 한 것을 이유로 그 근로자 해고 또는 불이익 주는 행위
② 근로자가 어느 노동조합에 가입하지 아니할 것 또는 탈퇴할 것을 고용조건으로 하거나 특정한 노동조합의 조합원이 될 것을 고용조건으로 하는 비열계약(yellow-dog contract)을 맺는 행위
③ 노동조합의 대표자 또는 노동조합으로부터 위임을 받은 자와의 단체협약체결 기타 단체교섭을 정당한 이유없이 거부하거나 해태하는 행위
④ 근로자가 노동조합을 조직 또는 운영하는 것을 지배하거나 이에 개입하는 행위와 노동조합의 운영비를 원조하는 행위
⑤ 근로자가 정당한 단체행동에 참가한 것을 이유로 하거나 또는 노동위원회에 대하여 사용자의 부당노동행위를 신고하거나 그에 관한 증언을 하거나 기타 행정관청에 증거를 제출한 것을 이유로 그 근로자를 해고하거나 불이익을 주는 행위 등이 이에 해당한다.

이러한 부당노동행위로 인하여 권리를 침해당한 근로자 또는 노동조합은 그 부당노동행위가 있은 날로부터 3개월 이내에 관할 노동위원회에 구제를 신청할 수 있다.

노동위원회는 부당노동행위가 성립되었다고 판단되는 경우 사용자에게 복직 기타 원상회복명령을 하거나 단체교섭에 응하도록 명령하는 구제명령을 할 수 있다. 이러한 관할노동위원회의 구제명령이나 기각결정이 있었음에도 불구하고 이에 불복하는 관계당사자는 10일 이내에 중앙노동위원회에 재심을 신청할 수 있다. 이러한 재심판정에도 불복하는 경우에는 15일 이내에 행정소송을 제기할 수 있다.

이러한 구제절차는 관계당사자의 신청에 의하도록 하는 당사자주의를 채택하고

있으며, 확정된 기각판결 또는 재심판결에 따르지 않은 자는 3년 이하의 징역 또는 3,000만 원 이하의 벌금에 처해지게 된다.

6. 해고

현행 근로기준법상 저성과를 이유로 근로자를 해고하는 것은 매우 어렵다. 이는 해고의 일반적 제한으로서 사용자는 근로자에 대하여 정당한 이유 없이 해고하지 못한다고 규정하고 있기 때문이다(27조).

여기서 무엇이 '정당한 이유'인가에 관하여는 근로기준법에 구체적인 규정을 두고 있지는 않으나, 그 일반적 내용은 해당 근로자와의 근로관계를 유지하는 것을 사용자가 기대할 수 없을 정도의 이유가 존재하는 것을 말한다.

노동조합법상 정당한 이유가 없는 해고는 당연 무효이며, 동시에 사용자는 5년 이하의 징역 또는 3천만 원 이하의 벌금에 처해지게 된다. 그리고 사용자가 정당한 사유가 있어 근로자를 해고하고자 할 때에도 최소한 30일 전에 예고를 하거나 30일분 이상의 통상임금을 지급해야 한다.

회사의 경영상의 어려움을 이유로 정리해고하는 경우에는 근로자 대표 또는 노조에 50일 이전에 이를 통보하여야 한다. 즉, 회사의 적자가 발생하여 부득이하게 구조조정차원에서 해고를 하는 경우에 기업주는 정리해고에 앞서 기업이 어려움에 처하게 된 원인을 분석하고 종업원에게 정리해고를 할 수밖에 없는 상황을 충분히 설명해야 한다.

이때에도 근로자 보호를 위해 해고회피를 위한 노력을 다하여야 하며, 해고 시에도 합리적이고 공정한 기준에 따라 대상자를 선정해야 한다. 사업주는 이러한 정리해고계획안이 확정된 경우에는 해고 60일 전에 해당자에게 알리고 노동부에 신고도 해야 한다.

7. 기간제 근로

지난 수년간 큰 논란이 되어왔던 비정규직 문제는 2006년 12월 제정된 「기간제 및 단시간근로자 보호 등에 관한 법률」에서 시작되었다. 이 법은 일반적으로 비정규직법 또는 기간제법이라고도 부르는데, 이 법에서는 사용자가 기간제근로자를 2년을 초과하여 사용하는 경우에는 당해 기간제근로자는 정규직근로자로 의제하도록 규정하고 있다.

이 규정은 기간제근로자, 단시간근로자 등 비정규직 근로자가 급격히 증가하고 이들 근로자에 대한 차별적 처우와 남용행위가 사회적 문제로 대두됨에 따라 제정되었다. 따라서 이 법은 기간제근로자 및 단시간근로자에 대한 불합리한 차별을 시정하고 사용자의 남용행위를 규제함으로써 이들 근로자의 근로조건을 보호하고 노동시장의 건전한 발전을 도모할 목적으로 도입된 것이다.

그러나 기간제법 제4조가 비정규직근로자를 정규직으로 전환되도록 하는 순기능을 하기 보다는 오히려 기간제근로자들이 2년마다 새로운 직장을 구하기 위해 노동시장을 전전해야 하는 부작용이 발생한 바 있다. 참고로 일본의 경우 기간제 근로의 계약기간에 제한은 없으나 일반적으로 3년 - 15년 미만이며 설령 이를 초과하더라도 비정규직을 정규직으로 강제 전환하라고 의무를 부과하는 규정은 없는 실정이다.

최근에는 기간제 근로기간을 5년 이상의 연장하여야 한다는 주장들도 제기되는가 하면, 아예 기간제근로자 규정을 폐지하여 노동시장의 유연성을 확보해야 한다는 주장도 있다.

8. 파견근로

창업 직후 규모가 작은 기업들의 경우 종종 파견근로에 관한 법적인 문제에 직면하는 경우가 많다. 근로자파견제는 지난 1998년 7월 「파견근로자 보호 등에 관한 법률(근로자 파견법)」이 시행되면서 본격 도입된 제도이다. 당시 노동계는 중간 착취, 정규직 근로자 감소에 의한 고용불안, 노조 활동 위축을 이유로 근로자 파견법을 반대했었다. 그러나 국제통화기금(IMF)이 구제금융 지원을 조건으로 정리해고제와 근로자파견법 등 노동 관련 법안 개정을 요구해서 불가피하게 제정되었던 것이다.

이러한 근로자파견법에는 "근로자파견업이란 파견사업주가 근로자를 고용한 후 그 고용관계를 유지하면서 근로자파견 계약에 따라 사용사업주의 지휘명령을 받아 사용사업주를 위해 근로에 봉사케 하는 것"이라고 규정되어 있다. 즉, 근로자는 파견회사에 고용되어 있으면서 실제업무는 사용업체의 지휘감독을 받아 수행하게 된다. 예를 들어 소프트웨어 개발의 경우 회사에 프로그래머를 파견해 사용회사로부터 업무지시를 받아 근무를 하면 '파견'이 되는 것이다.

근로자파견기간과 관련하여 상시파견이 가능한 업무는 1년 이내를 원칙으로 하되, 파견사업주·사용사업주·파견근로자의 합의로 1회에 한하여 그 기간을 연장할 수 있기 때문에 총 파견기간은 2년을 초과하지 못하도록 규정되어 있다. 다만, 예외적으로 만 55세 이상인 고령자에 대해서는 2년을 초과하여 파견근로기간을 연장할 수 있도록 규정하고 있다.

사업자가 이를 위반한 경우에 일반적으로 3년 이하의 징역 또는 3천만 원 이하의 벌금에 처해 질 수 있다.

근로자파견업종은 2017년 현재 32개 업종, 197개 직종으로 제한되어 있다. 그리고 이러한 32개 업종에는 (1) 컴퓨터 관련 전문가의 업무, (2) 행정, 경영 및 재정 전문가의 업무, (3) 특허 전문가의 업무, (4) 기록 보관원, 사서 및 관련 전문가 업무,

(5) 번역가 및 통역가의 업무, (6) 창작 및 공연예술가의 업무, (7) 영화, 연극 및 방송 관련 전문가의 업무, (8) 컴퓨터 관련 준전문가의 업무, (9) 기타 전기공학 기술공의 업무, (10) 통신기술공의 업무, (11) 제도 기술종사자, 캐드 포함, (12) 광학 및 전자장비 기술종사자의 업무, (13) 정규교육 이외 교육 준전문가의 업무, (14) 기타 교육 준전문가의 업무, (15) 예술, 연예 및 경기 준전문가의 업무, (16) 관리 준전문가, (17) 사무 지원 종사자의 업무, (18) 도서, 우편 및 관련 사무종사자의 업무, (19) 수금 및 관련 사무종사자의 업무, (20) 전화교환 및 번호안내 사무종사자의 업무, (21) 고객 관련 사무종사자의 업무, (22) 개인보호 및 관련 종사자의 업무, (23) 음식조리 종사자의 업무, (24) 여행안내 종사자의 업무, (25) 주유원의 업무, (26) 기타 소매업체 판매원의 업무, (27) 전화통신 판매종사자의 업무, (28) 자동차 운전 종사자의 업무, (29) 건물 청소 종사자의 업무, (30) 수위 및 경비원의 업무, (31) 주차장 관리원의 업무, (32) 배달, 운반 및 검침관련 종사자의 업무 등이 포함되어 있다.

그 밖에도 위 32개 업종에는 해당하지 않지만, 사용사업주가 당해 근로자대표와 사전협의 절차를 거친다는 조건하에 예외적으로 파견이 가능한 경우가 있다. 이에 해당하는 경우로는 첫째, 출산 · 질병 · 부상 등으로 결원이 생긴 경우, 둘째, 일시적 · 간헐적으로 인력 확보의 필요성이 있는 경우에는 파견이 가능하다.

이상의 점들을 종합적으로 검토해 보면 창업에 성공한 사업가가 되기 위해서는 종업원들이 만족하는 사업을 하여야 가능하다는 것을 알 수 있었다. 이는 노사관계가 적절히 형성되어야 한다는 것을 의미한다. 그러나 노사관계가 적절히 효율적으로 작동하기까지에는 많은 시행착오를 겪게 되는 것이 일반적이다. 그 시행착오를 줄이는 방법은 노사관계에서 빈번히 발생하는 갈등요인들을 제거하는 방법이라고 할 수 있으며, 그 시작은 법대로 하는 일이라고 할 수 있다. 즉, 창업자들이 왜 노사관계법을 알아야 하는 이유이기도 하다.

Ⅴ. 개인정보보호

1. 프라이버시

4차 산업시대에는 빅 데이터 등을 분석한 결과를 바탕으로 서비스 사업을 하기 때문에 개인정보가 바로 자산이 될 수 있다. 이러한 개인정보는 프라이버시, 즉 사생활 침해 논란이 발생할 수 있기 때문에 어느 정도까지 사업자가 개인정보를 활용할 수 있는지를 두고 논란이 많다. 특히, 사업자가 보유한 개인정보가 유출되는 경우에는 피해자들이 집단으로 소송을 제기하는 경우가 많아 자칫하면 기업 자체의 존립이 위태로울 수 있다.

19세의 청년 마크 저커버그(Mark Zuckerberg)가 2004년 하버드대 기숙사에서 페이스 북을 창업하기 전에 하버드생들을 위한 인맥 구축용 하우스 시스템인 '페이스매쉬(Facemash)'를 제작하여 운영한 있다. 당시 회원들의 호기심을 유발하기 위하여 저커버그가 학교 전산시스템을 해킹하여 여학생들의 사진을 캡처하여 페이스매쉬에 게재한 바 있습니다. 이로 인해 저커버그는 대학생 윤리규정을 위반하였다는 점과 여학생들의 프라이버시를 침해했다는 점 때문에 보호관찰의 징계를 받게 되었다.

이와 관련하여 우리나라에서 이러한 사건이 발생하였다고 한다면, 사업자는 더 엄격한 제재를 받게 된다. 즉, 개인정보보호법상 개인의 동의없이 개인의 사인이나 정보를 수집하거나 배포, 또는 전송하는 경우 형사처벌을 받게 된다.

저커버그는 그 이후 페이스 북을 구축하면서 개인의 정보를 스스로 게재토록 하는 방안을 모색해 오늘날의 글로벌 플랫폼 사업자로 성장하게 된 것이다.

따라서 4차 산업시대에 적합한 창업을 준비하려면 개인정보와 관련한 분쟁 없이 성공적으로 창업할 수 있는 방안을 알아두는 것이 필요하다.

2. 개인정보란?

개인정보의 수집 및 이용에 관하여 규율하는 법률이 바로 개인정보보호법 및 정보통신망법이다. 우선, 개인정보보호법(2조 1항)에서는 "개인정보란 살아 있는 개인에 관한 정보로서 성명, 주민등록번호 및 영상 등을 통하여 개인을 알아볼 수 있는 정보를 말한다"고 규정하고 있다.

정보통신망법(2조 6항)에서는 "개인정보란 생존하는 개인에 관한 정보로서 성명이나 주민등록번호 등에 의하여 특정한 개인을 알아볼 수 있는 부호, 문자, 음성, 음향 및 영상 등의 정보"를 말한다고 규정하고 있다.

이를 종합해 보면 개인정보는 신분 관계, 개인 성향, 심신 상태, 사회 경력, 경제 관계, 기타 새로운 유형 등 매우 포괄적인 개념으로 이해되고 있다.

구체적으로 보면, 신분 관계에 해당하는 개인정보로는 성명, 주민등록번호, 주소, 본적, 가족관계, 본관 등이 이에 해당된다고 보고 있다.

개인 성향과 관련하여서는 사상, 신조, 종교, 가치관, 정치적 성향 등이 해당된다고 해석되고 있다.

심신 상태와 관련하여서는 건강 상태, 신장, 체중 등 신체적 특징, 병력, 장애 정도 등도 개인정보에 포함되며, 사회 경력과 관련하여서는 학력, 직업, 자격, 전과 여부 등도 포함된다고 본다.

경제 관계와 관련하여서는 소득 규모, 재산 보유 상황, 거래 내역, 신용 정보, 채권 채무 관계 등이 해당되며, 기타 새로운 유형에는 생체 인식 정보(지문, 홍채, DNA 등), 위치 정보 등이 포함된다고 본다.

3. 개인정보보호에 대한 사회적 요구

개인정보가 유출되거나 악용되는 사례가 빈번하게 발생하고 있다. 대표적인 예로 구글 앱 장터 플레이스토어에서 유통되고 있는 '콜앱(CallApp)' 소프트웨어를 들 수 있다. 콜앱은 모르는 사람의 번호 정보로 그 사람의 이름과 사회관계망서비스(SNS) 연관 정보 등을 확인할 수 있는 것을 말한다.

이와 관련하여 방송통신위원회는 2017년 6월 콜앱에서 이뤄지는 개인정보 수집과 수집 후 활용 방식에 대한 조사를 실시한 바 있다. 그리고 조사결과 실제 콜앱 설치자들이 휴대폰에서 읽어온 번호 정보가 다른 콜앱 이용자들에게 무작위로 노출된다는 사실이 확인되었다.

문제는 콜앱이 개인정보 수집 등에 대한 동의 절차를 거치지 않는 다는 것이다. 즉, 개인정보보호법을 위반한 것이다.

이처럼 유출된 개인정보는 범죄자들에 의하여 악의로 이용되고 있으며, 그 대표적인 예가 보이스 피싱(voice phishing)이다. 종래의 전기통신금융사기는 전화를 이용한 보이스피싱 정도였으나 최근에는 악성코드를 유포하여 실제와 유사한 금융회사의 인터넷뱅킹 사이트로 피해자들을 유인하는 피싱사이트가 등장하는 등 그 수법과 종류가 매우 교묘하고 다양하게 진화하고 있다. 결국, 이러한 범죄자들에게 개인정보가 유출되었기 때문에 이러한 문제들이 발생하는 것이다.

이러한 개인정보 유출문제는 사업자의 고의 또는 과실에 의한 것뿐만 아니라 해킹 등에 의한 유출문제도 점차 심화되고 있다. 특히, 최근에는 빅데이터 분석과 관련하여 개인정보를 어느 정도까지 보호하여야 하는지를 두고 논란들이 많다.

이제는 개인정보 자체, 즉 프라이버시의 보호 자체에 대한 본질적인 논의가 필요한 시점이 되었으며, 이를 근거로 한 법제도의 개선 또한 필요하다고 본다.

4. 개인정보보호법

개인정보보호법에서는 개인정보를 관리 또는 취급하는 개인정보처리자[10]에게 법적 의무를 부과시켜 개인정보를 보호하고자 하고 있다. 이에 해당하는 의무는 8가지이며, 법에서 이를 열거하여 놓고 있는데 아래에 열거된 내용과 같다(3조).

① 개인정보처리자는 개인정보의 처리 목적을 명확하게 하여야 하고 그 목적에 필요한 범위에서 최소한의 개인정보만을 적법하고 정당하게 수집하여야 한다는 것이다.

② 개인정보처리자는 개인정보의 처리 목적에 필요한 범위에서 적합하게 개인정보를 처리하여야 하며, 그 목적 외의 용도로 활용하는 것을 금지시키고 있다는 것이다.

③ 개인정보처리자는 개인정보의 처리 목적에 필요한 범위에서 개인정보의 정확성, 완전성 및 최신성이 보장되도록 해야 한다.

④ 개인정보처리자는 개인정보의 처리 방법 및 종류 등에 따라 정보주체의 권리가 침해받을 가능성과 그 위험 정도를 고려하여 개인정보를 안전하게 관리해야 한다.

⑤ 개인정보처리자는 개인정보 처리방침 등 개인정보의 처리에 관한 사항을 공개하여야 하며, 열람청구권 등 정보주체의 권리를 보장해야 한다.

⑥ 개인정보처리자는 정보주체의 사생활 침해를 최소화하는 방법으로 개인정보를 처리하여야 한다.

⑦ 개인정보처리자는 개인정보의 익명처리가 가능한 경우에는 익명에 의하여 처리될 수 있도록 조치를 취해야 한다.

⑧ 개인정보처리자는 이 법 및 관계 법령에서 규정하고 있는 책임과 의무를 준수하고 실천함으로써 정보주체의 신뢰를 얻기 위하여 노력하여야 한다.

---

10) "개인정보처리자"란 업무를 목적으로 개인정보파일을 운용하기 위하여 스스로 또는 다른 사람을 통하여 개인정보를 처리하는 공공기관, 법인, 단체 및 개인 등을 말한다. 구체적으로는 신분증이나 기타 의 방법으로 본인확인을 하는 기관 등이 이에 해당한다.

개인정보처리자가 위에서 열거된 사항을 위반한 경우 이에 대한 처벌규정이 있는데, 우선, 공공기관에서 처리하고 있는 개인정보를 변경하거나 말소 처리하여 공공기관의 업무 수행이 중단이나 마비되는 등 심각한 지장을 초래한 자에 대하여는 10년 이하의 징역 또는 1억 원 이하의 벌금이 부과 된다(70조).

그리고 5년 이하의 징역 또는 5천만 원 이하의 벌금(71조)이 처해지는 위법행위들도 법률에서 열거하여 규정되고 있다. 이를 구체적으로 보면 ① 정보주체의 동의 없이 개인정보를 제3자에게 제공한 자 및 그 사정을 안 개인정보취득자, ② 개인정보를 이용하거나 제3자에게 제공한 자 및 그 사정을 알면서도 영리 또는 부정한 목적으로 개인정보를 제공받은 자, ③ 민감정보 및 고유식별정보 처리한 자, ④ 업무상 알게 된 개인정보를 누설하거나 권한 없이 다른 사람이 이용하도록 제공한 자 및 그 사정을 알면서도 영리 또는 부정한 목적으로 개인정보를 제공받은 자, ⑤ 다른 사람의 개인정보를 훼손, 멸실, 변경, 위조 또는 유출한 자의 행위에 대하여 이러한 처벌이 가해지는 것이다.

또한 3년 이하의 징역 또는 3천만 원 이하의 벌금(71조)이 처해지는 위법행위들이 있는데, 구체적으로 보면 ① 영상정보처리기기를 임의로 조작하거나 다른 곳을 비추는 자 또는 녹음기능을 사용한 자, ② 거짓이나 그 밖의 부정한 수단이나 방법으로 개인정보를 취득하거나 개인정보 처리에 관한 동의를 받는 행위를 한 자 및 그 사정을 알면서도 영리 또는 부정한 목적으로 개인정보를 제공받은 자, ③ 직무상 알게 된 비밀을 누설하거나 직무상 목적 외에 이용한 자가 이에 해당한다.

5. 통신망법 등

「통신망법(정보통신망 이용촉진 및 정보 보호 등에 관한 법률)」에서도 개인정보 관련하여 의무규정을 두고 있다.

이를 구체적으로 보면 정보통신서비스 제공자[11]는 이용자의 개인정보를 이용하려고 수집하는 경우에는 ① 개인정보의 수집이나 이용 목적, ② 수집하는 개인정보의 항목, ③ 개인정보의 보유 또는 이용 기간에 관한 사항을 이용자에게 알리고 동의를 받아야 한다. 다만, 정보통신서비스의 제공에 따른 요금정산을 위하여 필요한 경우에는 예외적으로 동의 없이도 이를 수집 또는 이용할 수 있다(22조).

정보통신서비스를 제공하기 위하여 이용자의 이동통신단말장치, 즉 스마트폰 내에 저장되어 있는 정보 및 이에 설치된 기능에 대하여 접근할 수 있는 접근권한이 필요한 경우 관련 사항을 이용자가 명확하게 인지할 수 있도록 알리고 이용자의 동의를 받아야 한다.

또한 정보통신서비스 제공자는 사상, 신념, 가족 및 친인척관계, 학력 · 병력, 기타 사회활동 경력 등 개인의 권리 · 이익이나 사생활을 뚜렷하게 침해할 우려가 있는 개인정보를 수집할 수 없다.

이러한 특별한 경우를 제외하고는 이용자의 주민등록번호를 수집 · 이용할 수 없도록 금지시키고 있으며, 악성프로그램을 전달 또는 유포한 자와 타인의 정보를 훼손하거나 타인의 비밀을 침해 · 도용 또는 누설한 자는 5년 이하의 징역 또는 5천만 원 이하의 벌금에 처해지게 된다(71조).

6. 개인정보 유출 사례

2011년에 해킹으로 인해 A 포털사이트에서 3,500만 건의 개인정보가 유출된 사건이 있었다. 조사결과를 보면 A사가 비밀번호와 주민등록번호는 암호화하였기 때문에 안전하다고 공지하였지만 조사결과 암호 해독이 가능했던 것으로 판명 났다. 이 사건의 발단은 해커가 이를 악용하여 포털사이트에 침입하여 개인정보를 유출했던 것으로 추정되었다. 유출내용은 고객들의 아이디, 비밀번호, 주민등록번호, 성명,

11) "정보통신서비스 제공자"란 전기통신사업자와 영리를 목적으로 전기통신사업자의 전기통신 역무를 이용하여 정보를 제공하거나 정보의 제공을 매개하는 자를 말한다. KT와 같은 전기통신사업자와 NHN과 같은 포털 사이트 운영자가 대표적인 정보통신서비스제공자에 해당한다.

생년월일, 이메일 주소, 전화번호, 주소 등이었다. 가입 당시 혈액형, 닉네임 등을 입력한 일부 회원들의 경우 이러한 정보도 유출되었는데, 그 유출경로는 보면 A사가 개인 사용자에게 무료로 제공했던 국내 공개용 알집 프로그램을 통해 유출되었던 것으로 추정되었다.

2014년에는 카드 3사의 개인정보가 유출되었는데, 유출된 개인정보는 총 1억 건을 초과한 것으로 추정된 바 있다. 이처럼 유출된 정보들은 대부중개업자, 광고업체 직원, 경매업자 등이 매입하여 사용한 것으로 알려졌다. 이 사건에서 해킹한 자와 정보를 매도하거나 매수한 자 모두 형사처벌을 받았으며, 해킹 당한 카드 3사의 CEO 및 임직원도 해임권고, 직무정지 등의 중징계를 받은 바 있다.

정보 유출 당시 재직 중이었던 임직원에게도 소급하여 책임이 추궁되었으며, 관련 업체는 업무정지 3개월 등의 행정조치가 내려진 바 있다.

결론적으로 개인정보가 4차 산업 시대에는 어떻게 보호되어야 하는지가 앞으로 지속적으로 화두가 될 것으로 예상된다. 특히, 빅데이터 산업의 활성화를 위하여는 개인정보에 대한 법적 개념도 변경되어야 한다. 그러나 여전히 고객 정보를 관리하는 사업자의 경우에는 이를 철저히 관리해야 함은 물론이고 이용 시 고객의 동의를 얻어야 한다는 점을 재인식할 필요가 있다.

Ⅵ. 온라인 서비스 제공

1. 온라인 사업

4차 산업에 적합한 창업을 위해서는 온라인과 관련 된 사업 아이템을 선택하는 것이 효과적일 수 있다. 온라인 사업을 하는 경우 KT와 같은 전기통신사업자, naver와 같은 검색 서비스 제공자 혹은 싸이월드(cyworld)와 같은 부가통신사업자 등이 제공하는 기반시설을 이용하게 된다.

창업자들도 이러한 온라인 서비스 제공사업자(OSP: on-line service provider 또는 ISP: Internet service provider)들이 사업을 함에 있어서 어떠한 문제들이 발생하고 있는 지를 알아보는 것이 필요하다.

즉, 온라인 서비스 제공사업자가 인터넷 기반 온라인 사업자들에게 플랫폼을 제공하기 때문에 4차산업 시대에는 이러한 온라인 서비스 제공사업자와 동업관계에 있을 수밖에 없다.

따라서 창업자들은 이러한 온라인 서비스 제공사업자와 관련하여 실무에서 주로 문제가 되는 점들을 짚어보아야 한다.

이러한 온라인 서비스 제공사업자들이 실무적으로 종종 문제되는 것은 명예훼손과 저작권 침해사건 등이다. 이번에는 이러한 점들을 한번 짚어보도록 하겠다.

2. 온라인 서비스 제공자란?

온라인 서비스 제공자란 온라인 통신망을 통해 각종 서비스를 제공하는 사업자를 총칭(OSP: on-line service provider)하는 것이다.

종래에는 PC 통신 사업자가 대부분이었기 때문에 온라인 서비스 제공자만 법적용의 대상이 되었으나, 최근에는 인터넷 서비스가 급증하면서 인터넷상에서 서비스를 제공하는 인터넷 서비스 제공자(ISP: Internet service provider)도 이에 포함시켜 법적용의 대상이 되는 것으로 해석되고 있다. 이에 해당하는 사업자로는 KT, SK브로드밴드, LG유플러스 등이 있다.

최근에는 인터넷 망을 이용하는 서비스가 보편화하면서 인터넷이나 스마트폰 통신망을 이용해 서비스를 제공하는 인터넷 서비스 제공자를 의미하는 용어로 사용되기도 한다.

이러한 온라인 서비스 제공자에 대하여는 「콘텐츠 산업진흥법」의 적용을 받는데,

이에 따르면 이 법은 콘텐츠 산업의 진흥에 필요한 사항을 정함으로써 콘텐츠 산업의 기반을 조성하고 그 경쟁력을 강화하여 국민생활의 향상과 국민경제의 건전한 발전에 이바지함을 목적으로 한다고 규정하고 있다.

여기서 말하는 "콘텐츠"란 부호·문자·도형·색채·음성·음향·이미지 및 영상 등(이들의 복합체를 포함한다)의 자료 또는 정보를 말하며, "콘텐츠산업"이란 경제적 부가가치를 창출하는 콘텐츠 또는 이를 제공하는 서비스의 제작·유통·이용 등과 관련한 산업을 말한다고 규정함으로서 OSP가 그 적용대상임을 명확히 하고 있다. 그리고 동시에 "저작물"은 "콘텐츠"로 본다고 규정함으로써 온라인상의 콘텐츠를 침해하는 경우에는 저작권법 위반이 될 수 있음을 명확히 하고 있다.

3. OSP의 명예훼손문제

온라인 서비스 제공자에 의하여 명예훼손을 당했다는 문제제기를 하는 사건들이 종종 발생하고 있다. 명예훼손이란 이름이나 신분, 사회적 지위, 인격 등에 해를 끼쳐 손해를 입히는 것을 말한다.

여기서 말하는 '명예'란 사람의 인격적 가치에 대한 사회적 평가, 즉 외부적 명예를 의미하는 것으로 해석되고 있다. 이에 따르면 명예훼손이란 사람의 품성, 덕행, 명성, 신용 등에 대한 객관적인 사회적 평가를 위법하게 저하시키는 행위를 말하며, 단순히 주관적으로 명예 감정이 침해되었다는 것만으로는 명예훼손이 성립되지 않는 것으로 해석된다.

여기서 말하는 언론은 '공공성'과 '사실성'을 전제로 명예훼손죄를 면책받을 수 있다. 그 이유는 형법 310조에서 "진실한 사실로서 오로지 공공의 이익에 관한 때에는 처벌하지 아니 한다"고 규정함으로써 언론에 의한 명예훼손을 특수한 위법성 조각 사유[12]로 규정하고 있는 것이다.

12) 위법성 조각사유란 위법성을 부정하는 일련의 사유를 말하는데 위법성이 없으면 범죄는 성립하지

그럼에도 불구하고 포털 사업자들이 명예훼손문제로 법정 소송당하는 경우가 종종 있다.

예를 들어 인터넷 종합 정보제공사업자의 경우 언론기사를 이용자들이 검색해서 접근할 수 있도록 기사 중 일부를 선별하여 포털 사업자가 직접 관리하는 뉴스 게시 공간에 게재하는 경우에 문제가 되고 있다.

이 경우에 게재된 기사가 타인의 명예를 훼손하는 내용을 담고 있는 경우 인터넷 종합 정보제공사업자도 명예훼손에 적극적으로 가담한 결과를 가져 온다. 즉, 명예훼손적 기사 내용을 적극적으로 전파한 행위에 해당된다.

따라서 특별한 사정이 없는 한, 위 사업자는 명예훼손적 기사를 보도한 보도 매체와 마찬가지로 그로 인하여 명예가 훼손된 피해자에 대하여 불법행위로 인한 손해배상 책임을 질 수 있으므로 이데 대한 주의가 필요하다.

4. 저작권 침해

온라인 서비스에서 제공자가 제작한 웹사이트 내에서 이용자가 무단으로 저작물을 업로드하거나 다운로드한 경우 저작권 침해문제가 발생하게 된다. 이와 관련하여 저작권법은 저작권 침해와 관련된 온라인 서비스가 무엇을 의미하는지 규정하고 있지 않다.

만약, 온라인 서비스 제공자 자신이 저작물을 허락 없이 게재하거나 송신하였다면 저작권 침해에 대하여 직접 책임지는 것은 당연한 일이다. 그러나 이용자가 게재하거나 송신한 경우에도 서비스 제공자가 책임을 져야 한다면 이는 논란의 여지가 있다.

이와 관련하여 우리나라에서는 소리바다 사건, 그리고 미국에서는 냅스터 사건이

않는다. 이러한 위법성 조각사유에는 정당행위, 정당방위, 긴급피난, 자구행위, 피해자의 승낙 등이 있다.

문제된 바 있다.

결론적으로 서버에 공유파일로 게재된 파일들이 저작권을 침해하는 것임에도 불구하고 이를 차단하거나 필요한 조치를 취하지 않았음으로 책임을 져야 한다는 판결이 내려졌다.

그럼에도 서비스 제공자가 이용자들의 행위에 대하여 저작권 침해행위를 차단하는 등의 조치를 취하는 것은 사실상 어려움이 많다.

이와 관련하여 저작권법은 2011년 개정을 통해 온라인 서비스 제공자가 서비스하는 과정에서 발생할 수 있는 저작권 침해 부담을 최소화하기 위해서 온라인 서비스 제공자의 유형을 세분화하는 등 면책요건을 명확히 한 바 있다.

예를 들어 온라인 서비스 제공자를 인터넷 접속 서비스, 캐싱 서비스(cashing service)[13], 저장 서비스[14], 정보검색도구 서비스[15]로 나누고 저작권이 면제되기 위한 요건을 상세히 규정한 것이 바로 그것이다.

이를 구체적으로 보면 인터넷 접속 서비스의 경우 접속 서비스 제공자가 저작권 면제를 받기 위해서는 ① 저작물의 송신을 시작하지 않아야 하고, ② 저작물이나 수신자를 선택하지 않아야 하는 등 두 가지 요건을 모두 충족해야 한다.

그리고 캐싱 서비스의 경우에는 ① 저작물의 송신을 시작하지 않을 것, ② 저작물 · 수신자를 선택하지 않을 것, ③ 저작물을 수정하지 않을 것, ④ 접근 조건을 지킨 이용자에게만 캐싱된 저작물에 접근을 허용, ⑤ 복제 · 전송자가 제시한 현행화한 데이터통신 규칙 등을 준수 ⑥ 저작물 이용 정보를 얻기 위해 적용한 업계에서 인정한 기술의 사용을 방해하지 않을 것 ⑦ 본래의 사이트에서 접근할 수 없게

13) 캐싱 서비스란 콘텐츠를 별도로 구축한 캐시 서버에 자동적으로 임시 저장해 사용자가 캐시 서버를 통해 해당 콘텐츠를 이용할 수 있도록 하는 서비스를 말한다.

14) 저장서비스란 카페, 블로그, 웹하드, 클라우드 등 일정한 자료를 하드디스크나 서버에 저장, 사용할 수 있게 하는 서비스를 말한다.

15) 정보검색도구 서비스란 인터넷에서 정보를 검색해 정보를 제공해 주는 서비스로 일명 포털 사업자인 네이버, 다음, 구글 등이 해당된다.

조치된 저작물에 접근할 수 없도록 조치를 취하면 면책되게 된다.

저장 서비스의 경우에는 ① 침해 행위 통제권한이 있는 경우 침해 행위로부터 직접적 · 금전적 이익이 없을 것, ② 침해 행위 인지 시 해당 저작물의 복제 · 전송 중단, ③ 복제 · 전송 중단 요구 대상자 지정과 공지 등을 한 경우 면책될 수 있다.

정보 검색 도구 서비스의 경우에는 ① 저작물의 송신을 시작하지 않을 것, ② 침해 행위 통제권한이 있는 경우 침해 행위로부터 직접적 금전적 이익이 없을 것, ③ 침해 행위 인지 시 해당 저작물의 복제 · 전송 중단, ④ 복제 · 전송 중단 요구 대상자 지정과 공지를 한 경우에는 면책될 수 있다.

종합해 보면 최근 들어 온라인 서비스 제공사업자의 업무영역이 무한대로 확대되고 있으며, 예상치 못한 문제들이 새롭게 등장하는 것도 당연한 일일 수 있다. 이러한 온라인 서비스 제공사업자들의 서버를 이용하여 창업을 하는 경우에는 이러한 명예훼손 문제나 저작권 침해 문제에 대하여 주의해야 할 필요가 많다. 만약 창업자 때문에 이러한 OSP 사업자들이 책임을 진 경우 다시 OSP 사업자들이 창업자를 상대로 소송을 제기하는 것이 가능하기 때문에 이에 대한 주의가 필요하다.

Ⅶ. 세무 관리

1. 세법

대한민국 헌법 제38조에서는 "모든 국민은 법률이 정하는 바에 의하여 납세의 의무를 진다."라고 규정하고 있다. 이는 창업 후 사업을 영위함에 있어서 이익이 발생하는 경우 법률이 정하는 바에 따라 모든 창업자들은 사업자로서 세금을 납부해야 한다는 것을 의미한다. 즉, 소득이 있으면 세금을 납부하여야 한다. 다만, 얼마나 세금을 내야 하는지가 문제가 된다.

많은 사업자들이 세금문제로 많은 어려움을 겪는 경우가 종종 있다. 세법의 영역은 매우 광범위하고 그 내용 역시 수시로 변하기 때문에 모든 내용을 알 수는 없지만, 조세의 기본 원리를 알아 두는 것은 향후 사업을 이끌어 가는데 매우 중요할 것으로 생각된다.

세법은 기본법인 국세기본법의 내용과 지방세법, 법인세법, 부가가치세법 등으로 구성되어 있으며, 각각의 세법들은 별도의 법률로 제정되어 시행되고 있다.

그리고 이러한 법률 모두는 창업자에게 적용되는 세법이기도 하다. 세법의 내용과 부당한 과세 시 구제받을 수 있는 방법이 무엇인지 알아보는 것은 매우 중요하다.

2. 국세

중앙정부에 납부하는 세금을 규율하는 법률이 국세기본법이며, 이 법에 따라 모든 국민은 개인이든 법인이든 세금을 납부하여야 한다. 국세기본법은 국세에 관한 기본적인 사항 및 공통적인 사항과 위법 또는 부당한 국세처분에 대한 불복절차를 규정하고 있다.

이 법의 목적은 국세에 관한 법률관계를 명확하게 하고, 과세를 공정하게 하며, 국민의 납세의무의 원활한 이행에 이바지하는 것이다.

이러한 국세는 실질과세와 근거과세의 원칙에 의하여 과세되며, 세법을 해석하고 적용할 때에는 과세의 형평과 해당 조항의 합목적성에 비추어 납세자의 재산권이 부당하게 침해되지 않도록 적용해야 한다.

이때 새로운 세법이나 새로운 해석, 그리고 새로운 국세행정의 관행에 의해 소급하여 과세하지 못하도록 소급적용금지의 원칙이 적용된다.

일명 세무조사로 불리기도 하는 국세 과세표준을 조사하고 결정할 때에는 납세의무자가 그동안 적용해온 기업회계 기준 또는 관행을 존중하는 것이 일반적이다.

사업자가 부담하는 국세납부의무는 각 세목별로 정하여진 시기에 발생하게 되며,

그 세금액 역시 세법이 정한 절차에 따라 확정되게 된다.

국가의 국세징수권은 5년간 행사하지 않으면 소멸시효가 완성되는데, 국세 · 가산금 또는 체납처분비에 대하여는 우선징수가 인정되며, 이러한 국세의 과세표준과 세액의 결정 또는 경정(변경)결정은 납세지를 관할하는 세무서장이 담당한다.

부과된 국세가 부당하다고 판단하여 납세자가 이에 불복하는 경우에는 이의신청, 심사청구, 심판청구 등의 방법을 이용하여야 하지만, 납세자가 부당하다고 판단하여 이의신청 · 심사청구 또는 심판청구를 하였다 하더라도 세법에 특별한 규정이 없는 한 과세처분에 대한 집행은 그대로 진행된다.

납세자 입장에서는 위법한 과세처분에 대하여 행정소송을 통하여 구제받고자 하는 경우에도 사전에 심사청구 또는 심판청구를 거쳐야만 소송을 제기할 수 있으며, 세무공무원이 필요에 의해 국세에 관한 조사를 하는 경우에는 조사개시 10일 전에 조사에 관한 사항을 통지하여야 한다.

국세청은 조사를 종료한 경우에도 그 조사결과를 서면으로 납세자에게 통지하여야 한다.

납세자가 세무조사결과에 대한 서면통지, 과세예고통지를 받은 경우에 이것이 부당하다고 판단되면 세무서장 또는 지방국세청장에게 과세 전 적부심사를 청구할 수 있다.

납세자는 각 세법이 규정하는 바에 따라 관계되는 장부 및 증거서류를 성실하게 작성하여 비치해야 하는데, 5년간 이를 보존하여야 한다.

3. 지방세

모든 국민은 국세의 10%를 지방세로 추가 납부하여야 하는데, 이러한 지방세는 지방자치단체가 부과하고 징수한다.

지방세는 지방자치단체의 재정수요에 충당된다는 점에서 국세가 국가에 의하여 부과 · 징수되며 국가의 재정수요에 충당되는 것이다.

다만, 어떠한 조세를 국세 또는 지방세로 할 것인가에 대하여는 명확한 기준이 없는 상태이므로, 세원(稅源)의 규모와 분포, 재정의 여건, 행정의 편의 등을 고려하여 결정되는 것이 일반적이다.

지방자치단체는 세제자주권에 의거하여 지방세의 세목과 과세객체, 과세표준, 세율 기타 부과와 징수에 관하여 필요한 사항을 지방세법이 정하는 범위 안에서 조례로써 정할 수 있다.

또한 지방자치단체는 행정안전부장관의 허가를 얻어 조례로써 정하는 바에 따라서 공익 등의 사유로 인한 과세면제 및 불균일과세와 수익 등의 사유로 인한 불균일과세 및 일부과세를 할 수 있다.

그리고 지방자치단체의 세목은 특별시세와 광역시세, 도세, 구세, 시 · 군세로 구분되어 있다.

특별시세와 광역시세의 경우 보통세에는 취득세, 주민세, 자동차세, 레저세, 담배소비세, 지방소비세, 지방소득세 등이 해당되며, 목적세는 지방교육세, 지역자원시설세 등이 이에 해당된다.

도세의 경우에는 보통세는 취득세, 지방소비세, 등록면허세, 레저세 등이 이에 해당하며, 목적세는 지역자원시설세, 지방교육세 등이 이에 해당한다.

구세의 경우 등록면허세, 재산세가 이에 해당하며, 시 · 군세에는 재산세, 주민세, 담배소비세, 지방소득세, 자동차세 등이 속합니다.

이러한 지방세 등의 지방자치단체의 징수금은 원칙적으로 다른 공과금과 기타의 채권에 우선하여 징수할 수 있다.

4. 개인사업자의 세금

개인사업자는 개인과세 대상이며 회사를 설립하는 경우 부과되는 법인세 과세대상과 대립되는 개념이다. 이러한 개인과세는 법인을 제외한 개인 사업자를 비롯한 모든 국민에게 부과된다.

개인사업자는 우선 사업을 하려면 관할 세무서에 사업자등록을 하여야 하며, 이때에는 ① 사업자등록신청서 1부, ② 임대차계약서 사본 1부, ③ 사업허가증 사본 1부, ④ 2인 이상이 공동으로 사업을 하는 경우에는 공동사업 사실을 증명할 수 있는 서류를 지참하여야 한다.

그리고 개인사업자는 사업과 관련하여 종합소득세, 부가가치세, 특별소비세 및 원천징수하는 세금을 납부하여야 한다.

특히, 개인사업자는 부가가치세 납부와 관련하여 일반과세사업자와 간이과세사업자로 구분되는데, 간이과세사업자에게는 세부담을 줄여주고 부가세 신고도 간편하게 할 수 있는 혜택이 주어진다. 즉, 일반과세사업자의 부가가치세는 "공급가액 × 10%"이지만 간이과세사업자의 경우에는 "공급가액 × 부가가치율(5 – 30%) × 10%"이다. 그리고 간이과세사업자가 되기 위하여는 직전년도 매출액이 4,800만원에 미달하여야 하며, 간이과세사업자 중 1년 매출이 2,400만원 미만인 경우에는 면세혜택을 받는다. 다만, 간이과세사업자는 세금계산서를 발급하지 않으므로 거래상대방은 세액공제를 받지 못하는 불이익이 주어진다.

따라서 거래상대방이 사업자인 경우에는 간이과세사업자와 거래하는 것을 회피하려는 경향을 보이고 있다.

5. 법인세

창업자가 회사를 설립한 경우에는 이익이 발생하면 법인세를 납부하여야 하는데, 이러한 법인세는 국세, 직접세, 보통세에 속한다. 그리고 일정한 소득을 과세대상으로 한다는 점에서 소득세의 성격을 가진다.

이러한 법인세와 관련하여 법인세란 별도의 소득에 대한 과세가 아니라 법인의 소득에 대하여 과세하는 것이므로 이는 그 주주에 과세하는 것이 되므로 법인세는 폐지되어야 한다는 견해(법인부인설)들이 있다. 즉, 주주의 배당소득에 다시 소득세를 부과하는 것이 되므로 이는 이중과세가 된다는 것이다.

반면에 법인은 주주의 인격과는 별개의 실체이기 때문에 이중과세가 되지 않는다는 것을 논거로 법인세를 찬성하는 견해(법인실재설)가 있다.

결론적으로 법인실재설이 다수설이며, 각국은 이러한 견해를 근거로 법인세를 부과하고 있다.

우리나라는 법인세율을 정함에 있어서 각 법인마다 국세청이 이익을 기준으로 과세표준을 정하는데 과세표준액[16]에 따라 법인세율이 달리 정해진다.

즉, 과세표준이 2억원 이하이면 10%, 2억 원 초과 – 200억 원 이하는 20%, 200억 원 초과 – 3,000억 원 이하는 22%, 3,000억 원을 초과하면 25%의 세금이 부과된다.

이러한 법인세는 법인세법에 따라 국가나 지방자치단체 이외의 내국법인과 국내원천소득이 있는 외국법인이 납부의무를 부담한다.

자산 또는 사업에서 발생하는 수입이 법률상 귀속되는 법인과 실질상 귀속되는 법인이 서로 상이한 경우에는 그 수입이 실질상 귀속되는 법인이 납세의무를 부담한다.

과세표준을 정함에 있어서 주식발행 액면초과액, 감자차익, 합병차익, 분할차익, 자산의 평가차익, 이월익금, 지주회사의 수입배당금 등의 수익은 각 사업연도의 소득금액 계산에 있어서 익금(이익)으로 산입하지 않는다

또한 잉여금의 처분을 손비로 계상한 금액 등 자본거래 등으로 인한 손비, 제세공과금, 자산의 평가차손, 감가상각비, 기부금, 한도액을 초과한 접대비, 과다 경비, 업무와 관련 없는 비용, 지급이자 등은 손금(손해)으로 산입하지 않는다. 즉, 사업외의 소득과 손실은 과세표준에 산입하지 않는 것이다.

---

16) 과세표준이란 과세물건의 가격 · 수량 · 중량 · 용적 등이 과세표준이 된다. 과세표준을 화폐단위(가격)로 표시하면 종가세가 되고, 과세물건의 수량 · 중량 · 용적 등으로 표시하면 종량세가 된다. 과세표준을 물건의 수량 · 용적 · 중량 등으로 표시하면, 과세는 간단하지만 그 부담이 불공평하게 될 우려가 있다. 과세표준은 법률에 명문규정이 있는 법정세를 제외하고는, 납세의무자의 과세표준의 신고가 있든 없든 세무관청의 인정에 의하여 확정되게 된다.

각 기업들은 결산기가 종료하면 3개월 이내에 세무서에 법인세를 신고하여야 하는데 기한 내에 신고하지 않거나 장부를 작성하지 않는 경우, 과세표준에 미달되게 신고한 경우, 세액을 납부하지 않거나 미달하게 납부한 경우에는 20%의 추가 가산세를 납부하여야 한다.

또한 내국법인으로서 사업연도의 기간이 6개월을 넘는 모든 회사는 사업연도 개시일로부터 6개월 동안의 법인세를 사업연도 중간에 신고 납부할 의무가 있는데, 이를 법인세 중간예납이라고 한다.

6. 부가가치세

개인사업자이든 법인이든 사업자는 부가가치세를 납부하여야 하며, 부가가치세(VAT)는 국세, 보통세, 간접세에 속한다. 그리고 부가가치세는 모든 재화 또는 용역의 소비행위에 대하여 부과되는 일반소비세이며, 세율[17]은 10%이다.

문제는 형식적으로는 이러한 부가가치세를 납부하는 주체는 법인이지만 실질적으로는 소비자가 세금을 내는 결과를 가져 온다는 점이다. 즉, 조세의 부담이 거래의 과정을 통하여 납세의무가 있는 사업자로부터 최종소비자에게 전가되는 간접소비세로 성질이 변경되는 것이다.

또한 모든 거래단계에서 생성된 각각의 부가가치에 세금이 부과되므로, 부가가치세는 다단계거래세로서의 성격도 갖게 된다. 대부분의 국가들이 이러한 부가가치세를

17) 부가가치율이라는 것은 간이과세사업자에게 과세할 때 업종별로 수익률을 고려하여 세율을 조정하기 위하여 설정한 과세기준임. 부가치율을 표로 만들면 다음과 같다.

업 종	부가가치율
전기, 가스, 증기, 수도	5%
소매업, 재새용재료수집 및 판매업, 음식점업	10%
제조업, 농임어업, 숙박업, 운수 및 통신업	20%
건설업, 부동산임대업, 기타 서비스업	30%

도입하여 운영하고 있으며, 우리나라는 부가가치세법을 1976년에 제정하였는데, 그 이전에는 영업세법, 물품세법, 직물류세법, 석유류세법, 전기가스세법, 통행세법, 입장세법, 유흥음식세법 등 복잡한 소비세제도를 갖고 있었는데 너무 복잡하여 조세과정에 혼란이 많았다. 이러한 복잡한 세목(稅目)을 폐지하고 부가가치세를 도입하여 법적용상의 혼란을 예방하게 된 것으로 평가받고 있다.

이러한 부가가치세가 가지고 있는 장점인 세목과 세율을 단순화하여 세제 및 세정을 간소화하는 효과를 가져 왔다.

그리고 간접세를 사업자들에게 안전하게 환급해 줌으로써 수출과 투자를 촉진하는 결과도 가져 온 것으로 평가받고 있다.

일각에서는 부가가치세제가 누적과세를 배제함으로써 물가가 누적적으로 상승하는 요인을 제거하는 계기를 마련하였다고 보고 있다.

또한 기업의 수직적 통합이익을 배제함으로써 기업의 계열화를 촉진함과 동시에, 세금계산서의 수수에 의한 탈세를 원천적으로 예방하여 근거과세를 구현하는데 큰 기여를 하고 있다고 보고 있다.

7. 조세포탈죄

세금을 내지 않는 경우 조세범처벌법에 따라 엄정한 형사처벌을 받게 되며, 이러한 조세포탈 현상은 위장거래를 통해 부가가치세를 포탈하는 사례가 많은 것이 일반적이다.

이 조세범처벌법에서는 사기 등의 부정한 방법으로 조세를 포탈하거나 조세의 환급, 공제를 받은 자를 처벌하고 있다. 여기서 '사기 기타 부정한 행위'가 무엇을 의미하는 지에 대하여는 법에서 명확한 규정을 두고 있지 않다. 다만, 대법원 판례에 따르면 조세포탈을 가능하게 하는 사회통념상 부정이라고 인정되는 행위로서 조세의 부과 징수를 불능 또는 현저하게 곤란하게 하는 위계, 기타 부정한 적극적인 행위를 의미하는 것으로 해석하고 있다.

그러나 어떤 다른 행위를 수반함이 없이 단순히 세법상의 신고를 하지 아니하거나 허위의 신고 또는 고지를 하는 것은 부정행위에 해당되지 않는 것으로 해석하고 있다.

사업자가 부가가치세를 포탈할 의도로 법령에서 정하고 있는 수정세금계산서 발급사유에 해당하지 않음에도 이에 해당하는 것처럼 허위의 수정세금계산서를 발급하였다면, 이는 부가가치세의 부과와 징수를 불가능하게 하거나 현저히 곤란하게 하는 사기 기타 부정한 행위에 해당하기 때문에 조세범처벌법에 해당되는 것으로 판시하였다.

또한, 납세의무자가 자기의 행위가 사기 기타 부정한 행위에 해당되는 것을 알고, 그 행위로 인하여 조세포탈의 결과가 발생한다는 것을 알고 있으면서 부정행위를 감행을 하려고 하는 경우에도 조세포탈의 혐의가 인정되어 처벌이 가능한 것으로 판결하였다(대법원 2014.05.29. 선고 2012도11972 판결).

법위반사실이 확인되면 형사처벌을 받게 되는데, 특소세, 교통세, 인지세를 제외한 국세를 탈루했을 경우 3년 이하의 징역이나 탈루 세액의 3배 이하의 벌금이 부과될 수 있다. 또한 1년 평균 탈루세액이 연간 10억 원이 넘는 개인은 가중처벌되어 무기 또는 5년 이상의 징역에 처해 질 수 있다.

이때 포탈세액 등이 연간 5억 원 이상, 10억 원 미만인 때는 3년 이상 유기징역에 처해지게 된다.

8. 조세심판원

사업자는 세금부과가 부당하다고 판단되는 경우 이를 구제받기 위하여 조세심판원에 심판청구를 할 수 있다. 조세심판원은 부당하고 억울한 세금을 내지 않도록 도와주기 위해 설립된 납세자 권리구제기관으로 과세관청으로부터 독립되어 있다.

현재는 국무총리실 산하의 기관으로 국세청으로부터 완전히 독립되어 있다. 조세심판원장, 상임조세심판관 전원과, 원장이 지정하는 동수 이상의 비상임조세심판관이 참여한 합동회의에서 합의제로 심판결정을 하게 된다.

조사관실은 심판청구 사건에 대한 사실 확인과 법률관계 등 기초자료를 조사해 보고서를 작성하고 심판관회의에 상정하는 일을 하게 된다. 행정실은 조직 운영에 필요한 행정업무의 지원과, 심판청구의 접수 및 결정 결과의 통지 등 심판업무를 지원하는 일을 담당하며 심판청구서류와 증거물을 보존하는 업무도 하고 있다.

조세심판청구는 처분 통지를 받고 90일 이내에 해야 하며, 과세에 대한 이의신청을 한 후에 심판청구를 하는 경우에는 이의신청에 대한 결정을 통지받고 90일 이내에 청구해야 한다.

이러한 조세심판청구는 그 처분을 담당하는 세무서장(세관장)과 지방자치단체장을 거쳐 조세심판원장에게 하거나, 세무서장 등을 거치지 않고 직접 조세심판원장에게 청구해도 되며, 조세심판원장은 심판청구를 받은 뒤 90일 이내에 결정을 하여야 한다.

이러한 점들을 고려하여 보았을 때, 창업 후 사업을 영위함에 있어서 세금납부의 중요성은 아무리 강조해도 지나치지 않다. 세금납부 역시 창업리스크를 대폭 줄이는 일임은 분명하다. 특히, 세무조사를 받고 세금탈루 사실이 확인되는 경우에는 대표이사가 형사벌도 받을 수 있으므로 사전에 회계장부를 정확히 작성하고, 영수증 등과 같은 증거물들을 보관하는 지속적인 노력이 필요하다.

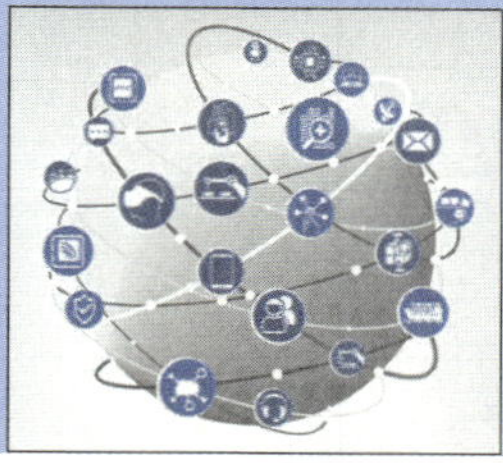

제5장 지식재산권

제5장 지식재산권

Ⅰ. 특허제도

1. 산업기술의 고도화

4차 산업혁명의 특징 중의 하나는 산업기술의 고도화를 통한 노동력의 감축이다. 그리고 그 산업기술의 고도화를 이끄는 동력이 바로 특허제도라고 할 수 있으며, 이 특허제도를 통해 장려하고 보호하고자 하는 것은 바로 발명이다. 우리 특허법도 "발명을 보호 · 장려하고 그 이용을 도모함으로써 기술의 발전을 촉진하여 산업발전에 이바지함을 목적으로 한다"고 규정함으로써 발명이 산업발전의 원동력임을 명백히 선언하고 있다.

이 발명은 "자연법칙을 이용한 기술적 사상의 창작으로서 고도(高度)한 것"이라고 개념정의를 함으로써 고도의 창작물만 특허제도로 보호하고자 하는 것도 명백히 하고 있다. 자연법칙을 이용한다는 것은 자연의 섭리처럼 그 특허기술을 이용하는 경우 반복하여 동일한 상품이 생산되어야 한다는 것을 의미한다. 따라서 소프트웨어의 경우 특허보다는 저작권으로 보호받는 것이 더 용이한 이유는 동일한 알고리즘을 이용하여 프로그램을 작성한 경우에도 당해 프로그램이 유사하기는 하지만 동일하지 않기 때문이다. 최근에는 첨단산업재산권 중의 하나인 생명공학분야에서도 유사한 문제들이 발생하고 있어서 향후 특허권 제도 자체에 대한 변화가 요구될 것으로 예상된다.

특히, 4차 산업혁명도 산업간 융합을 통한 산업기술의 고도화를 통해서만이 실현할 수 있다는 점을 감안해 보면, 4차 산업혁명이란 특허전쟁의 시대라고 할 수 있으며, 그 성립요건에 대하여도 많은 변화가 요구되기 때문에 이에 대한 이해가 필요하다고 본다.

2. 특허란?

특허란 특정인의 이익을 위하여 일정한 법률적 권리나 능력, 포괄적 법률관계를 설정하는 행위를 말하는 것으로서, 다른 말로 표현하면 법률이 특정인에게 특혜를 주는 제도라고 할 수 있다.

다만, 이유 없이 특정인에게 특혜를 주는 것은 형평의 법리는 물론이고 헌법에서 규정하고 있는 평등권에 위배되기 때문에, 특허법은 발명을 하여 산업발전에 기여한 사람에게만 특허권을 부여하고 있다.

이러한 특허권은 특허발명에 대해 독점적인 사용(실시)을 허용하는 것을 내용으로 하는 권리로서 공업소유권[1]의 하나이며, 동시에 무체재산권[2]의 일종으로 설정등록에 의하여 발생하게 된다.

특허제도는 근대국가에 있어서 기술개발과 산업발달을 목적으로 하는 기본정책으로 확립되어 왔으며, 각국은 성장이라는 열매를 얻기 위해 발명을 장려하고 보호

---

1) 공업소유권은 공업의 올바르고 건전한 발달을 촉진하고 발명자의 기술을 보호하고 장려하기 위해서 주어지는 권리의 총칭이다. 공업소유권에는 ① 특허권, ② 실용신안,권 ③ 디자인권, ④ 상표권 등이 해당되며, 이러한 공업소유권은 특허청에 등록함으로써 발생한다.

2) 무체재산권은 지적재산권 또는 지식재산권이라고도 하며, 산업재산권과 저작권으로 구분할 수 있다. 무체재산권은 무체물(無體物)을 대상으로 한다는 점에서 물권(物權)이 유체물(有體物)을 대상으로 하는 것과 대비된다고 할 수 있다.

함으로써 기술의 진보발전을 도모하고 국가산업 발전이라는 열매를 얻기 위해 총력을 기울이고 있는 것이다.

특허법의 기본 원칙은 산업에 이용할 수 있는 신규의 진보성이 있는 발명을 한 자에게 그 만이 그 발명산물을 독점적이고 배타적으로 사용·수익·처분할 수 있도록 하는데 있다. 그 결과 특허권자는 경쟁자들과의 관계에서 독점적 시장을 갖게 되어 초과이윤이 보장되므로, 적극적으로 발명에 대한 자극을 받게 되고, 이는 국가적으로 기술의 발전과 향상을 도모하여 산업발달의 효과를 보게 한다.

다만, 특허권자만 그 권리를 독점하는 경우 경쟁이 제한되어 장기적으로 소비자 보호는 물론이고 국가경쟁력이 저하될 수도 있다.

이러한 문제를 해결하기 위해 특허법은 특허권의 보호기간을 20년으로 제한하고, 이 기간 중이라도 일반국민은 특허권자로부터 당해 특허의 사용을 허락받아(실시권의 설정) 이를 산업화할 수 있도록 기회를 부여하고 있다. 물론, 20년 이후에는 누구나 그 특허기술을 이용할 수 있도록 함으로써 국가의 복리를 증진시키는데 활용될 수 있도록 하고 있다.

3. 발명의 특허권 성립요건

특허권은 이상과 같은 사회적 기능을 가진 것이므로 그 권리로 지배내용이 되는 객체의 존재가 필요하며, 그것이 바로 발명이다.

특허법은 발명을 "자연법칙을 이용한 기술적 사상의 창작인 고도의 것"이라고 정의하고, 발명이 특허권을 취득하기 위해서는 고도의 창작성을 입증하는 특허요건을 충족시켜야 한다고 규정하고 있다. 즉, 발명품이 특허를 받기 위해서는 산업상의 이용성과 신규성, 진보성을 갖추어야 한다.

이를 구체적으로 보면 우선 이용성이란 당해 발명품이 산업경영에서 이용, 실시할 수 있어야 하므로 학술적 또는 실험적으로만 이용되는 발명에 지나지 않는 것은 특허법의 보호를 받지 못하게 된다.

여기서 말하는 신규성이란 특허출원된 발명이 출원 시에 공지·공용되지 않은 것을 말한다. 구체적으로는 ① 특허출원 전에 국내에서 공지된 발명, ② 특허출원 전에 국내에서 공연히 실시된 발명, ③ 특허출원 전에 국내 또는 국외에서 반포된 간행물에 기재된 발명의 경우에는 특허를 받을 수 없다(특허법 제29조).

여기에서 말하는 '공지'라 함은 다수의 사람이 알 수 있는 상태를 말하며, 실제로 이들이 이를 알았는지의 여부는 중요하지 않다. 그리고 발명이 그 특허출원 후에 출원공고 또는 출원 공개된 타 특허출원의 원서에 최초에 첨부한 명세서, 또는 도면에 기재된 발명, 또는 고안과 동일한 때에는 이를 준공지라고 하는데, 그 발명 역시 특허를 받을 수 없다.

진보성이란 발명창작이 이뤄지기까지의 곤란성을 말한다. 즉, 특허출원 전에 발명이 속하는 해당 기술분야에서 통상의 지식을 가진 자가 용이하게 발명할 수 없는 것이어야만 특허를 받을 수 있다는 것을 의미한다.

이상의 요건을 갖춘 발명이어야만 특허권으로 보호받을 수 있다. 다만, 이처럼 특허요건을 구비한 발명이라도 산업정책상 또는 공익상의 이유에 의하여 공공의 질서 또는 선량한 풍속을 문란하게 하거나 공중의 위생을 해할 염려가 있는 발명은 특허를 받지 못한다.

4. 특허권의 내용

특허권은 그 객체인 특허발명을 직접 지배하는 배타적 권리로서 이와 병존하는 권리는 허용하지 않는다. 즉, 특허를 취득하면 그 물건을 생산·사용·판매·수입 또는 확포(擴布)하는데 필요한 독점적 권리를 갖게 된다. 그 밖에도 그 방법의 발명 또한 업으로서 그 방법을 사용하거나 그 방법에 의하여 생산된 물건의 사용·판매·수입 또는 확포하는 권리를 독점하는 것이다.

이처럼 특허는 이러한 특별한 성질로부터 물권적 청구권이 발생되는 등 강력한 효력을 발생하는 대세적(對世的)인 권리가 발생하므로 이러한 권리는 일정한 심사과정을 거쳐서 발생하게 된다. 이러한 특허권은 특허출원과 심사청구에 의하여 심사를 받아 취득하도록 그 절차를 특허법이 규정하여 놓고 있다.

특허여부를 심사하는 심사관은 심사청구가 된 특허출원에 대하여 거절할 이유를 발견할 수 없으면 출원공고결정을 하여야 한다. 이러한 출원공고기간은 2개월간이며, 이 기간에 이의신청을 할 수 있으나, 거절할 이유를 발견할 수 없을 때에는 특허사정을 하여야 한다.

특허권의 존속기간은 출원공고가 있는 경우에는 그 공고가 있는 날로부터, 출원공고가 없는 경우에는 특허설정의 등록이 있은 날로부터 20년으로 한다.

특허권은 권리자 스스로 실시하는 외에 그 존속기간 중 양도할 수 있고, 상속도 할 수 있을 뿐만 아니라 이를 담보로 질권도 설정할 수 있고, 타인에게 실시권, 즉 사용권을 허락할 수도 있다. 이때 특허권이 공유일 때에는 다른 공유자의 동의가 있어야만 한다.

이러한 특허권은 이전이나 질권 및 실시권이 설정될 수 있는데, 이 모든 것은 등록되어야 효력이 발생하게 된다.

또한 특허권은 존속기간의 만료, 특허료의 불납, 권리자인 자연인의 사망이나 법인이 소멸한 경우에 상속인 또는 승계인이 없을 때, 권리의 포기 등에 의하여 소멸하게 된다.

특허권을 침해한 자는 민사상의 불법행위와 이득반환 및 신용회복조처 등의 책임을 지게 되며, 고소권자(특허권자, 전용실시권자)의 고소에 의하여 형사상의 책임도 지게 된다.

5. 특허의 실시권(사용권)

특허의 실시권이란 특허권자 이외의 자가 업으로서 특허발명을 사용할 수 있는 권리를 말한다. 즉, 이러한 실시권을 갖게 되면 특허발명을 사용하더라도 특허권을 침해하지 않게 된다.

이러한 실시권은 특허권의 부수적인 권리에 속하는 것이기 때문에 특허권이 존재하여야만 발생할 수 있고, 특허권이 소멸하면 실시권도 함께 소멸하게 된다.

특허 실시권은 전용실시권과 통상실시권으로 구분할 수 있는데, 전용실시권은 특허발명을 업으로서 독점·배타적으로 실시할 수 있는 물권적 권리를 말한다. 즉, 특허권자와 마찬가지로 타인이 특허를 사용하는 경우에는 이를 사용하지 못하도록 법적인 조치를 취할 수 있는 권리가 주어지는 실시권이다.

반면에 통상실시권은 독점·배타성 없이 단순히 특허발명을 업으로서 실시할 수 있는 채권적 권리를 말한다. 즉, 통상실시권자는 사용허락 받은 범위 내에서만 특허발명품을 사용할 수 있다.

그 밖에도 통상실시권의 경우에는 그 발생원인에 따라 실시권을 '허락실시권, 법정실시권 및 강제실시권'으로 구분되고 있다.

허락실시권은 당사자의 의사에 의하여 발생하게 된다. 즉, 특허권자가 실시권자에게 당해 특허를 사용할 있도록 허락하는 것을 말한다. 반면에 법정실시권은 이러한 특허권자의 의사와는 무관하게 법률 규정에 의하여 발생하게 되는 것으로서, 이러한 법정실시권에는 선사용에 의한 통상실시권이 있다. 이는 특허출원 시에 그 특허출원된 발명의 내용을 알지 못한 상태에서, 그 발명을 스스로 해서 그 발명의 실시사업을 하고자 하는 자가 그 후 설정이 된 특허권에 대해서 가질 수가 있는 통상실시권을 말한다.

또 다른 법정실시권에는 무효심판청구등록 전의 실시에 의한 통상실시권이란 것이 있다. 이는 타인이 본인의 특허등록에 대한 무효심판청구를 하였는데, 이를 알지 못하고 특허발명품을 사용하여 사업을 하거나 사업을 준비한 경우 당해 특허등록이 무효가 되어도 본인은 통상실시권을 가지고 사업을 계속할 수 있도록 하는 제도이다.

강제실시권은 특허권자 등의 의사에도 불구하고 법률에서 정한 요건을 충족하는 경우에는 특허심판원의 심판 또는 특허청장의 결정에 의하여 통상실시권이 부여된다. 이는 특허권의 남용에 대한 제재수단의 하나이다. 즉, 특허권자가 통상실시권을 타인에게 허락하면 국익에 기여하거나 발명실시의 적정화에 기여할 수 있음에도 불구하고 특허권자가 이를 허락하지 않는 경우에 특허청장의 처분 또는 심판에 의하여 특허발명에 대한 실시의 권능이 특정인에게 부여되는 통상실시권을 말한다.

참고로 허락실시권은 효력범위에 따라 전용실시권과 통상실시권 모두에게 적용되지만, 법정실시권과 강제실시권은 통상실시권에만 적용된다. 이는 법률 규정 또는 행정처분에 의해서도 전용실시권이 발생된다면 특허권의 권리가 지나치게 제한하는 결과를 초래하기 때문이다.

6. 직무발명

발명은 독창적인 아이디어를 구체적으로 구현하는 경우에 발생하는 것이 일반적이며, 발명을 하는 상당수의 발명자들은 직장인, 즉 종업원 내지는 근로자들인 경우가 많다. 이러한 것을 직무발명이라고 하며, 이에 대립되는 발명을 자유발명이라고 하는데, 직무발명에 대해서는 발명진흥법에서 근거규정을 두고 있다.

이 법에서는 직무발명이란 고용계약에 의해 회사에서 일하는 종업원, 법인의 임원 또는 공무원이 그 직무수행 과정에서 개발한 발명을 말한다고 규정하고 있다.

일반적으로 자유발명은 발명자가 특허 등의 권리자가 되며, 이를 특허출원하면 그 발명에 대해 독점배타적 권리를 행사하게 된다. 그러나 직무발명의 경우는 직무를 통해 얻은 지식 또는 회사의 R&D를 통해 발명을 한 경우가 대부분이기 때문에 이 발명이 등록된 뒤에는 그를 고용한 회사나 국가기관이 법정실시권, 즉 통상실시권을 가지게 된다.

이와 관련하여 직무발명자를 위한 보상이 미흡하다는 문제제기들이 종종 있다. 대표적인 예로 2014년 노벨물리학상을 받은 나카무라 슈지(中村修二) 교수 사건을 들 수 있다. 나카무라 교수는 2004년 니치아(日亞) 화학에서 근무하며 세계 최초로 청색 LED를 개발하였음에도 불구하고 회사로부터 받은 보상금은 2만 엔에 불과하였다고 한다. 이에 불만을 품고 적절한 보상을 청구하는 소송을 한 결과 1심판결에서 약 200억 엔, 한화로는 약 2000억 원에 달하는 보상을 하라고 판결이 난 바 있다. 물론, 2심에서 화해를 통해 8억 엔으로 감액하기는 하였지만 직무발명에 대한 새로운 이정표를 제시한 사건이라고 할 수 있다.

우리나라에서는 직무발명에 대한 보상과 관련하여 특허권을 사용자가 승계하거나 전속실시권을 허락한 경우에만 보상청구권을 인정하고 있다. 즉, 통상실시권의 경우에는 보상의무를 법률로 강제하고 있지는 않다.

그리고 발명진흥법은 통상실시권을 법정실시권으로 부여하고 있어 사용자와 종업간의 특약을 하지 않는 한 직무발명에 대한 보상청구를 하기가 용이치 않다.

그러다 보니 여전히 직무발명자들의 불만이 많고 기술발전 역시 정체되는 것은 아닌지 우려된다. 직무발명자에 대한 적절한 내부기준을 만드는 것이 필요하다고 할 수 있다.

Ⅱ. BM특허

1. 특허범위 확대

미국이 4차 산업혁명의 선도적 국가의 역할을 하게 된 계기는 1990년대부터 컴퓨터 등의 정보통신기기를 활용하는 아이디어 상품을 특허권으로 보호하기 시작하면서부터라고 할 수 있다. 즉, BM특허(business methode patent, business model patent)제도를 활성화시키면서 부터라고 할 수 있다.

BM특허는 전통적인 특허제도의 범주에 속하는 것으로서 독립된 특허요건을 법률로 정하고 있지는 않다. 다만, 미국은 불문법계를 채택하다보니 특허의 요건 중 산업상 이용성, 신규성, 진보성을 심사함에 있어서 BM특허에 대하여는 진보성의 요건을 완화하여 정보통신기기를 이용한 경우에는 종래와는 달리 비록 아이디어에 불과하여 그 진보성을 입증하지 못하더라도 특허요건인 진보성을 충족한 것으로 보고 특허를 부여함으로써 특허의 범위를 확대할 수 있었다.

결국, 현재 4차산업혁명을 주도하는 IT기업들의 대부분이 미국기업임을 감안해 보면 미국은 BM특허의 활성화를 통하여 세계시장을 지배하는 효과를 갖게 된 것으로 평가할 수 있다.

최근에는 중국 등의 국가에서 BM특허가 급증하면서 미국 IT기업들이 특허시장을 잠식당할 위기에 처하면서, 미국 특허법원이 BM특허의 경우에는 추가로 수익성 요건을 취득요건으로 정하는 경향을 보이고 있다. 즉, 기존의 미국 IT글로벌 기업들이 신규로 BM특허를 신청하는 경우 수익성 요건을 충족하기 쉬운 반면, 중국 등의 국가들의 기업들이 BM특허를 등록신청하는 경우 수익성 요건을 충족시키기 어렵다는 사실에 착안하여 새로운 형태의 BM특허 요건을 설정하여 그 취득을 어렵게 하려는 취지로 이해된다.

이처럼 미국이 BM특허요건을 상황에 따라 변경할 수 있는 이유는 미국이 일명 불문법계인 영미법계에 속하기 때문이라고 할 수 있다.

반면에 우리나라나 일본, 유럽 국가 등 대륙법계에 속하는 국가들의 경우에는 특허법상 발명창작이 이뤄지기까지의 곤란성을 의미하는 진보성을 해석함에 있어서 여전히 특허출원 전에 발명이 속하는 해당 기술분야에서 통상의 지식을 가진 자가 용이하게 발명할 수 없는 것이어야만 특허를 받을 수 있다는 원칙에 입각하다 보니 BM특허를 인정함에 있어서 미국보다는 엄격했던 것이 사실이다. 더욱이 미국이 BM특허 요건으로 수익성 요건을 충족할 것을 요구하는 경우 BM특허등록이 더 어려워 질 것으로 예상된다.

이런 점을 감안해 보면 대한민국도 4차 산업혁명에 동참하여 한 단계 더 큰 도약을 하기 위해서는 법제도적으로 BM특허를 활성화시키는 방안에 대하여 고민해 볼 필요가 있다.

물론, 특허권을 확대시키면 시장에서의 독점현상이 심화되어 경쟁이 제한되는 부작용이 발생할 수 있는 것은 사실이다. 그러나 미국처럼 글로벌 시장에서의 국가경쟁력을 제고할 수 있도록 BM특허를 활성화시켜 대한민국을 4차 산업화하는데 기여하는 것이 필요하다고 본다.

2. BM특허란?

BM특허는 네트워크와 인터넷 등 통신과 함께 산업경제에 필요한 기술을 결합한 것으로서, 인터넷 비즈니스에서 행하여지는 다양한 영업방식이나 사업아이디어를 특허로서 보호하는 것이다.

즉, 인터넷, 스마트폰, 네트워킹 시스템 등으로 실현되는 서비스에 한하여 BM특허가 인정될 수 있으며, 이러한 서비스가 소프트웨어나 PC상에서 발현되는 기술일 때 제도적 보호를 받게 되는 것이다.

이러한 BM특허는 시스템에 대한 발명 외에도 인터넷 관련 응용 서비스에 대하여도 설정등록이 가능하다. 대표적인 예로 전자상거래나 핀테크에 대한 BM특허를 들 수 있다.

미국은 이미 1998년 이후부터 대량의 BM특허를 인정하면서 FTA체결 이후 IT산업시장에서 유리한 고지를 점령하였다.

우리나라는 1987년 컴퓨터프로그램을 저작권으로 보호하는 것을 명문으로 인정한 이후부터 BM을 특허로 인정하는데 법리상 한계를 갖고 있었다.

플랫폼 사업자가 글로벌 시장을 지배하고 있는 현실을 감안하여 볼 때, IT시장에서의 국가경쟁력을 유지하기 위하여는 미국에서 판례를 통하여 법리가 형성된 BM특허의 성립요건을 성문법화하는 작업이 필요하다. 그리고 그 보호정도도 미국의 판례를 통해서 정립된 법리에 상당하는 수준으로 입법하는 것이 필요하다고 본다.

3. 4차 산업혁명과 소프트웨어

4차 산업혁명을 리드하는 핵심기술의 상당부분은 소프트웨어라고 할 수 있다. 그러나 미국과는 달리 대부분의 대륙법계, 즉 성문법계 국가들의 경우에는 소프트웨어를 특허로 인정하는데 매우 엄격하다고 할 수 있다.

BM의 핵심기술인 소프트웨어가 특허로 인정되기 어려운 이유는 첫째, 소프트웨어는 수학알고리즘[3]을 표현한 것이 아니라는 것이다. 즉, 신규성이 결여되어 있다는 점이다. 둘째, 소프트웨어가 물리적인 형태나 물리적인 변형을 일으키지 않는다는 것이다. 즉, 진보성이 결여되어 있다는 점이다.

이 때문에 출원자가 청구항[4]에서 주장하는 발명성을 명세서에서 충분히 설명하기 어렵다는 단점을 갖고 있다. 즉, 발명자가 자신의 발명을 실시하기 위한 최상의 방식을 명세서가 설명하기 어렵다는 것이다.

그 이유는 전통적 발명은 유형적인 형태를 띠고 있는 반면, 소프트웨어 등은 피상적으로 차이가 있어 미국을 제외한 거의 모든 국가의 특허체계가 이를 보호하지 않고 있기 때문이다.

그럼에도 불구하고 산업간 융합을 전제로 하는 4차 산업혁명 시대에는 소프트웨어와 관련된 기술을 발명특허로 보호하여야 상품화가 가능한 것이 사실이다.

컴퓨터 소프트웨어와 이와 관련된 기술은 정보화 산업의 발전에 매우 중요한 기능을 하여 왔다.

---

3) 알고리즘이란 어떤 문제를 해결하기 위해 명확히 정의된 유한 개의 규칙과 절차의 모임을 말하다. 명확히 정의된 한정된 개수의 규제나 명령의 집합이며, 한정된 규칙을 적용함으로써 문제를 해결하는 것이다.

4) 청구항이란 특허 등 지적재산권의 출원 시 제출하는 명세서에 있는 특허청구범위란에 보호를 받고자 하는 사항을 기재한 항을 말한다(특허법 제42조 4항). 특허인정여부는 대체적으로 청구항에 쓰여진 내용들에 의해 판단되어지기 때문에 청구항은 발명의 상세한 설명에 의하여 뒷받침 되어야 하고 명확하고 간결하게 기재하여야 하며, 구성에 없어서는 아니 되는 사항만으로 기재되어야 한다.

1970년대에는 프로그램의 코드를 영업비밀로 보호하였고, 1980년대에는 저작권에 의하여 컴퓨터프로그램으로 보호하였다.

그러나 1992년 Computer Associate v. Altai사건(982 F.2d 693, 1992)을 비롯한 몇몇의 사건에서 컴퓨터프로그램을 저작권으로 보호하는 것에 대하여 소극적인 입장을 취하자, 이를 계기로 컴퓨터프로그램을 특허로 보호해야 할 필요성이 대두되었던 것이다.

1998년 이후 연방순회항소법원(CAFC, Court of Appeals for the Federal Circuit), 즉 일명 특허법원이 아이디어라 할지라도 산업상 유용한 것은 모두다 특허의 대상이 된다는 판시를 함으로써 BM특허가 인정되기 시작하였던 것이다. 즉, State Street Bank & Trust Co. v. Signature Financial Group, Inc. 사건에서 "유용한 것은 어떤 것이든 지 특허의 대상이 된다"고 판결한 바 있다. 특히, 미국의 CAFC는 특허항소심의 독점관할권을 갖고 있기 때문에 이 판결이 갖는 파급효과는 매우 컸던 것 또한 사실이다.

이 판결에서 그동안 부정되었던 소프트웨어의 특허성을 다음과 같은 이유를 들어 인정하게 되었다.

(1) 유용하고, 구체적이고 유형적인 결과를 가져오는 경우에는 "수학알고리즘의 예외"가 소프트웨어에 적용되지 않는다는 것이었다.
(2) 소프트웨어의 특허를 부정하기 위하여 인용되었던 "영업방법의 예외"는 구속력 있는 선례가 아니라는 것이었다.

결국, 이 판결을 통해 소프트웨어 관련 발명을 특허로 보호하는 새로운 패러다임이 등장하게 된 것이다.

4. BM특허 요건

BM특허의 성립요건은 특허의 성립요건과 큰 차이가 없다. 즉, BM특허 역시 "자연 법칙을 이용한 기술적 사상의 창작인 고도의 것"이라고 정의하고, 그 발명이 특허권을 취득하기 위해서는 고도의 창작성을 입증하는 특허요건을 충족시켜야 한다. 즉, 발명품이 BM특허를 받기 위해서는 산업상의 이용성과 신규성, 진보성을 갖추어야 한다.

다만, BM특허에 대하여는 위의 3가지 요건 중 진보성의 요건을 완화하여 정보통신기기를 이용한 경우에는 종래와는 달리 아이디어에도 진보성을 부여하여 특허의 범위를 확대할 수 있었다.

반면에 대륙법계를 택하고 있는 우리나라에서는 BM의 특성상 사업방식은 특정한 형상을 지닌 것이 아닌 무형의 서비스에 대한 독점권을 주장하는 것이기 때문에 일반적인 기구, 기계, 건설, 잡화 분야 특허와 비교하여 볼 때 등록 가능성이 매우 까다로운 편이다.

BM특허의 경우 통상적으로 특허출원 진행시 10~30%만이 특허청 등록 결정을 받고 있는 것으로 알려지고 있다.

따라서 BM특허를 취득하고자 한다면 해당분야의 특수성인, 등록가능성이 낮다는 점을 고려하여 진행하는 것이 좋다.

더욱이 최근에는 미국 특허법원이 BM특허요건으로 "BM사용 시 수익성을 확보할 것", 즉 수익성 요건을 추가로 요구하고 있어, 대륙법계 국가에 속한 발명자들이 BM특허를 취득하는 것을 더욱 어렵게 하고 있다. 이에 대한 입법정책적 대비가 필요하다고 본다.

5. BM특허 취득 전략

BM특허는 아이디어임에도 불구하고 정보통신수단을 이용한다는 특수성 때문에 특허로 보호해 주는 특례에 해당한다. 따라서 이러한 BM특허를 취득하려면 나름 전략적인 노력이 필요하다고 할 수 있다. 크게는 2가지이다. 하나는 선행특허에 대한 철저한 분석이 필요하며, 다른 하나는 특허명세서를 보다 더 구체적으로 기재하는 것이다.

우선, 유사한 선행특허에 대한 철저한 분석문제는 신규성과 관련이 깊다. BM특허도 특허이기 때문에 종래에 존재하는 서비스와 비교하여 볼 때에 신규성이 인정되어야 등록이 가능하다.

즉, 현재 자신이 제공하는 서비스와 가장 유사한 서비스가 무엇인지에 대한 정확한 이해가 필요하다. 유사한 서비스와 자신의 서비스가 갖는 유사점이 무엇이고, 핵심적인 차이점이 무엇인지를 설명할 수 있어야 한다. 특히, 다른 서비스보다 본인의 서비스가 얼마나 우수한지를 설명하는 것이 매우 중요하다.

이를 위해서는 차별성이 미약하더라도 이를 핵심적인 차이점으로 부각하여 강조하여야 한다.

그리고 특허명세서를 구체적으로 기재하는 것은 진보성과 산업상 이용성과 관련이 깊다. BM특허를 출원하는 경우에는 가능한 한 많은 실시 예를 구체적으로 기재하는 것이 필요하다.

BM은 인터넷 통신을 이용한 서비스 방식이 상당부분을 차지하기 때문에, 서비스 제공방식과 관련하여 현재의 실시예 뿐만 아니라 앞으로 구현이 가능한 실시예까지 예상하여 기재하는 것이 필요하다.

예컨대, 대중교통이용앱을 BM특허로 출원하는 것을 가정해 보겠다. 이를 위해서는 우선, 발명신고서에는 “대중교통을 이용하는 사용자들에게 이동경로와 교통수단을 추천하는 앱을 제공함에 있어서 해당 구간의 정보를 추출하여 소요시간을 제공하는 등 최적의 대중교통이용경로를 추천하는 것"이라고 기재했다고 가정해 본다.

이 경우, 이것만으로는 부족하고 추가로 이것 이외에도 "사용자가 여행을 원하는 다수의 지역을 선택하는 경우 해당지역의 정보를 추출하여 최적의 여행경로를 추천해 주는 것"을 주요특징이라고 기재하여야 한다. 그리고 이를 상세히 설명하기 위하여 특허명세서에 예를 들어 ① 사용자가 다수의 경로를 파악할 수 있는지 여부 및 이를 반영한 디스플레이 구성, ② 사용자가 각 경로별 교통수단의 배차간격을 파악하는 구성, ③ 이동경로 수단을 선택하였을 때 단말기를 통하여 음성안내하는 구성, ④ 이동경로별 용이성에 대한 정보제공 구성, ⑤ 이동경로별 사용자위치상의 최적 교통수단 사용선택 안내 정보 구성 등 에 관한 내용도 기재하여야 한다는 것이다. 이때 현재뿐만 아니라 미래에 제공될 가능성이 있는 서비스도 기재하는 것이 바람직할 수 있다.

참고로 경우에 따라서는 특허청 심사관이 당해기술에 대한 이해가 부족할 수 있다. 이 경우에는 심사관과 소통을 통해 이를 이해시키는 것이 BM특허를 성공적으로 취득할 수 있는 전략 중에 하나라고 할 수 있다.

6. BM특허 관련 사례

페이스 북은 정보통신기술을 이용한 소셜네트워크라는 사업방식을 특허로 등록한 전형적인 MB특허의 성공 사례라고 할 수 있다. 페이스북은 소셜네크워크 방식을 BM특허로 등록한 후 독점적인 시장을 확보한 것이다.

이러한 페이스북도 BM특허 등록과 관련하여 법률적 분쟁을 경험한 바 있다. 즉, 마크 저커버그는 타인의 사업방식을 도용했다는 이유로 지적재산권 침해소송을 당하였던 것이다.

사건의 발단은 윙클보스 형제가 하버드 학생만 독점적으로 이용 가능한 하버드 커넥션을 운영하고 있었는데, 저커버그가 이를 본 후 하버드 학생뿐만 아니라 아이비리그 학생 모두가 독점적으로 이용 가능한 소셜 네트워크인 더 페이스북(The facebook)을 만드는데 아이디어로 응용하였던 것이다. 결론은 저커버그가 윙클보스 형제에게 6,500만 달러를 지급하고 소송을 중단한 바 있다.

이처럼 IT와 제조 및 서비스업 창업 시 지적재산권 침해 논란은 기업의 존립을 위협할 수 있다.

이와 관련하여 대한민국은 2005년 페이스북과 사업방식이 유사한 싸이월드에 대해 BM특허 불인정한 사례 있다. 매우 아쉬운 부분이다.

IT기업인 아마존은 BM특허를 통하여 급성장한 대표적인 사례라고 할 수 있다. 1999년 Amazon vs Barnes and Noble 사건에서 Amazon이 일반적으로 원클릭(one click shopping process)이라 불리는 특허를 취득한 바 있었다. 이 특허는 웹상에서 소비자가 구매할 때마다 배송, 지불관련 데이터를 재입력하지 않고 원클릭으로 쇼핑할 수 있도록 하여 소비자들이 좀더 편리하게 쇼핑할 수 있도록 하는 사업방식에 대한 특허, 즉 BM특허였다. 그런데 Barnes and Noble이 이와 유사한 서비스를 웹상에서 제공한 것이다. 이에 Amazon은 1999년 Barnes and Noble이 특허를 침해하였다는 이유로 금지청구신청과 손해배상금 청구소송을 제기한 바 있다.

이 사건에서 법원은 Amazon의 BM이 종래에는 없었던 새로운 영업방식을 인터넷을 통하여 발명하였기에 이는 신규성과 진보성 모두가 인정되는 특허라고 판결하였다. 최종적으로 Barnes and Noble에게는 예비적 금지명령을 내려졌고, Barnes and Noble은 이를 사용하지 못하고 더블클릭이라는 인터넷 영업방식을 통해 사업을 계속하였으나 소비자들이 이를 외면함으로써 불가피하게 로열티를 지불하고 원클릭을 다시 사용한 바 있다.

이처럼 BM특허는 4차 산업의 성공과 깊은 연관성을 갖고 있다. 즉, BM특허를 많이 보유한 국가가 4차 산업시대에 우월적 지위를 차지하였다고 평가할 수 있다. 오늘날 미국이 4차 산업시대의 선도적 역할을 하기 직전인 1990년대부터 BM특허라는 새로운 특허시스템을 법리적으로 완성하였던 점을 보면 이는 더욱 명확해 진다.

우리나라도 4차 산업시대 글로벌 시장의 강자로 탄생하기 위하여는 BM특허가 활성화될 수 있도록 제도적 시스템을 정비하는 것이 필요하다고 본다.

Ⅲ. 영업비밀 보호

1. 영업비밀 침해

사업아이디어나 영업 관련 노하우 등은 지적재산권으로 등록하여 독점배타적 권리를 보장받기는 어렵다. 하지만, 이러한 영업 관련된 비밀이 유출되는 경우 창업자는 피해를 볼 수 있기 때문에 이 또한 보호를 받을 필요가 있다.

이처럼 지적재산권이나 저작권으로 보호받지 못하는 무형재산권을 영업비밀이라고 부르고 이에 대하여 「부정경쟁방지및영업비밀보호법(영업비밀보호법)」을 통하여 보호하고 있다.

실무에서 이러한 영업비밀이 보호받는 데는 상당한 어려움이 있다. 특히, 영업비밀로 성립되기 위해서는 비주지성, 독립된 경제적 가치성, 비밀유지노력이라는 세 가지 요건을 갖추어야 하는데, 이에 대한 입증이 쉽지 않은 것이 사실이다. 특히, 비밀을 유지하기 위한 노력에 대한 입증이 어려워 침해사실이 분명함에도 민형사상 책임을 추궁하는 것이 쉽지 않다.

지난 10여 년간 중국기업들이 국내의 기술력 있는 인재들을 고액연봉으로 스카우트하면서 이들이 근무했던 국내기업의 영업비밀을 USB나 이메일 등을 통하여 유출토록 함으로써 이를 침해하는 경우가 많았고 앞으로도 증가할 것으로 예상된다. 따라서 이에 대한 법적인 보호제도를 알아둘 필요가 있다.

2. 영업비밀이란?

영업비밀보호법상 "영업비밀"이란 공연히 알려져 있지 아니하고 독립된 경제적 가치를 가지는 것으로서, 상당한 노력에 의하여 비밀로 유지된 생산방법 · 판매방법 기타 영업활동에 유용한 기술상 또는 경영상의 정보를 일컫는 것으로 규정하고 있다.

즉, 창업자의 노하우 등이 영업비밀로 보호받기 위해서는 당해 정보가 비공지성, 경제적 유용성, 비밀유지성의 요건을 충족하여야 한다.

영업비밀 침해행위와 관련하여서는 적극적으로 영업비밀을 취득하는 행위 뿐만 아니라 이를 공개하는 행위도 해당된다. 구체적으로 보면 ① 절취, 기망, 협박, 그 밖의 부정한 수단을 이용해 부정으로 취득하는 행위 또는 그의 사용 및 공개 행위, ② 부정취득행위의 개입사실 인식 또는 중과실로 인식하지 못한 취득행위 또는 그의 사용 및 공개행위, ③ 영업비밀 취득 후 알게 된 부정취득행위 개입, 또는 중과실로 알지 못하고 그것을 사용 또는 공개하는 행위, ④ 계약관계 등에 의거한 영업비밀유지의무자가 부정한 이익취득목적 또는 영업비밀 보유자에게 손해를 가할 부정사용목적으로 당해 영업비밀을 사용 또는 공개하는 행위, ⑤ 영업비밀이 부정사용목적에 의해 공개된 것을 알았거나 중과실로 이를 알지 못하고 이를 취득 또는 이를 사용 또는 공개하는 행위, ⑥ 영업비밀 취득 후, 그 영업비밀이 부정사용목적으로 공개된 사실 또는 이를 알거나 중과실로 알지 못하고 사용하거나 공개하는 행위 등이 이에 해당된다.

이러한 영업비밀은 창업자에게 있어서는 종종 사운을 걸만한 중대한 사안일 수도 있기 때문에 이에 대한 주의가 필요하며, 이를 유지하기 위한 별도의 노력도 필요하다. 종업원에게 입사 시 비밀유지의무이행 각서 또는 서약서를 받은 것만으로는 비밀유지의무를 이행하였다고 보기 어렵다. 구체적으로는 영업비밀에 해당하는 자료가 이메일로 전송되는 것을 차단하는 보안장치를 설치하든지 아니면 USB에 저장 시 이를 차단하는 장치 등을 마련하는 노력들이 필요하다고 할 수 있다.

3. 영업비밀침해에 대한 사법(私法)상 구제

영업비밀을 침해당한 경우에 이를 구제받는 방법으로 영업비밀보호법은 영업비밀 침해행위에 대한 금지청구권, 손해배상청구권, 영업비밀 보유자의 신용회복조치 등을 인정하고 있다.

즉, 영업비밀의 보유자는 영업비밀 침해행위를 하거나 하려는 자에 대하여 그 행위에 의하여 영업상의 이익이 침해되거나 침해될 우려가 있는 경우에는 법원에 그 행위의 금지 또는 예방을 청구할 수 있다(제10조).

영업비밀의 침해로 인해 영업상 이익을 침해당한 자는 고의 또는 과실로 그 손해를 가한 자에게 손해배상을 청구할 수 있다.

영업비밀보유자의 청구가 있는 경우 법원은 손해배상에 갈음하여 또는 손해배상과 함께 영업상의 신용회복에 필요한 조치를 명할 수 있다.

다만, 영업비밀 취득당시 당해 영업비밀이 부정하게 공개된 사실 또는 영업비밀의 부정취득행위나 부정공개행위가 개입된 사실을 중대한 과실 없이 알지 못하고 그 영업비밀을 취득한 선의자, 즉 "영업비밀을 정당하게 취득한 자"에 대하여는 권리구제를 청구할 수 없다.

이러한 피해자의 권리구제청구권은 영업비밀 침해행위가 계속되는 경우에 영업비밀 보유자가 그 침해행위에 의하여 영업상의 이익이 침해되거나 침해될 우려가 있다는 사실 및 침해행위자를 안 날부터 3년간, 그 침해행위가 시작된 날로부터 10년간 행사하지 않으면 시효(時效)로 소멸한다.

영업비밀 침해 시 이에 대한 손해배상액을 산정하는 것이 매우 어렵기 때문이다. 영업비밀보호법은 손해액을 추정[5]하는 규정을 두고 있다.

---

5) 추정이란 불명확한 사실을 일단 존재하는 것으로 정하여 법률효과를 발생시키되, 추후 반증이 있을 때에는 그 효과를 발생시키지 않는 법적 제도다. 추정에는 사실상의 추정과 법률상의 추정이 있으며, 그 사실 내지 법률관계의 존재를 다투는 자가 입증책임을 지고 그에 따라 번복될 수 있다..

이에 따르면 영업비밀 침해행위를 하게 한 물건을 양도하였을 경우에는 "물건의 양도수량 × 침해행위가 없었다면 판매할 수 있었던 물건의 단위수량당 이익액"을 손해액으로 추정하고, 침해행위로 인해 받은 이익이 있다면 당해 이익액을 손해액으로 추정한다.

또한 영업비밀사용 시 통상 받을 수 있는 금액을 자기의 손해액으로 추정할 수 있으며, 이 때 실질 손해액이 추정손해액을 초과하는 경우에는 그 초과액도 배상청구가 가능하다.

그 밖에 영업비밀보호법은 위의 규정에도 불구하고 손해배상액의 입증이 어려운 경우에는 법원이 변론 전체의 취지와 증거조사의 결과에 기초하여 상당한 손해액을 인정할 수 있도록 판사의 포괄적 재량권을 인정하고 있다.

4. 침해행위에 대한 벌칙

영업비밀보호법은 위와 같은 민사상 구제수단 이외에도 형사처벌과 과태료에 대한 제재를 가할 수 있도록 규정하고 있다. 특히, 외국에 영업비밀을 누설하는 것을 국내에서 침해하는 것보다 더 강력한 처벌규정을 두고 있다. 즉, 부정한 사용목적으로 당해 영업비밀을 외국에서 사용하거나 외국에서 사용될 것임을 알면서 취득·사용 또는 제3자에게 누설한 자는 10년 이하의 징역 또는 그 재산상 이득액의 2배 이상 10배 이하에 상당하는 벌금에 처해지게 된다.

그리고 부정한 목적으로 영업비밀을 취득·사용하거나 제3자에게 누설한 자는 5년 이하의 징역 또는 그 재산상 이득액의 2배 이상 10배 이하에 상당하는 벌금에 처해 진다.

특히, 영업비밀보호법은 미수범[6]은 물론이고 외국에 유출하는 것과 관련한 예비

---

6) 미수범이란 범죄의 실행에 착수하였으나 그 행위를 끝내지 못하였거나 결과가 발생하지 아니한 범죄 또는 범인을 말한다(형법 25조). 이러한 미수범은 모든 경우에 다 처벌되는 것이 아니라 법률에 특별히 정해진 경우에만 처벌된다(29조). 그리고 한국 형법에서는 미수범을 처벌함에 있어서 그 형을 반드시 기수범 보다 감경해야 한다는 것이 아니라 감경해도 좋고 안 해도 무방하다(25조)

또는 음모한 자에 대하여도 3년 이하의 징역 또는 2천만 원 이하의 벌금을 과할 수 있도록 함으로써 영업비밀을 강력히 보호하고 있다.

이처럼 영업비밀침해행위의 미수범도 처벌하도록 명문규정을 두고 있는 것은 영업비밀을 보호하고자 하는 입법자의 의지가 강함을 알 수 있다.

국내에서 부정사용목적의 예비·음모자에 대하여는 2년 이하의 징역 또는 1천만 원 이하의 벌금에 처하도록 규정하고 있다. 그리고 대표자에 대하여는 주의와 감독을 게을리한 데에 대해 벌금형을 과하는 양벌규정을 두고 있다.

부정사용목적의 해외 유출과 관련하여 관계 공무원의 조사나 수거를 거부·방해 또는 기피한 자에게는 특허청장이 2천만 원 이하의 과태료를 부과할 수 있도록 규정하고 있다(제20조).

5. 산업기술의 보호

국가로부터 연구개발비를 지원받아 개발한 국가핵심기술을 보유한 대상기관이 해당 국가핵심기술을 외국기업 등에 수출하고자 하는 경우에는 산업기술유출방지법상 정부기관의 승인을 얻어야 한다.

국가가 연구개발비를 지원하지 않았더라도 국가핵심기술을 보유·관리하고 있는 대상기관이 국가핵심기술을 수출하고자 하는 경우에는 정부기관에 사전에 신고를 하여야 한다.

그리고 이를 위반하여 비밀을 누설하거나 유출한 경우에는 5년 이하의 징역이나 10년 이하의 자격정지 또는 5천만 원 이하의 벌금에 처해지게 된다.

이처럼 고도의 지적능력을 소유하고 창업 후 성공가능성이 높은 창업자도 사업이 성공적인 단계에 진입하자마자 비밀로 유지되어 온 생산방법·판매방법 기타 영업활동에 유용한 기술상 또는 경영상의 정보가 유출되어 낭패를 보는 경우가 많다.

이러한 문제를 해결하기 위해서는 고용계약 시 영업비밀을 준수하겠다는 서약서를 받는 것만으로는 보호받기 어렵다.

따라서 창업자는 임직원들이 USB나 이메일 등을 통하여 영업비밀을 외부에 유출되지 않도록 하는 등의 보안장치를 마련하는 것이 필요하다고 할 수 있다.

Ⅳ. 산업기술 유출 방지

1. 산업기술의 해외유출

창업 후 기술개발을 하였으나 기술에 관한 설계도면 등과 같은 자료들은 특허나 저작권으로 보호하기 어려운 점들이 있다. 그럼에도 이러한 기술들을 전 · 현직 직원 등이 퇴사하면서 이를 외장용 하드디스크 등에 저장하여 외부로 유출한 후 중국이나 기타 해외 기업들에게 그 정보를 제공하고 부당한 이득을 보는 사례들이 점차 증가한 바 있으며, 최근에는 클라우드(cloud)에 저장시킨 후 해외로 유출하는 사례들도 증가하고 있는 것이 현실이다.

특히, 벤처기업이나 중소기업에서 실제로 핵심 기술임에도 법률상 특허권 등으로 보호받지 못해 해외기업에게 기술을 탈취당하는 사례들이 많다.

종래에는 이러한 산업기술이 지식재산권으로 보호받지 못하는 경우에는 영업비밀보호법을 가지고 해외로 유출되는 것을 방지하고자 한 바 있었다. 그러나 실질적으로 비밀유지를 위한 노력과 관련하여 법리적으로 이에 대한 처벌이 어려웠던 것이 사실이다.

따라서 산업기술이 해외로 유출된 경우 영업비밀보호법상의 침해요건이 충족되지 않은 경우라도 정부의 승인없이 유출한 경우에는 무조건 처벌할 수 있도록 하는 입법적 요구들이 많았다.

이러한 문제를 해결하기 위하여 우리 정부는 2007년 「산업기술유출방지법」을 제정하여 국내 산업기술들이 해외로 유출되는 것을 방지하고자 한 바 있다.

2. 산업기술의 해외 유출 현상

산업기술이란 영업비밀의 또 다른 표현이라고 생각하면 된다. 즉, 이러한 영업비밀이 보호받으려면 ① 비공지성, ② 독립된 경제적 가치성, ③ 유지관리성, ④ 영업활동에 유용한 정보 등의 요건을 갖추어야 하며, 이에 대한 입증도 하여야 한다. 그러다 보니 이미 해외로 유출된 영업비밀의 경우 유출자를 처벌하는데 시간적으로 공간적으로 많은 제약을 받게 된다. 결국, 영업비밀을 해외로 유출한 경우 처벌하기가 쉽지 않은 것이 사실이다.

따라서 해외기업들이 전 · 현직 임직원에게 주로 고액 연봉 등 금전적인 보상을 미끼로 핵심 연구인력 및 임원급을 대상으로 인력 유출을 시도하고 있으며, 협력 및 용역업체를 활용한 영업비밀 유출이 지속적으로 일어나고 있는 것이다.

이러한 문제를 막기 위하여 「산업기술유출방지법」에서 영업비밀이 성립되는 과정에 정부가 연구개발비를 지원했거나 국가핵심적인 기술에 대하여는 이를 산업기술이라고 정의하였다. 그리고 이를 해외로 유출할 때에는 정부기관의 승인을 받지 않으면 설령 당해 기술이 영업비밀로서 보호요건을 충족하지 못하더라도 형사 처벌할 수 있는 근거규정을 마련한 것이다.

3. 산업기술이란?

산업기술유출과 관련하여 과연 산업기술이 무엇인가 하는 점에 대하여 이론상으로는 설명하기가 쉽지 않으며, 그 적용대상의 범위를 정하는 것 또한 매우 어려운 일이다.

특히, 지적소유권과 관련하여 특허나 실용신안제도[7]를 통하여 보호받는 기술과의 관계에서 이들과 차별적으로 개념을 정립하기란 쉽지 않다. 그러나 특허나 실용신안으로 보호받는 기술들은 특허법이나 실용신안법을 통하여 배타적 보호를 받기 때문에 별도의 산업기술유출과 관련한 논의 대상에 포함시키는 것이 불필요하다고 볼 수 있다.

따라서 불법유출로부터 보호받는 산업기술로는 특허나 실용신안제도를 통하여 보호받지 못하는 여타의 기술정보라고 할 수 있다.

이러한 기술정보의 상당부분은 부정경쟁방지법상의 영업비밀로 보호받을 수 있으나 영업비밀은 특허나 실용신안처럼 그 기술이나 정보에 대한 보호법익이 명백하지 않다는 점에서 법제도상 보호가 쉽지 않은 것이 사실이다.

이러한 문제점을 인식하고 정부는 산업기술유출방지법을 제정하여 그 보호대상인 산업기술의 범위를 특정하고 이에 대한 별도의 보호방법을 정하여 놓고 있다.

이에 따르면 "'산업기술'이라 함은 제품 또는 용역의 개발·생산·보급 및 사용에 필요한 제반 방법 내지 기술상의 정보 중에서 관계 중앙행정기관의 장이 소관분야의 산업경쟁력 제고 등을 위하여 법령이 규정하는 바에 따라 지정 또는 고시·공고하는 기술을 말한다"고 규정하여 산업기술 해당성에 대한 공통요건을 명시한 후, 여기에 추가적으로 하나 이상 만족시켜야 할 요건들을 나열하고 있다(제2조 제1호).

이때 공통적 요건은 산업기술유출방지법상 보호대상이 되기 위한 필수적인 요건을 의미한다. 이러한 공통적 요건을 모두 갖춘 후 추가적 요건 중 하나 이상을 충족해야 비로소 산업기술유출방지법을 통해 보호 받는 '산업기술'이 될 수 있다.

공통요건은 부정경쟁방지법상의 영업비밀 성립요건과 거의 유사하여 산업기술은 영업비밀과 동일한 개념으로 이해하는 것이 보다 효율적이라고 할 수 있다.

---

7) 실용신안권이라 함은 산업상 이용할 가능성이 있는 물품의 형상, 구조 또는 조합한 것 등에 관한 구체적인 기술적 목적과 기술적 구성 및 기술적 효과에 의하여 체계적으로 형성된 신규성 있는 기술적 사상의 창작인 무형의 고안을 보호의 객체로 하는 권리를 말한다.

추가적 요건으로는 정부기관에 신고토록 하거나 추가 승인을 받도록 하는 절차적 요건을 들 수 있다. 따라서 산업기술이 해외로 유출될 경우 국가의 안전보장 및 국민경제의 발전에 중대한 악영향을 줄 우려가 있는 기술을 국가핵심기술로 지정토록 하고(법 제2조 2호), 이러한 국가핵심기술의 유출을 방지하기 위한 별도의 침해행위를 규정하고 있다.

즉, 국가핵심기술 중 국가로부터 연구개발비를 지원받은 기술을 외국기업 등에 매각 또는 이전 등의 방법으로 수출하고자 하는 경우에는 산업통상자원부장관의 승인을 얻도록 규정하고 있으며, 민간에 의해 개발된 국가핵심기술의 경우에는 산업통상자원부장관에게 사전 신고하도록 하고 있다(법 제11조).

이에 따라 산업기술유출방지법은 영업비밀보호법상 유출행위 유형 이외에도 ① 국가핵심기술에 대한 해외매각 또는 이전 등의 승인절차 의무를 이행하지 않았거나, ② 부정한 방법으로 승인을 얻어 국가핵심기술의 수출을 추진하는 행위와 그 행위에 대해 수출중지 등의 명령을 이행하지 아니하는 행위(제14조 5호 및 6호), ③ 사전신고대상인 국가핵심기술에 대한 수출중지 등의 명령을 이행하지 아니하는 행위(6호) 등을 규정하고 이를 불법적인 기술유출에 준하여 처벌하도록 함으로서 실체적 요건 이외에도 절차적 요건을 가미하여 국가경제에 핵심적 역할을 하는 산업기술을 보호하는 방법을 강화하였다.

4. 산업기술 유출사례

(1) 에어컨 금속표면처리기술 중국유출 기도사건

(2) D자동차 핵심 제조기술 러시아유출 사건

(3) K사 아연 제련공법 호주유출 기도사건

(4) L사 첨단 PDP 제조기술 중국유출사건

(5) 태양광 차단 신소재 기술 일본유출 기도사건

(6) 신호소자 반도체 공정기술 대만유출사건
(7) 세계 최초개발 와이브로 기술, 해외유출 기도사건
(8) 자동차 핵심기술 유출 기도사건
(9) 수조원 가치의 조선기술, 해외유출 기도사건
(10) H사 자동차 자동변속기 기술 중국유출 사건
(11) 첨단 휴대폰 제조기술 카자흐스탄 유출 기도사건
(12) TFT-LCD 컬러필터 제조기술 중국유출 기도사건
(13) 반도체 제조공정 기술 해외유출 기도 사건
(14) 광통신부품 핵심 공정기술 해외유출 기도 사건
(15) 고성능 셋톱박스 제조기술 해외유출 기도 사건
(16) 메모리 반도체 핵심기술 해외유출 기도 사건
(17) LCD 생산장비 제조기술 해외유출 기도사건
(18) 바이오 환경기술 해외유출 기도사건
(19) 초음파 진단기 제조기술 해외유출 기도사건
(20) 반도체 웨이퍼 검사장비 운용기술 해외유출 기도 사건
(21) 미생물 발효장비 제작기술 유출 기도사건 등이 있다.

5. 산업기술유출에 대한 법적용 실태

기술정보의 불법유출 행위자 중 상당수는 당해 기술의 개발 및 관리주체로서 정보획득이 용이한 핵심인력이었다. 이들이 기술정보유출을 주도하거나 동참하는 경우 당해 회사의 피해는 절대적으로 클 수밖에 없다. 그럼에도 불구하고 이들에 대한 현행법상의 제재근거는 고용기간 내 혹은 퇴직 후 종업원의 비밀준수의무 위반으로 한정되게 된다.

그 밖에도 유출행위 자체만으로는 이에 대한 제재가 불가능하며, 유출된 기술이

법에서 정한 '영업비밀' 또는 '산업기술'의 성립 요건을 갖춘 경우에 한하여 이에 대한 제재가 가능하다는 것이다.

유출행위가 발생한 후 대부분은 당해 기술이 '영업비밀' 또는 '산업기술'의 성립 요건을 갖추었는지 여부를 다투는 분쟁이 빈번히 발생하고 있으나 실상은 피해자 입장에서 권리구제가 쉽지 않은 것으로 나타나고 있다.

이러한 특별법상의 제재보다는 오히려 형법상의 제재방안이 더 실효성 확보차원에서 효과적이고 널리 이용되고 있다. 즉, 형법상의 업무상배임죄[8]를 적용하는 방법이다.

그 밖에도 회사·기관 등의 임직원 중 산업기술에 대한 접근 권한이 없는 자가 부정한 방법을 통해 이를 취득할 경우에는 영업비밀보호법이나 산업기술유출방지법을 적용할 수 있음은 물론이고 별도로 형법상의 절도죄나 비밀침해죄·손괴죄 등을 적용하여 법적인 제재를 가할 수 있는 방법도 가능하고, 그 적용사례 또한 존재한다.

6. 산업기술 및 영업비밀의 성립요건 및 형사처벌

부정경쟁방지법에서 정하고 있는 영업비밀로 보호받기 위해서는 ① 공공연히 알려져 있지 아니할 것(비공지성), ② 독립된 경제적 가치를 가질 것(경제가치성), ③ 상당한 노력에 의하여 비밀로 유지되고 있을 것(비밀유지성), ④ 생산방법, 판매방법 기타 사업활동에 유용한 기술상 또는 경영상 정보일 것(유용성) 등을 요건으로 하고 있다.

구체적으로 비공지성이란 영업비밀보호법상의 보호대상은 누구나 알고 있는 일반적 정보가 아니라 공연히 알려지지 않은 정보를 말한다. 다만, 비밀성 요건에 있어 영업비밀 보유자 자신을 제외하고는 그 누구도 알지 못하는 소위 '절대적 비밀'을 요구하는 것은 아니며 보유자가 관리하는 범위 밖의 사람들이 일반적으로 입수하지 못

8) 업무상배임죄란 업무상 다른 사람의 사무를 처리하는 자가 그 임무에 위배하는 행위로써 재산상의 이익을 취득하거나 제3자로 하여금 이를 취득하게 하여 본인에게 손해를 가함으로써 성립하는 범죄이다(형법 356조 2항).

하는 상태, 즉 '상대적 비밀' 정도면 충분하다는 것이 일반론이다.

경제가치성이란 그 정보를 보유함으로써 해당 재화나 용역의 제조 · 유통 · 판매 등에 있어 비용 절감 또는 효율성 향상과 같은 경제적 이익을 얻을 수 있거나 이를 통해 경쟁자에 대해 우위를 점하는데 도움이 되는 경우, 또는 그 정보의 취득 · 사용에 있어 상당한 노력이나 비용, 시간이 필요할 때 경제적 가치가 있다고 할 수 있다.

비밀유지성이란 영업비밀로서 보호받기 위해서는 상당한 노력에 의해 비밀로 관리되어야 한다는 것을 의미한다. 이와 관련하여 판례는 단지 종업원에 대하여 일반적인 영업비밀 누설금지의무를 정하거나, 문서에 '무단복사, 전제금지', '대외비' 등을 기재하여 놓은 사실만으로는 기술정보를 비밀로 유지하려는 노력을 기울였다고 인정하기 어렵다고 판시하고 있다.

유용성이란 정보의 보유자가 그 정보를 사용함으로써 경제적인 이익을 얻거나 혹은 경쟁자에 대한 우월적 지위를 확보하는데 도움이 되는 경우를 의미한다. 이런 유용성은 앞에서 본 독립된 경제적 가치를 지닌다는 것과 동일한 의미로 해석되며, '생산방법, 판매방법'이란 영업활동에 유용한 기술상 또는 경영상의 정보에 대한 예시라고 할 수 있다.

이러한 영업비밀을 불법적으로 외국유출행위에 대하여는 10년 이하의 징역 또는 그 재산상 이득액의 2배 이상 10배 이하에 상당하는 벌금에 처하도록 규정하고 있다.

영업비밀을 불법적으로 국내에서 침해한 행위에 대하여는 5년 이하의 징역 또는 그 재산상 이득액의 2배 이상 10배 이하에 상당하는 벌금에 처하도록 규정하고 있다.

7. 산업기술 유출에 대한 민사책임

산업기술이나 영업비밀을 침해당한 경우에 이를 구제받는 방법으로 부정경쟁방지법은 영업비밀 침해행위에 대한 금지청구권, 손해배상청구권, 영업비밀 보유자의 신용회복조치 등에 관하여 규정하고 있다. 즉, 산업기술 또는 영업비밀의 보유자는 영업비밀 침해행위를 하거나 하려는 자에 대하여 그 행위에 의하여 영업상의 이익이 침해되거나 침해될 우려가 있는 경우에는 법원에 그 행위의 금지 또는 예방을 청구할 수 있다(제10조).

영업비밀의 침해로 인해 영업상 이익을 침해 당한 자는 고의 또는 과실로 그 손해를 가한 자에게 손해배상을 청구할 수 있도록 규정하고 있으며(제11조), 보유자의 청구가 있는 경우 법원은 손해배상에 갈음하여 또는 손해배상과 함께 영업상의 신용회복에 필요한 조치를 명할 수 있도록 규정하고 있다(제12조).

다만, 산업기술이나 영업비밀 취득당시 당해 영업비밀이 부정하게 공개된 사실 또는 영업비밀의 부정취득행위나 부정공개행위가 개입된 사실을 중대한 과실 없이 알지 못하고 그 영업비밀을 취득한 선의자, 즉 "영업비밀을 정당하게 취득한 자"에 대하여는 권리구제를 청구할 수 없도록 선의자에 대한 특례규정을 두고 있다(제13조).

이러한 피해자의 권리구제청구권은 영업비밀 침해행위가 계속되는 경우에 영업비밀 보유자가 그 침해행위에 의하여 영업상의 이익이 침해되거나 침해될 우려가 있다는 사실 및 침해행위자를 안 날부터 3년간, 그 침해행위가 시작된 날로부터 10년간 행사하지 않으면 시효로 소멸한다(제14조).

영업비밀보호법은 영업비밀 침해로 인한 손해배상액의 산정이 어려운 점을 고려하여 손해액을 추정하는 규정을 두고 있다(제14조의2). 이에 따르면 영업비밀 침해행위를 하게 한 물건을 양도하였을 경우에는 "물건의 양도수량 × 침해행위가 없었다면 판매할 수 있었던 물건의 단위수량당 이익액"을 손해액으로 추정하고(제1항), 침해행위로 인해 받은 이익이 있다면 당해 이익액을 손해액으로 추정하도록 규정하고 있다(제2항).

또한 영업비밀사용 시 통상 받을 수 있는 금액을 자기의 손해액으로 추정할 수 있으며(제3항), 이때 실질 손해액이 추정손해액을 초과하는 경우에는 그 초과액도 배상청구가 가능하다(제4항).

그 밖에 영업비밀보호법은 위의 규정에도 불구하고 손해배상액의 입증이 어려운 경우에는 법원이 변론 전체의 취지와 증거조사의 결과에 기초하여 상당한 손해액을 인정할 수 있도록 판사의 포괄적 재량권을 인정하고 있다(제5항).

결론적으로 창업 직후 어렵게 개발한 기술이 임직원을 통하여 유출되는 경우, 경제적으로는 물론이고 정신적으로도 큰 침해를 입게 된다.

그리고 기술을 빼돌린 임직원을 상대로 영업비밀 침해 등을 이유로 한 민형사상 책임을 추궁하는 과정에서 가장 큰 어려움은 영업비밀을 유지하기 위하여 노력한 것을 입증하기 어렵다는 점이다.

물론, 산업기술로 지정된 경우에는 정부기관의 승인을 받지 않고 이를 유출하였다면 처벌이 가능하지만, 산업기술로 지정되지 않은 영업비밀인 경우에는 보호받기 쉽지 않다. 따라서 영업비밀을 유지하기 위한 보안시스템을 구축하려는 노력들이 필요하다.

Ⅴ. 저작권

1. 저작권의 변화

4차 산업시대에 빅데이터와 데이타베이스, 소프트웨어 등의 활용이 극대화될 것으로 예상되고 있다. 특히, 핀테크산업의 발전은 빅데이터의 활용 여부에 달려있다는 평가들이 많은 것이 사실이다.

이러한 데이터는 마이닝(Data Mining)과 배열을 통해 창작성을 갖는 상품으로 탄생이 가능하다. 이들에 대한 권리는 전통적으로 BM특허보다는 저작권으로 보호하는 것이 법리적으로 무리가 없는 것이 사실이다.

다만, 저작권은 설정등록을 통하여 권리가 발생하는 것이 아니라 최초 공개를 통하여 권리가 발생하고, 그 창작성에 대한 입증이 어렵다는 점에서 특허보다는 보호의 정도가 약하다고 할 수 있다.

그래도 여전히 빅데이터와 데이터베이스, 소프트웨어 등이 특허로 보호되는지, 아니면 저작권 또는 영업비밀로 보호될지는 IT기술의 발전의 정도로 따라 달라 질 수 있다. 그럼에도 정보관련 데이터 및 소프트웨어를 저작권 차원에서 검토해 볼 필요가 있다.

2. 저작권이란?

저작권이란 저작자가 그 자신이 창작한 저작물에 대해서 갖는 권리를 말한다. 이러한 저작권 제도는 종이의 발명, 인쇄술의 발전 및 컴퓨터 기술의 발전에 의하여 창작자에게 창작을 촉진하고, 대중들이 이를 이용하여 새로운 문화를 창조해 낼 수 있도록 기여하는데 목적을 두고 있다. 이러한 저작권에 대하여 우리나라는 저작권법을 제정하여 시행하고 있다. 이 저작권법은 저작자의 권리인 '저작권'과 이에 인접하는 권리인 '저작인접권', '출판권'으로 나누어 각각 보호하고 있다.

'저작권'은 다시 '저작인격권'과 '저작재산권'으로 나누어지는데, '저작인격권(Moral right)'은 저작자의 지위로부터 생기는 인격적 · 정신적 권리를 말한다. 이러한 저작인격권에는 공표권, 성명표시권, 동일성유지권이 인정되며, 저작재산권과 달리 양도나 상속되지 않는다.

'저작재산권'이란 저작권자가 저작물을 배타적으로 이용할 수 있는 재산적 권리를 말하며, 이에는 복제권, 공연권, 공중송신권, 전시권, 배포권, 대여권, 2차적 저작물작성권 등이 속한다.

'저작인접권(neighbouring right)'은 실연자, 음반제작자 및 방송사업자에게 부여되는 저작권에 유사한 권리이다. 이들은 저작물의 직접적인 창작자는 아니지만 저작물의 해설자 또는 전달자로서 저작물의 가치를 증대시키는 일을 하므로 저작권에 준하는 권리를 부여한 것이다.

'출판권'은 저작권자와 출판자 사이의 출판권 설정계약에 의하여 발생하는 권리로서, 당해 저작물을 원작 그대로 출판할 권리를 말한다. 이러한 출판권은 배타적·독점적인 권리로서 출판권자는 제3자의 위법한 출판행위가 있을 경우 그 금지뿐만 아니라 손해배상도 청구할 수 있다.

이러한 저작물도 창작성이 있어야 저작권으로 보호를 받는데, 창작성이란 완전한 의미의 독창성을 말하는 것은 아니다. 즉, 어떠한 작품이 남의 것을 단순히 모방한 것이 아니고 작자 자신의 독자적인 사상 또는 감정의 표현을 담고 있으면 창작성이 인정되는 것으로 해석된다.

저작권은 저작물의 창작과 동시에 발생하며, 어떠한 절차나 방식을 요구하지 않는 무방식주의에 따라 권리가 발생한다. 따라서 저작권은 등록하지 않아도 법적 보호를 받을 수 있지만, 등록하는 경우에는 추정력과 대항력이라는 법률적 이익을 향유할 수 있다.

이러한 저작재산권은 전부 또는 일부를 양도 또는 이용허락 할 수 있으며, 저작자 사후 70년까지 보호받는다.

저작권을 침해한 경우에는 민사배상책임은 물론이고 5년 이하의 징역 또는 5천만원 이하의 벌금에 해당하는 형사처벌도 받을 수 있다.

3. 보호받는 저작물

저작물이란 소설·시·논문·강연·연술·각본 등의 어문저작물, 음악저작물, 연극 및 무용·무언극 등의 연극저작물, 회화·서예·도안·조각·공예·응용미술작품 등의 미술저작물, 건축과 건축을 위한 모형 및 설계 도서를 포함한 건축저작물, 사진저작물, 영상저작물, 지도·도표·설계도·약도·모형 등의 도형저작물, 컴퓨터프로그램저작물, 데이터베이스, 기타 저작물의 요건을 갖춘 모든 창작물을 말한다.

이 중에서 4차 산업혁명과 직결된 저작물은 위에서 언급한 모든 저작물이 관련성을 갖고 있다고 본다.

원저작물을 번역 · 편곡 · 변형 · 각색 · 영상제작, 기타 방법으로 작성한 2차 저작물도 독자적인 저작물로서 보호를 받는다.

다만, 법령, 국가 또는 지방공공단체의 고시 · 공고 · 훈령, 법원의 판결 · 결정 · 명령 및 심판이나 행정심판 절차 등에 의한 의결 · 결정, 국가 또는 지방자치단체가 작성한 편집물 또는 번역물, 사실의 전달에 불과한 시사 보도 등은 보호 대상에서 제외된다.

최근에는 IT산업의 발달과 함께, 빅데이터도 저작권으로 보호해야 하는지 여부를 두고 논란이 있다.

4. 데이터베이스의 저작권

데이터베이스는 소재를 체계적으로 배열 또는 구성한 편집물이자 이용자가 자료 검색을 신속하고 편리하게 할 수 있도록 체계적으로 구성된 자료의 집합체라고 할 수 있다. 저작권법은 이러한 데이터베이스를 제작한 제작자를 저작권자로 보호하고 있는데, 그 이유는 데이터베이스구축에 인적 또는 물적 자원을 투자한 제작자를 보호하려는데 그 입법 취지가 있다.

예를 들어 인터넷 검색에 사용되는 검색 도구인 링크는 저작권 보호 대상이 아니지만 실제 저작물을 실행시키는 임베디드 링크(embedded link)[9]는 저작권으로 보호를 하고 있는 것이다.

9) 임베디드 링크는 블로그나 싸이월드 같은 곳에서 노래가 자동으로 흘러나오게 하거나, 어떤 사이트에 접속했을 경우 자동으로 광고 팝업창이 뜨게 하는 기능을 말한다. 서버에 저장된 음원 파일의 링크 주소를 이용자들에게 제공하면 이용자들은 복사된 링크 주소를 클릭하게 된다. 이용자는 클릭 후 수초 내에 스트리밍 형태로 음악을 들을 수 있다. 임베디드 링크는 송신의 전 단계이기는 하지만 언제든지 개별 이용자의 요구에 따라 송신이 이루어질 수 있는 준비 단계에 해당한다.

데이터베이스는 소재를 체계적으로 배열하고 있기 때문에 편집 저작물과 유사하다고 할 수 있다. 그러나 저작권법상 편집저작물은 구성하는 소재의 배열과 구성에 창작성이 있어야 하지만 데이터베이스는 창작성이 없더라도 저작권으로 보호하도록 저작권법이 규정하고 있는 것이다.

이러한 데이터베이스를 제작한 자는 데이터베이스를 복제, 배포, 방송 또는 전송할 권리를 갖게 된다.

데이터베이스 제작자의 권리는 제작을 완료한 다음 해부터 기산해 5년간 존속되는데, 기존의 데이터베이스를 개선하거나 검증 또는 보완을 위해 상당한 투자를 하였다면 저작권을 갱신할 수 있으며, 갱신 다음 해부터 5년간 보호를 받게 된다.

저작물이 아닌 콘텐츠 이용 행위 자체가 법적인 보호를 받는 경우도 있다. 예를 들어 인터넷 검색 엔진이 식별할 수 있도록 웹사이트에 삽입한 단어나 코드인 메타태그(metatags)가 이에 해당한다.

이처럼 메타태그를 보호하는 이유는 경쟁 사업자나 유명 상표권자의 이름을 의도적으로 삽입해 이용자를 부당하게 유인하는 경우 대상 웹사이트에 손해를 가할 수 있기 때문이다.

이와 관련하여 최근 경기도가 세금 상담 프로그램인 '지방세 상담봇'의 '지능형 상담 데이터베이스'를 한국저작권위원회에 저작권으로 등록한 바 있다. 이러한 지능형 상담 데이터베이스의 구성을 보면 Q&A 1,398개, 용어 정의 1,717개 등 3,115건의 데이터가 포함되어 있다.

그 밖에도 사용자들이 직접 만드는 콘텐츠인 UCC 사이트 운영자도 사이트 제작과 관리에 인적 내지 물적으로 많은 투자를 했다는 이유를 들어서 데이터베이스저작권자로 등록한 바 있다.

데이터베이스 저작권의 침해에 관한 사례를 보면, 갑은 2007년 위키사이트인 A 사이트를 제작하여 운영하여 왔다. 이후 을이 이 사이트 자료를 그대로 복사하는 일명 '미러링' 방식의 'A미러'사이트를 운영한 후 광고 수익을 취득한 바 있다. 이에 갑은 저작권법상 데이터베이스저작권자의 권리를 침해하고 있다며 3000만원의 손해를 배상하라는 청구소송을 한 바 있다. 이 소송은 고등법원에서 종결되었는데, 결론적으로 고등법원은 을이 갑에게 1억원을 배상하라고 판결하였다.

5. 소프트웨어 저작권

소프트웨어(software)란 컴퓨터 프로그램과 그와 관련된 문서들을 총칭하는 용어로 기계장치부를 말하는 하드웨어에 대응하는 개념으로 사용되고 있다.

소프트웨어는 운영체제와 응용 소프트웨어로 구분되는데, 오늘날에는 하드웨어가 급속히 발달하여 가격이 저렴해지고 교체가 빈번해 지면서 소프트웨어의 중요성이 더욱 증가하고 있다.

이러한 소프트웨어는 2진법을 이용한 컴퓨터 언어로 서술된 프로그램이라는 점에서 저작권(software copyright)으로 보호해 왔다. 단, 프로그램의 작성을 위한 프로그램 언어나 프로토콜, 알고리즘 등은 저작권 보호 대상에서 제외되어 왔다.

저작권은 베른협약에서 정한 무방식주의에 따라 등록을 하지 않더라도 권리가 발생하게 된다. 다만, 저작권을 관리해주는 집중관리기관, 예를 들어 저작권 위원회나 협회 등에 등록을 하면 저작권자로 추정되거나, 제3자에게 대항할 수 있는 능력이 주어진다.

경우에 따라서는 프로그램을 특허로 등록하는 경우도 있으며, 프로그램을 사용한 특정 장비에 관해서도 특허등록이 가능하다.

이러한 프로그램에 대한 특허등록을 하기 위해서는 발명의 내용이 그 출원 전에 공개되어 있지 않아야 한다. 따라서 특허출원 전에는 프로그램이 제3자에게 공개하지 않도록 관리하는 것이 필요하다.

이 경우에는 특허출원을 한 이후에 저작권 등록을 진행하는 것이 바람직하다. 즉, 소프트웨어의 특허등록은 산업상 이용가능성, 신규성, 진보성 등의 요건을 갖춰야 하므로, 특허출원은 프로그램 공개, 저작권 등록 전에 하는 것이 바람직하다.

소프트웨어 저작권과 관련하여 MS사의 창업자인 빌 게이츠를 사례를 한번 들어 보겠다.

빌게이츠는 허바드대학 재학시절부터 마이크로소프트사를 설립하여 사업과 학업을 병행하였다.

그러던 그는 1977년 2학년을 마지막으로 하버드대학을 떠나 사업에 전념하였는데, 처음으로 시련을 맞게 된 사건이 MITS사와의 저작권 분쟁이었다. 창업초기에 빌게이츠는 베이직(BASIC: Beginner's All-purpose Symbolic Instruction Code)을 MITS사에 공급했었다.

문제는 MITS사의 창업자였던 에드 로버츠(Ed Roberts)가 MITS를 퍼텍(Pertec)이란 회사에 매각하면서 마이크로소프트가 공급한 베이직(BASIC)이 논란의 중심에 섰던 것이다. 로버츠는 퍼텍과 회사 매각 협상을 진행하는 과정에서 "저작권료를 지불했기 때문에 베이식은 MITS의 소유다"라고 주장한 것이다. 결국 1977년 빌게이츠는 MITS사로부터 저작권을 침해하였다는 이유로 소송을 당하였다.

이 소송에서 법원은 MITS는 베이식을 사용할 권리만 갖고 있는 반면 그 프로그램의 판매권과 소유권은 마이크로소프트에 있다는 판결을 내렸다.

이 판결로 인해 마이크로소프트는 자신들이 만든 소프트웨어에 대한 통제권을 확보할 수 있었고, 이를 계기로 글로벌 소프트웨어기업으로 성장하는 토대를 마련하였던 것이다.

6. 빅데이터의 저작권

빅데이터(Big Data)란 디지털 환경에서 생성되는 데이터로 그 규모가 방대하고, 생성 주기도 짧고, 형태도 수치 데이터뿐 아니라 문자와 영상 데이터를 포함하는 대규모 데이터를 말한다.

빅데이터 환경은 과거에 비해 데이터의 양이 폭증했음은 물론이고, 데이터의 종류도 다양해져 사람들의 행동은 물론 위치정보와 SNS를 통해 생각과 의견까지 분석하고 예측할 수 있는 수준에 도달해 있다.

빅데이터는 데이터의 집합체라는 점에서 저작권법으로 보호하는 것이 타당하다는 것이 일반적인 견해였다.

그러나 최근 들어 이러한 일반론에 반론이 제기되고 있다. 즉, 4차 산업시대는 사람이 개입하지 않아도 디지털 정보가 활용되기 때문에 현행 저작권법을 그대로 적용하는 경우 현실과 괴리감이 커 법적용상의 혼란을 가져올 수 있다는 것이다.

즉, 인간이 개입하는 것이 부적절할 정도로 방대한 정보가 정보처리장치에서 능동적으로 이용되고 있기 때문에 앞으로는 데이터정보 자체가 완전히 새로운 가치를 창출하는 것으로 보아야 한다는 것이다. 빅데이터에 대한 침해는 기존의 저작권에 대한 침해와는 다른 시각이 필요하며, 동시에 저작권에 대한 보호체계도 변화되어야 한다는 것이다.

예를 들어 빅데이터는 소셜미디어, 바이오, 인포매틱스, 글로벌 고객정보 등 방대한 정보데이터 등을 분석하는 기술이기 때문에, 이러한 빅데이터 분석을 위한 데이터 마이닝 자체는 데이터 분산처리를 위해 저장하는 일시적인 복제에 불과해서 이를 저작권 침해로 보기 어렵다는 것이 일반적인 견해이다.

그럼에도 상업적 목적으로 정보를 추출하는 경우에는 데이터 마이닝이 '부수적 이용'에 해당되기 때문에, 이러한 경우에도 저작권 침해에 대한 면책 규정을 적용할지 여부는 심도있는 검토가 필요하다고 한다.

그 밖에도 빅데이터 산업 활성화를 위해서는 활용하려는 데이터가 저작물인지 여부와 관계 없이 원저작물의 저작권을 침해하지 않거나 시장에 부정적인 영향을 미치지 않는다면 이러한 가공물 창작에 대하여 법적인 책임을 완화하도록 저작권법을 개정하는 것이 필요하다는 주장이 제기되고 있다.

예를 들어 영국이나 일본처럼 데이터 마이닝에 대하여는 공정이용에 관한 규정을 적용하여 저작권의 효력을 제한하는 규정을 저작권 내에 신설하자는 것이 그것이다.

그럼에도 여전히 현행법상 빅데이터 활용에 대해 저작권침해 가능성이 있기 때문에 신중하게 접근할 필요가 있다. 다만, 4차 산업혁명에 국내기업들이 동참하여 글로벌 기업으로 성장할 수 있도록 하기 위해서는 데이터 마이닝에 대하여는 공정이용에 관한 규정을 적용하도록 개정하는 것은 시급하다고 할 수 있다.

Ⅵ. 상표권

1. 상표도용

온라인을 기반으로 하는 4차 산업시대에는 소비자나 제3자를 오인시키는 상표도용행위가 용이하고 빈번하게 발생할 가능성이 점차 높아지고 있다.

특히, 상표를 다른 국가에 있는 사업자가 자국에 이를 등록하는 경우 자칫하면 해당 국가에서 서비스나 상품을 판매할 수 없는 사태가 발생할 수 있다. 이는 상표등록이 사업의 성패를 가를 수도 있다는 것을 의미한다.

물론, 상표권 자체가 기술경쟁력의 우위와는 직접적인 관련성은 적다. 그러나 상표권은 기술력의 가치를 극대화할 수 있는 경영전략의 하나로 이용할 수 있는 제도라고 할 수 있다.

특히, 세계 어느 국가든 자국에 등록된 상표를 상표권자의 허락없이 사용하는 경우 민사상 손해배상책임은 물론이고 형사상 처벌도 받도록 규정하고 있는 상황에서는 해당 국가에 사전에 상표등록을 하면 시장지배력을 극대화하는 효과를 가져 올 수 있다.

따라서 타인의 상표를 사용하는 것은 물론이고 타인으로부터 상표권을 침해당하는 경우 이에 대한 대처방안을 사전에 숙지하는 것은 매우 중요하다.

2. 상표란?

상표란 자기 상품과 타인의 상품을 구분할 수 있는 표지로 사용되는 일체의 수단을 총칭하는 개념이다.

상표법에서는 상표를 "상품을 생산 · 가공 · 증명 또는 판매하는 것을 업으로 영위하는 자가 자기의 업무에 관련된 상품을 타인의 상품과 식별되도록 하기 위해 사용하는 표장"이라고 규정하고 있다(제2조). 따라서 업과 관련이 없는 표장이거나 상품을 식별하기 위한 표장이 아니라면 상표법상 상표로 취급될 수 없다.

'업(業)'이란 계속적이고 반복적으로 사업을 실시하는 것을 의미한다. 다만, 영리를 목적으로 하는 업이어야 상표권이 인정되는지 아니면, 비영리를 목적으로 하더라도 상표권이 인정되는지에 대하여는 논란이 될 수 있다.

이와 관련하여 상표법은 '상인적 방법'이라는 용어를 사용하고 있지 않음을 고려하여 볼 때에 비영리를 업으로 하는 경우에도 상표권이 인정되어야 한다고 본다.

상표법의 취지상 상표를 계속적 · 반복적으로 사용하지 않는 경우에는 상표를 통해 업무상 신용이 축적되지 않기 때문에 굳이 이를 보호할 필요가 없다는 해석이 가능하다.

3. 상표의 성립요건

상표로 성립하기 위해서는 4가지 요건이 갖추어져야 한다고 해석된다.

첫째, 상표는 상품을 업으로서 생산 등을 하는 자가 그 상품에 사용하는 것이어야 한다. 즉, 상품을 만드는 것을 업으로 하지 않는 자가 사용하는 상표는 상표법이 보호하지 않는다는 것을 의미한다.

둘째, 상표는 표장이어야 한다. 여기서 표장이란 기호 · 문자 · 도형 또는 이들의 결합 또는 이것의 각각에 색체를 가한 것을 말한다.

셋째, 상표는 표장으로서 자타상품(自他商品)을 식별할 수 있는 것이어야 한다. 즉, 타상품과 구별할 수 없는 상표는 법적으로 보호를 받지 못한다는 것을 의미한다.

넷째, 상표가 표장으로서 해당하는 것이어야 한다. 해당하는 것이란 상표를 구성하는 표장이 명확한 일정윤곽을 가지는 것을 말하며, 이것은 시각을 통하여 식별작용을 수행하게 된다. 즉, 일정한 윤곽을 나타내지 않으면 상표로 보호를 받지 못하게 된다.

위에서 본 바와 같이 상표로서 성립하기 위하여는 4가지 요건 모두를 충족해야 한다.

4. 디지털 상품에의 적용여부

상표권으로 보호받기 위해서는 타인의 상품과 비교할 수 있는 상품이어야 한다. 이와 관련하여 인터넷상 컴퓨터 네트워크를 통해서 다운받을 수 있는 디지털 상품(digital goods)이 상표법상 보호를 받을 수 있는 상품인지에 대하여는 논란이 있을 수 있다.

이는 상품이란 반복적으로 거래 대상이 되는 유체물로서 그 자체가 교환가치를 가지고 독립된 상거래 목적물이 되는 물품이어야 한다. 이에 반해 디지털 상품은 유체물이 아니라 무체물이기 때문에 상품이 될 수 없다는 비판이 있었다.

과거에는 상표법이 기호, 문자, 도형, 입체적 형상, 색채, 홀로그램,[10] 동작 등 시각적으로 인식할 수 있는 것만을 상표의 구성 요소로 인정하고 있었기 때문에 디지털상품이 상표법상 보호를 받기 어려웠다.

2011년 상표법을 개정하면서 한미 FTA 협정을 반영해 상표의 범주를 "소리 · 냄

10) 홀로그램(hologram)이란 3차원 영상으로 된 입체 사진으로, 홀로그래피의 원리를 이용하여 만들어진다. 즉, 입체상을 재현하는 간섭 줄무늬를 기록한 매체이다.

새 등 시각적으로 인식할 수 없는 것"까지로 확대한 바 있다.

현재는 디지털 상품 역시 시각적으로 인식할 수는 없는 것이지만 소리나 냄새 등과 같이 새로운 유형의 상품이기 때문에 이를 상표법의 보호대상으로 인정하는 것에 대하여 이견이 없는 상태이다.

대표적으로 골프장 홀의 경우 골프공이 홀에 들어가는 순간 '딸랑'하고 금속소리가 난다. 이러한 소리를 일본사업자가 상표등록을 해서 현재는 우리나라에 있는 골프장들의 대부분은 일본의 등록사업자에게 로얄티를 지급하고 홀을 만들고 있다. 미국의 경우에는 골프공이 들어가는 순간 '드르륵' 소리가 나는 플라스틱 소재로 골프장 홀을 만들고 있다. 그 이유는 '딸랑' 소리가 나는 금속제품의 홀을 제작하여 사용하는 경우 라이센스, 즉 통상실시권을 허락받고 로얄티를 지불하지 않으면 상표권 침해가 될 수 있기 때문이다.

세계적으로 유명한 브랜드를 갖고 있는 오토바이 제조회사인 할리데이비슨(Harley -Davidson)의 경우 엔진소리를 상표등록하였다. 이 오토바이의 엔진소리는 그 박동리듬이 인간의 심장박동리듬과 유사하다고 한다.

5. 상표권의 내용

상표권이란 공업소유권의 일종으로 사적인 권리를 말한다. 이는 특허권, 실용신안권, 디자인권과 같이 배타적이고 독점적인 효력을 가진 무체재산권에 해당한다.

이러한 상표권은 다른 공업소유권들과는 달리 창작성 보다는 타인의 동종 상품과 구별할 수 있는 표지인지 여부를 기준으로 보호여부를 결정하게 된다.

창의성을 전제로 하는 다른 공업소유권의 경우에는 출원 전에 이미 특허 또는 등록을 받을 수 있는 권리를 인정하고 있는 반면에 상표의 경우에는 출원 전에 등록받을 수 있는 권리는 인정되지 않다.

상표권은 다른 공업소유권과 달리 갱신 또는 연장이 인정되어 영속적으로 상표를 사용할 수 있는 권리가 주어지게 된다. 그 이유는 상표권 자체가 부정경쟁을 방지하고, 영업상의 신용유지를 도모하는데 목적을 둔 사적 권리에 해당되기 때문에 이를 영속적으로 사용하더라도 산업발전을 저해하지 않기 때문이다.

또한 상표권은 다른 공업소유권과는 달리 이전할 때 지정상품의 영업을 양도하는 경우에 함께 이전할 수 있다. 즉, 상표만 독립적으로 양도하거나 이전할 수 없다.

이는 상표만 이전하는 경우에 소비자들을 오인케 하여 불이익을 가할 수 있기 때문이다.

이러한 상표권은 특허청에 설정등록하면 발생하게 되는데, 상표권에 전용사용권을 설정하면 타인에게 사용허락하는 것도 가능하다. 이러한 상표권의 존속기간은 설정등록일로부터 10년간이며, 존속기간갱신등록출원에 의하여 10년간씩 갱신이 가능하다. 즉, 반영구적으로 사용이 가능하다.

따라서 각 기업들이 소유한 상표, 브랜드 가치가 천문학적인 것으로 평가되고 있다. 2017년 컨설팅업체 브랜드 파이낸스가 발표한 자료에 따르면 구글의 상표가치가 세계적으로 가장 높으며 그 가치는 금전적으로 1094억 달러라고 한다. 한화로는 120조원이 넘는 금액이다. 2위는 애플이며, 한국기업 중 삼성이 6위를 차지했고 662억달러라고 한다. 한화로는 약 70조원이 넘는 금액이다.

그리고 타인이 상표권을 침해한 경우에는 상표권자뿐만 아니라 소비자들을 오인케 하여 신뢰를 저버릴 수 있다.

그럼에도 불구하고 상표권의 침해행위는 경우에 따라 그 침해여부가 불확실할 수도 있다. 따라서 상표법은 침해의 예비 행위도 간접 침해로 인정하여 민사상 제재할 수 있도록 강력히 보호하고 있다.

그 밖에도 손해액의 추정, 법정 손해배상, 고의 추정, 신용회복 청구, 서류 제출 명령 등 특별한 보호를 가하고 있다.

이러한 민사적 구제방법뿐만 아니라 형사적으로도 상표권 침해자에 대하여는 7년 이하의 징역 또는 1억 원 이하의 벌금이라는 엄중한 처벌이 가해진다.

특히, 상품 출처의 오인 · 혼동은 일반 수요자 이익을 침해하므로 상표권 침해 죄는 특허권 침해 죄와는 달리 비친고죄[11]로 규정하고 있다.

즉, 피해자가 고소하지 않아도 검찰이 공공질서 유지차원에서 직권으로 기소할 수 있다.

6. 상표관련 시사점

상표를 만들어 사용하는 경우에는 특허청에 등록하여야 하는데, 상표등록을 하지 않으면, 브랜드에 큰 손해가 발생할 수 있다. 그 이유는 상표등록을 하지 않는 경우 타인이 먼저 상표등록을 하면 상표 사용이 제한되기 때문이다. 이는 상표를 먼저 사용했다 할지라도 타인이 이를 등록한 경우 등록된 상표만 보호받기 때문이다. 즉, 우리나라 상표법은 선출원주의를 따르고 있기 때문이다. 따라서 타인이 등록된 상표를 사용하면 상표권 침해가 되어 기존의 상표 또는 상품을 모두 폐기해야 하는 문제가 발생할 수 있다.

설령 타인이 자신의 상표를 사용하는 경우에도 상표등록을 하지 않으면 아무런 제재를 할 수 없기 때문이다.

실무에서는 일반적으로 하나의 브랜드가 성공할 경우 유사한 모방브랜드들이 출현하게 된다. 예를 들어 '봉구비어'가 흥행 이후에 '봉쥬비어', '달구비어', '용주비어' 등이 발생한 바 있다.

문제는 도메인등록은 하면서 상표등록을 함께하지 않은 경우 차후에 상표를 등록한 자가 도메인 사용을 중지할 것을 요구한 경우 도메인도 사용하지 못하는 경우도 발생할 수 있다.

---

11) 친고죄란 범죄의 피해자 기타 법률이 정한 자의 고소가 있어야 공소를 제기할 수 있는 범죄이다. 친고죄는 범인을 알게 된 날로부터 6개월을 경과하면 고소하지 못한다. 고소 취소는 1심 판결 전까지 해야 하고, 다른 공범이 있는 경우 범인 한 사람만 선택해서 취소할 수는 없고, 그런 취소라 하더라도 다른 공범 전체가 취소되는 것으로 본다. 일단 고소를 취소하면 다시 고소할 수 없다.

그 이유는 인터넷주소자원법 12조에서 “누구든 정당한 권원이 있는 자의 도메인 이름 등록을 방해하거나 정당한 권원이 있는 자로부터 부당한 이득을 얻는 등 부정한 목적으로 도메인 이름 등을 등록 · 보유 · 사용해서는 안 된다”라고 규정하고 있기 때문이다. 심지어는 해당 도메인을 상표권을 등록한 자에게 탈취당할 수도 있다.

통계자료에 따르면 실제로 상표등록을 하지 않아 매년 6,000건 이상의 상표권 분쟁이 발생하고 있다고 한다.

7. 상표권 분쟁사례

상표권 분쟁 예방과 관련한 대표적인 사례는 알리바바를 들 수 있다. 알리바바는 유사한 상표가 될 여지가 있는 30개의 유사상표를 선등록하여 상표권분쟁을 사전에 예방하고 있다. 즉, 알리바바는 발음이 비슷한 ‘알리빠빠’, ‘ALIPAPA’부터 유사 상표로 연상되는 ‘알리수수’(알리삼촌), ‘알리제제’(알리누나), ‘알리거거’(알리형님) 등 30개의 유사 상표를 등록해 상표권 침해를 원천적으로 차단하고 있다.

그러나 이에 실패한 애플 사례도 있다. 중국인이 ‘iPhone’과 ‘facebook’ 상표를 IT와 전혀 무관한 ‘가죽제품’과 ‘음료’에 각각 중국 특허청에 출원등록 한 바 있다. 이에 대하여 페이스북과 애플은 각각 당해 상표의 등록을 무효화시켜달라고 중국 특허청을 상대로 소송을 제기한 바 있다.

이들 무효소송에서 페이스북은 승소했고, 애플은 패소하는 결과가 발생하였다. 그 이유는 페이스북을 음료상품에 상표등록할 당시 페이스북 자체가 중국에서 널리 알려져 있었기 때문이다. 그러나 가죽제품에 애플 상표등록한 사례의 경우에는 중국 내에서 애플이라는 상표가 널리 알려지기 전에 중국인이 먼저 등록을 하였기 때문이다.

이러한 예는 국내기업들에게도 예외가 아니기 때문에, 국내 유명상표가 중국 내에서 알려지기도 전에 중국인이 출원하면 상표를 탈취당하는 결과를 가져 오고 당연히 소송을 해도 승소하기 어려워진다. 이런 경우에는 자사 상표임에도 불구하고 중국에서 상품을 판매할 때 상표사용에 대한 대가를 지불하고 사용허락을 받아야만 할 수도 있다.

이러한 문제를 해결하기 위해서는 국내에서 등록한 상표를 중국이나 다른 국가에 진출하기 전에 미리 등록해 놓는 것이 필요하다.

일반적으로 창업할 당시 상표의 중요성은 인식하지 않고 제품개발에만 주력하는 경우가 많다. 그러나 정작 제품을 출시할 당시 타인이 상표를 등록해서 제품을 판매하지 못하는 경우도 발생할 수 있다. 특히, 제품을 수출하고자 하는 경우 해당 수출국에 해당 상표 또는 유사상표가 등록되어 있는 경우 수출하기 위하여는 등록된 상표를 로얄티를 지급하고 사용해야 하는 불상사가 발생할 수 있다. 창업할 당시 이에 대한 사전 준비가 필요하다는 것을 미리 알아두는 것은 매우 필요하다.

Ⅶ. 디자인권

1. 디자인 분쟁

2011년 애플이 삼성전자를 상대로 갤럭시 폰이 아이폰의 곡선 디자인을 침해하였다는 이유로 10억불 상당의 손해배상 청구소송을 미국에서 제기한 바 있다.

이 소송에서 1심 법원은 애플이 검은 직사각형 앞면 모양, 둥근 모서리, 프로그램과 앱용 아이콘의 다채로운 색상에 대해 특허권이 있다고 인정하면서, 삼성이 애플에 9억3000만 달러를 배상해야 한다고 판결했다. 2심에서는 배상액이 5억4800만 달러(디자인 특허 배상액은 3억9900만 달러)로 감액된 바 있음에도 불구하고, 삼성은 배상액이 과도하다며 대법원에 상고했고 결국 대법원은 2017년 1월 배상액이 과도하므로 재심리하라고 파기환송한 바 있으나 여전히 재판이 진행중에 있다. 결국,

삼성과 애플간의 디자인 소송은 언제 종결될지 모르는 상황이 되었다.

이러한 예를 보건대 4차 산업시대에는 어떠한 형태의 디자인 분쟁이 발생할지 사실상 예측이 어렵다.

그러나 디자인권에 대한 기본법리를 이해한다면 이러한 문제도 해결될 수 있다고 본다. 이번에는 디자인의 법적 권리와 이를 침해한 경우 발생할 수 있는 법적 리스크에 대하여 알아보겠다.

2. 디자인이란?

디자인(design)이란 주어진 목적을 조형적으로 실체화한 의장(意匠)이나 도안을 말하는 것으로서 공업디자인 또는 산업디자인이라고도 부른다. 디자인보호법는 보다 구체적으로 서술하고 있는데, 이에 따르면 디자인을 "물품의 형상 · 모양이나 색채 또는 이들을 결합한 것으로서 시각을 통하여 미감을 일으키게 하는 것"이라고 정의하고 있다(제2조 1호). 여기서 말하는 물품이란 거래의 대상으로서 운반 가능한 것을 말하며, 물건의 일부도 이에 해당한다. 그리고 형상(形狀)이란 외관적 형태를 말하며, 평면적인 것과 입체적인 것 모두를 포함하는 개념이다.

모양이란 장식용의 형상을 말하며, 평면적으로 표시된 점, 선 또는 상(像) 등의 집합을 말한다. 이러한 모양은 때로는 색채를 수반하는 것이 많고, 부조모양과 같이 요철의 형태로 이뤄지기도 한다.

여기서 말하는 색채란 1종 또는 2종 이상의 색의 배합을 말하며, 결합이란 형상, 모양, 색채의 전부 또는 2 이상이 동일물품에 대하여 동시에 표현되는 경우를 말한다.

이러한 산업디자인은 인간의 문화적 필요를 충족시켜주기 위하여 조성하는 산업제품과 생산시스템을 발전시키는 창조적 활동이기 때문에 이를 권리로 인정하여 보호할 필요가 있는 것이다.

디자인의 영역은 광의로는 모든 조형 활동에 대한 계획, 설계나 드로잉(drawing)

까지 포함하지만, 협의로는 도안, 장식 등의 의미로 사용되어 왔으며, 디자인보호법은 협의의 영역에 속한 디자인만을 보호하는 것으로 해석된다.

3. 디자인권

디자인권이란 공업소유권의 일종으로서 배타적, 독점적인 효력을 갖는 권리를 말한다. 그 권리는 무체재산권으로서 그 객체는 무형의 창작이며, 양도가 가능하다.

디자인을 창작한 자 또는 그 승계인은 디자인보호법에 따라 디자인등록을 받을 수 있는 권리가 있다. 2인 이상이 공동으로 디자인을 창작하여 등록한 경우에는 이 디자인권은 공유로 하며, 디자인권의 효력은 설정등록에 의하여 발생한다.

디자인권자는 등록디자인 및 관련디자인을 실시할 권리를 독점하게 되는데, 그 디자인권에 대하여 전용실시권[12)]을 설정한 경우에는 디자인권을 행사할 수 없게 된다. 향후 로봇이나 AI를 상품화하는 경우 이 상품의 디자인을 등록하지 않으면 콘텐츠는 도용당하지 않더라도 디자인을 침해당할 수 있다. 이는 해당 기업의 브랜드 가치를 상실당할 수 있기 때문에 이에 대한 사전 대비가 필요하다고 할 수 있다.

등록된 디자인 또는 그것의 관련디자인을 디자인권자의 허락 없이 이를 사용하여 업으로 물품을 생산 · 양도 · 대여 · 수출 또는 수입하는 경우에는 디자인권 또는 전용실시권을 침해한 것으로 보게 된다(114조).

이 경우 디자인권자 또는 전용 실시권자는 자신의 권리를 침해한 자 또는 침해할 우려가 있는 자에 대하여 그 침해의 금지 또는 예방을 청구할 수 있다. 이러한 디자인권의 존속기간은 설정등록한 날부터 디자인등록출원일 후 20년이 되는 날까지이다.

---

12) 전용실시권이란 다른 사람의 디자인권을 독점적 · 배타적으로 실시할 수 있는 권리라는 점에서 통상실시권의 상대개념이다. 다자인권자는 그 디자인권에 대하여 다른 사람에게 전용실시권을 설정할 수 있다. 전용실시권자는 그 설정행위로 정한 범위 안에서 업으로서 그 디자인을 실시할 권리를 독점한다.

관련디자인의 경우에는 디자인권자 또는 디자인등록출원인은 관련디자인에 대해 기본디자인의 디자인등록출원일부터 1년 이내에 디자인등록출원된 경우에 한하여 관련디자인으로 디자인등록을 받을 수 있다. 이러한 관련디자인 제도는 종전의 유사디자인 제도를 폐지하고, 기본디자인과만 유사한 관련디자인의 독자적인 디자인권을 인정하기 위해 도입되었다. 그 결과 관련디자인에 독자적인 권리범위와 권리존속기간이 부여됨으로써 창작자의 권리보호를 강화되었다.

4. 디자인의 등록요건

디자인이 특허청에 등록되기 위해서는 그 디자인이 신규이고 또한 고안으로서 진보성이 있고 공업상 이용할 수 있는 것이어야 한다. 즉, 신규성, 진보성, 공업상 이용성이 등록요건인 것이다.

특히, 디자인보호법은 특허법이나 실용신안법과는 달리 '산업상 이용할 수 있는 것'보다는 협의로 '공업상 이용할 수 있는 것'을 그 요건으로 하고 있다.

여기서 말하는 '공업상 이용할 수 있는'이란 공업적으로 양산이 가능해야 한다는 의미이다. 따라서 공업적으로 양산할 수 없는 미술품, 회화 등의 경우에는 공업상 이용할 수 있는 디자인이라고 말할 수 없다.

그 밖에도 디자인 등록을 할 수 없는 디자인, 즉 디자인의 소극적 등록요건을 정해 놓고 있다. 이에 해당하는 경우는 ① 디자인등록출원 전에 국내 또는 국외에서 공지되었거나 공연히 실시된 디자인, ② 디자인등록출원 전에 국내 또는 국외에서 반포된 간행물에 기재된 디자인, ③ 위의 ①, ②에 유사한 디자인은 신규성이 없는 것으로 보고 등록할 수 없도록 제한하고 있다. 즉, 공지 또는 간행물기재의 디자인과 동일한 디자인에 한하지 않고, 이들과 유사한 디자인도 신규성이 없는 것으로 등록을 거부할 수 있는 법적 근거를 마련해 두고 있다.

5. 디자인의 창작성(진보성) 판단기준

AI나 롯봇 등과 같은 상품을 개발한 경우 그 디자인등록을 받기 위해서는 창작성, 즉 진보성을 충족하여야 한다. 구체적으로는 디자인등록출원 전에 그 디자인이 속하는 분야에서 통상의 지식을 가진 자가 공지 · 공용 · 간행물기재 등을 통해 알 수 있는 디자인 또는 국내에서 널리 알려진 형상 · 모양 · 색채 또는 이들의 결합에 의하여 용이하게 디자인을 창작할 수 있는 것일 때에는 창작성이 없으므로 디자인 등록을 받을 수 없다.

이러한 창작성 요건은 특허요건으로서의 진보성 요건과 거의 동일한 내용이다. 즉, 진보성이란 디자인 창작이 이뤄지기까지의 곤란성을 말하는 것으로서 특허출원 전에 발명이 속하는 해당 분야에서 통상의 지식을 가진 자가 용이하게 발명할 수 없는 것이어야만 디자인 등록을 할 수 있다는 것을 의미한다.

그러나 사실상 디자인의 진보성을 입증하기는 매우 어렵다. 대부분의 경우에는 사업을 영위하면서 당해 디자인을 계속해서 지속적으로 사용했는지 여부가 매우 중요한 경우가 있다.

2001년 11월경 발렌타인(Ballantines) 위스키 회사가 발렌타인 17년산 병모양을 롯데주류가 생산하는 스카치블루(Scotch Blue) 12년산에 도용했다는 이유로 그 사용을 중지해달라고 명령하여 줄 것을 서울지방법원에 가처분 신청한 바 있다. 이에 대해 법원은 발렌타인 17년산의 병모양은 일반적인 형태와 색채를 취하고 있으며, 발렌타인 12년산, 17년산, 21년산, 30년산 등의 병모양이 일관되지 않기 때문에 소비자들의 혼동가능성이 없다고 보아 가처분신청을 기각한 바 있다.

이러한 사례를 보건대 사업자가 자사제품의 디자인을 권리로 보호받으려면 당해 디자인을 상품에 지속적으로 사용하는 것이 중요하다.

6. 디자인의 신규성 판단기준

디자인의 유사여부, 즉 신규성을 판단하는 기준은 판례를 통하여 정립되어 있다.

첫째, 유사성 여부는 전문가가 아닌 일반인을 기준으로 판단하게 된다. 즉, 널리 알려져 있는지 여부는 전문가가 아닌 일반인이 더 객관적일 수 있기 때문이다.

둘째, 디자인은 시각을 통하여 미감을 일으키게 하는 것이므로 그 유사여부의 판단은 육안에 의하여 관찰하게 된다. 즉, 논리적으로 판단하지 않고 감성적으로 판단하는 것을 허용한다는 것이다.

셋째, 유사성 여부는 외관을 기준으로 판단한다는 것이다. 이는 디자인법이 디자인의 개념을 정의함에 있어 시각에 의한 미감을 명확히 규정하고 있기 때문이다.

넷째, 유사여부를 판단할 때 부분적으로 판단하는 것이 아니고 전체관찰에 의한 종합판단에 의하여 판단하게 된다.

다섯째, 수요자의 눈에 띄는 부분으로서, 가장 주의를 끌기 쉬운 부분은 매우 비중을 두어 판단하는 것이다.

종합적으로 보면 디자인의 신규성 부분을 판단하는 것은 이성적 또는 논리적이기보다는 시각을 통한 미감이라는 점에 의존하기 때문에 법적 분쟁시 어려움이 많다.

이러한 문제를 해결하기 위하여는 지속적으로 상표를 사용하여 디자인권자와 상표와의 연관성이 있다는 것을 일반인들도 인식할 수 있도록 노력하는 것이 필요하다.

7. 디자인권 침해 시 구제방안

디자인권이 침해받은 경우 민사상 구제방안과 형사상 구제방안을 구분하여 고려해 보아야 한다. 민사상 구제방안으로는 디자인권자가 권리를 침해한 자 또는 침해할 우려가 있는 자에 대하여 청구하는 민사상 침해의 금지 또는 예방 청구, 손해배상청구 등이 있다.

특히, 손해배상액과 관련하여서는 손해배상액을 추정하도록 디자인보호법이 규정하고 있다. 즉, 침해에 의하여 자기가 입은 손해의 배상을 청구하는 경우 그 권리를 침해한 자가 그 침해행위를 하게 한 물건을 양도하였을 때에는 그 물건의 양도수량에 디자인권자 또는 전용실시권자가 그 침해행위가 없었다면 판매할 수 있었던 물건의 단위수량 당 이익 액을 곱한 금액을 디자인권자 또는 전용실시권자가 입은 손해액으로 할 수 있도록 추정규정을 두고 있다.

이를 통해 디자인권 침해 시 손해액 산정문제로 법원의 판결이 지연되거나, 손해액이 명확하지 않다는 이유로 디자인권자가 불이익을 당하는 것을 예방하기 위한 입법적 조치라고 할 수 있다.

이 규정이 때로는 손해배상원칙 중 핵심원칙인 실손해배상원칙에 위배되어 위헌의 소지가 있다는 의견들도 제시되고 있다.

형사상 구제방안으로는 디자인권을 침해한 자에게 형사상 7년 이하의 징역 또는 1억 원 이하의 벌금이 부과될 수 있으며, 이는 친고죄이다.

이는 디자인권자가 고소를 하지 않으면 검사가 직권으로 기소를 할 수 없다는 것을 의미한다. 따라서 침해자는 디자인권자와 합의를 해야 고소당하지 않을 수 있다.

8. 디자인권 침해 관련 사례

현재 진행 중인 삼성과 애플의 특허분쟁은 기술력에 국한된 내용이 아니라 디자인권 침해 여부도 포함되어 진행되고 있다.

또한 미국계 제약회사인 화이자(Pfizer)사는 한미약품이 2012년 5월부터 팔팔정을 만들기 시작하자 비아그라의 고유한 푸른색 다이아몬드의 디자인을 모방했다며 팔팔정 판매금지를 청구하는 소송을 제기한 바 있다.

1심에서는 화이자가 한미약품에 패소하였지만, 2심은 상표권을 침해한 것으로 보고

팔팔정 판매를 금지하는 판결을 한 바 있다. 최종적으로 대법원에서는 팔팔정이 비아그라의 디자인권을 침해하지 않았다는 판결을 내렸다. 그 이유는 마름모 도형의 입체적 형상과 푸른색 계열의 색채를 결합해 구성된 비아그라는 그 형상이 지정 상품인 약제에 속하는 알약의 일반적인 형태라고 전제하였다. 이 사건에서 비아그라와 팔팔정의 형태에 공통되는 부분이 있기는 하지만 차이점도 존재하는 만큼 수요자에게 오인 · 혼동을 일으킬 우려가 없다고 보았다(대법원 2015. 10. 15. 선고 2013다84568 판결).

9. 침해 경고장, 대응방안

디자인의 경우뿐만 아니라 상표나 저작권을 위반했다는 이유로 어느 날 갑자기 타인으로부터 디자인권 침해 경고장과 더불어 사용을 중지하지 않거나 손해배상하지 않으면 민형사상 법적 조치를 취하겠다는 내용의 내용증명[13)]이 송달되는 경우가 종종 있다.

한 사례를 들어보면, 소규모 악세서리 판매업을 하는 A씨는 자체적으로 디자인한 목걸이를 판매하고 있었다. 어느 날 동종업계 중소기업인 B사로부터 A씨가 판매하고 있는 악세서리가 B사의 디자인권을 침해했다는 내용의 경고장을 수령하게 되었다. 그 경고장에는 당해 악세서리 판매를 중지하지 않으면 손해배상 청구는 물론이고 형사고소까지 하겠다는 내용도 포함되어 있었다고 한다. 영세업자인 A씨는 자체 제작한 디자인임에도 불구하고 소송수행에 대한 두려움 때문에 판매를 중지하였다고 한다.

이 사례처럼 실제로는 디자인권을 침해하지 않았음에도 불구하고 판매를 중지하

13) 일반적으로 내용증명의 경우 손해배상청구, 계약 해지 통보 등의 용도로 많이 사용된다. 내용 증명의 방법은 같은 문서 3통을 준비하여 원본을 수신인에게 등기우편으로 보내고, 발신인이 한 부를 보관하며, 나머지 한 부는 우체국에서 보관한다. 개인 및 상호간의 거래에서 우체국이 편지의 내용과 날짜를 증명하여 주는 것이다. 내용 증명 자체가 법적인 효력이 발생하는 것은 아니며 사실을 증명하는 목적으로 사용된다. 작성 시 사실관계에 입각하여 객관적으로 육하원칙에 맞추어 작성한다.

거나 합의금을 지급하는 사례가 빈번히 발생하고 있다.

이러한 경고장이 송달되었다 하더라도 자체 개발 상품으로 모방품이 아닌 것이 분명한 경우에는 차분히 대처할 필요가 있다. 우선, 경고 상대방이 주장하는 디자인권이 실제로 등록된 권리인지를 먼저 확인하는 것이 필요하다.

다음으로 등록된 권리와 자신의 제품이 침해 관계에 있는지를 면밀히 검토해 보아야 하며, 검토 결과, 권리침해가 없다고 판단되면 경고장의 내용을 반박하는 답장을 내용증명형태로 송부하고 판매를 계속하는 것이 바람직하다. 특히, 등록 권리의 출원 전부터 자신이 개발한 제품을 판매하고 있었다는 것을 증명하면 자체개발 제품을 판매할 수 있는 권리, 일명 '선사용권' 인정되어 업을 계속할 수 있다.

일반적으로 디자인권의 침해 여부는 심미감에 의존하는 것이 일반적이기 때문에 일단 분쟁이 발생하여 소송으로 진행되는 경우에는 시간과 비용이 많이 든다. 특히, 상대방이 디자인권을 침해했으므로 상품의 판매를 중지할 것을 법원에 가처분 신청하는 경우 법원에 이를 반박하는 증거를 첨부한 답변서를 법원에 보내지 않으면 1개월 이내에 판매금지 가처분 결정이 내려질 수 있다.

디자인은 너무도 다양해서 아무리 주의를 기울여도 침해논란에 빠져들 수 있다. 따라서 설령 누군가 침해했다는 경고장은 물론이고 소송을 제기했더라도 너무 서두르지 말고 차분히 이에 대응하는 것이 중요하다고 할 수 있다.

Ⅷ. 초상권

1. 초상(肖像)

페이스북의 저커버그가 창업하기 전 수업 같이 듣는 사람들의 리스트를 볼 수 있는 '코스매치(Coursematch)'를 개발했고, 누가 인기가 있고 없고를 가리는 '페이스매쉬닷컴(Facemash.com)'을 운영한 바 있다. 당시 페이스매쉬닷컴의 활용도를 높이기 위하여 하버드 대학의 전산 시스템을 해킹해 12개 기숙사 여학생들의 사진을 2명씩 올리면서 어느 쪽이 더 마음에 드는지 선택하게 했다. 그 결과 학교로부터 징계를 받고 보호관찰처분을 받게 되었다. 즉, 여학생들의 초상권을 침해한 것이었다.

이러한 초상권 침해는 온라인 시대를 맞이하여 급증하고 있으며, 이러한 분쟁이 발생하는 경우 당해 이미지 사용 중지 등의 가처분결정이 내려지는 경우 사업을 영위하기 어려울 수 있다. 특히, 4차 산업시대에는 빅데이터를 처리하는 과정에서 타인의 초상을 사용하는 경우가 빈번히 발생할 수 있다.

이처럼 4차산업혁명 시대에 무방비로 사람들의 초상이 온라인 상에 노출되고 이로 인한 분쟁이 발생할 소지가 높아지고 있다. 특히, 가상현실 속에서 홀로그램의 모양을 타인의 외관을 형상을 딴 경우 초상권 침해의 논란이 커질 수 있다.

따라서 초상권이 무엇이며, 이에 대한 침해시 제재와 구제방안을 알아보는 것은 매우 중요하다.

2. 초상권이란?

초상권이란 자기 자신의 초상에 대한 독점권을 말한다. 즉, 자기의 초상이 허가 없이 촬영이 되거나 또는 공표가 되지 않을 권리를 말한다. 이러한 초상권에는 인격권으로서의 초상권과 재산권으로서의 초상권이 있는데, 재산권으로서의 초상권은 퍼블리시티권(Right of Publicity)이라고 한다. 즉, 유명인의 성명이나 초상 등을 광고에 이용하는 경우 이의 사용을 중단케 하고 사용한 행위에 대하여 손해배상을 청구할 수 있는 것이다. 특히, 초상에 재산권을 인정하는 경우 손해배상금액은 기하급수적으로 증가할 수도 있다.

특히, 4차 산업혁명 시대에는 아바타나 홀로그램을 유명인의 성명이나 초상을 이용하는 경우 퍼블리시티권 침해로 인한 논란의 대상이 될 수 있다.

이러한 퍼블리시티권은 법적으로는 명확한 구제방법이 존재하지 않는다. 즉, 인격권으로서의 초상권이 침해 당한 경우에는 헌법 제10조의 행복추구권과 민법 750조의 불법행위 규정에 의거하여 구제받는데 법리적으로 큰 무리가 없다. 그러나 재산권으로서의 초상권, 즉 퍼블리시티권은 물권적인 권리를 인정할 만한 법적 근거가 없어 구제받는데 논란이 많다. 실무에서도 법률, 조약 등 실정법이나 확립된 관습법 등의 근거 없이 퍼블리시티권을 인정하는 것이 법리적으로 많은 논란을 가져오고 있다.

최근에는 퍼블리시티권의 성립요건, 양도·상속성, 보호대상과 존속기간, 침해가 있는 경우의 구제수단 등을 구체적으로 법률에 규정하여 퍼블리시티권을 인정해야 한다는 주장이 많이 있으나 아직 입법적으로 해결을 보지 못하고 있다.

초상권 침해 문제는 인격권의 문제로 보고 이를 침해한 경우에는 형사상으로는 명예훼손죄가 성립되고 민사상으로는 손해배상 청구대상이 되는 것으로 이해되고 있다.

다만, 그 목적이 상업용이 아니라 공공의 이익을 위한 것일 경우는 예외가 인정될 수 있다.

이러한 초상권은 원래 그림이나 조각으로 제작된 초상만이 문제가 되었었다. 그러나 사진 기술의 발달과 조판인쇄술이 발명되어서 사진의 대량복사가 가능해지면서 그 중요성이 더해지고 있는 것이다.

입법적으로는 4차 산업시대에 적합한 퍼블리시티권의 개념을 명확히 정의하고 이에 대한 구제방안을 입법화하는 것이 필요하다. 다만, 입법 시 형사상의 책임추궁보다는 민사상 책임추궁방안을 제정하는 것이 사회적 부작용을 최소화할 수 있을 것으로 생각된다.

3. 초상권의 종류

초상권의 종류로는 (1) 촬영/작성 거절권, (2) 공표거절권, (3) 초상영리권을 들 수 있다. 촬영/작성 거절권은 얼굴 기타 사회 통념상 특정 인물임을 알 수 있는 신체적 특징을 당사자의 동의 없이 촬영하거나 작성되는 것으로부터 보호받을 권리를 말한다.

공표거절권은 촬영된 자신의 사진이나 작성된 초상이 본인의 동의 없이 공표되거나 복제되는 것으로부터 보호받을 권리를 말한다.

초상영리권은 자신의 사진이나 초상이 상업적으로나 영리적으로 이용되는 것으로부터 보호받을 권리를 말한다.

문제는 이러한 초상권이 현행법상 아무런 명문규정을 두고 있지 않는 점이다. 다만, 해석상 법원의 판례를 통하여 이러한 초상권이 인정되고 있는데, 그 법적 근거로는 헌법 10조의 행복추구권[14]과 민법 제750조 1항의 불법행위를 들고 있다.

우리 헌법 제10조에서는 "모든 국민은 인간으로서의 존엄과 가치를 가지며 행복을 추구할 수 있는 권리를 가진다"고 규정하고 있다. 즉, 국가가 보장하여야 할 인간으로서의 존엄과 가치에 초상권이 포함되는 것이다.

또한 민법 제750조 제1항에서는 "타인의 신체, 자유 또는 명예를 해하거나 기타 정신상의 고통을 가한 자는 재산 이외의 손해에 대하여도 배상할 책임이 있다"고 규정하고 있기 때문에 이 규정에 의거하여서도 초상권은 보호받을 수 있는 것으로 해석되고 있다.

---

14) 행복추구권이란 우리 헌법 제10조에서 '모든 국민은 인간으로서의 존엄과 가치를 가지며, 행복을 추구할 권리가 있다'라는 규정에 의거하여 탄생한 기본권입니다. 이 규정은 개인의 가치를 무시하고 국가의 도구로 취급하는 전체주의를 거부하는 헌법적 정신을 천명한 것으로 평가받고 있다. 이러한 행복추구권은 일반적으로 행동자유권과 인격의 자유발현권 및 생존권 등을 의미한다. 따라서 국민 스스로 오감만족을 위한 삶을 살 수 있도록 보장하는 것이며, 이 개념에는 환경권과 인간다운 주거공간에서 살 권리도 포함되는 것으로 해석되고 있다.

4. 초상권 침해 판단 기준

초상권을 침해하는 행위를 둘러싸고 초상권을 침해한 자와 침해받은 자간의 서로 다른 두 방향의 이익이 충돌을 하는 경우엔 구체적 사안의 사정을 종합적으로 고려하여 공익과 사익을 이익형량을 한 후 최종적으로 침해행위의 위법성을 판단하게 된다.

이 경우 침해자의 입장에서 고려되어야 하는 요소로는 침해행위로 달성하고자 했던 이익의 내용 및 그 중대성, 침해행위의 필요성과 효과성, 침해행위의 보충성과 긴급성, 침해방법의 상당성 등이 있다.

피해자의 입장에서 고려되어야 할 요소로는 피해법익의 내용과 중대성, 침해행위로 인하여 피해자가 입는 피해의 정도, 피해이익의 보호가치 등이다.

예를 들어 초상 촬영 시 금전을 지불하고 촬영하였다면 이는 상대방의 동의가 있었으므로 초상권 침해 논란에서는 제외된다. 그러나 보도 활동으로 판명이 된 촬영이나 역사적 사실을 알리는 과정에서 초상을 공표하는 경우 피 촬영자의 동의가 필요한지 여부에 대하여는 공익과 사익이라는 이익형량을 통하여 판단하게 된다.

즉, 초상권의 공표 목적이 상업용이 아니라 공공의 이익을 위한 것일 경우는 예외가 인정되는 것이다.

5. 초상권 침해 시 손해배상책임

초상권을 침해 당한 사람은 민법의 불법행위 규정에 의거하여 손해배상청구를 할 수 가 있다.

즉, 민법 제750조 및 제751조에 의거하여 고의 및 과실로 인한 위법행위로 타인에게 손해를 가한 사람은 그 손해를 배상할 책임이 있다. 여기서 말하는 손해란 타인의 신체, 자유나 명예를 해하거나 그 밖에 정신상 고통을 가하여 발생한 재산 외의 손해 모두를 의미하는 것으로서 그 범위가 매우 광범위하다.

위법 사실이 확인 된 경우에는 법원은 위의 손해배상을 정기금채무로 지급할 것을 명할 수 있으며 그 이행 확보를 하기 위해 상당한 담보 제공도 명할 수 있다.

이러한 불법행위로 인한 손해배상의 청구권은 피해자 또는 그 법정대리인이 그 손해 또는 가해자를 안 날부터 3년간 행사하지 않으면 시효로 인해 소멸[15]하게 된다. 침해 사실을 몰랐던 경우에는 초상권 침해 사실이 있었던 날로부터 10년을 경과하면 손해배상청구권이 소멸된다.

결론적으로 초상권은 온라인 세상이 도래하는 4차 산업시대에 개인의 프라이버시 보호 및 재산권 보호차원에서 그 중요성이 더욱 커지고 있다.

그러나 초상권이라는 새로운 재산권을 법적으로 명확히 규정하기에는 어려움이 많은 것이 현실이다.

그럼에도 점차적으로 이에 대한 사회적 요구는 점차적으로 증가할 것으로 예상된다. 어려운 개념이기는 하지만 창업하시는 분들이 미리 사전에 알아두는 것은 매우 중요하다고 본다.

Ⅸ. 첨단산업재산권

1. 신지식 재산의 확산

4차 산업시대에는 지식재산권의 중요성이 급속도로 증가하고 있다. 이러한 지식재산권 중 특허권, 저작권 등의 전통적인 지식재산권 범주로는 보호가 어려운 유전

15) 소멸시효란 권리자가 권리를 행사할 수 있음에도 불구하고 권리를 행사하지 않는 사실상태가 일정기간 계속된 경우에 그 권리의 소멸을 인정하는 제도이다.

자조작동식물, 반도체설계, 인터넷, 캐릭터산업 등과 관련된 무형의 새로운 지식재산권이 탄생하게 되었으며, 이를 신지식재산권이라고 한다.

이러한 새로운 무형의 재산에 대하여 신지식재산권이라는 새로운 명칭을 붙여야 하는 이유는 이러한 창작물들이 자연법칙을 이용했다고 보기 어렵기 때문이다. 자연법칙이란 자연계의 모든 사물과 현상에서 반복적으로 나타나는 일정한 법칙이라고 할 수 있는데, 예를 들어 특허를 취득한 화학약품의 경우 그 약품의 분자구조식대로 약품을 제조한 경우 동일한 약을 반복적으로 생산해 낼 수 있기 때문에 자연의 법칙을 이용한 고도의 기술에 의한 창작물이라고 할 수 있다. 그러나 생약의 경우에는 생물체에서 추출한 것이기 때문에 그 변수가 다양하여 동일한 약을 반복적으로 생산해 낼 수 없기 때문에 자연의 법칙을 이용한 고도의 창작물이라는 요건을 충족하기 어렵다. 구체적인 예로 동일한 종자를 파종하였지만, 그 산출물의 크기나 품질, 모양 등이 각기 다를 수 있기 때문이다.

그럼에도 이들을 법적으로 보호해야 할 가치가 있기 때문에 이를 신지식재산권이라고 부르는 것이다.

이러한 신지식재산권 중 4차 산업과 직결될 것으로 예상되는 창작물로는 일반적으로 반도체배치설계, 생명공학발명, 비즈니스모델 등이 언급되고 있으며, 이를 전문가들은 첨단산업재산권이라고 부르고 있다.

4차 산업혁명시대에는 이러한 첨단산업재산권에 대한 이해가 있어야 신기술을 개발하고 이를 산업화하는데 효율적일 수 있다.

2. 반도체배치설계

반도체 배치설계란 배치설계를 무단복제 등의 침해로부터 보호하고, 배치설계에 관한 창작자의 권리를 보호하기 위한 신지식재산권의 일종이다. 이러한 배치설계권은 「반도체집적회로의 배치설계에 관한 법률(반도체설계법)」에 의거하여 배치설계를 특허청에 설정등록함으로서 발생하는 신지식재산권이며 동시에 첨담산업재산권에 속하는 권리이다.

이러한 배치설계가 창작성을 인정받기 위해서는 기존의 제작물과 구별될 수 있는 배치설계를 제작하여야 하며, 그 제작을 위하여 지적노력을 투자하여 통상적이지 않은 특성이 나타나는 결과물을 얻어야 한다. 즉, 진보성이 확보되어야 한다.

이러한 배치설계권의 보호대상은 배치설계라는 추상물이지만, 이 추상물은 그 존재를 객관적으로 직접 인식할 수 없음은 물론이고, 물건과 같이 점유할 수 없는 특성을 갖고 있다. 따라서 배치설계권을 보호받기 위해서는 권리의 대상, 권리발생시기, 권리소멸시기를 특허청에 설정등록하여야 한다.

배치설계권을 설정등록한 배치설계권자 또는 그로부터 권리를 승계한 자는 설정등록된 배치설계에 대하여 영리목적을 위하여 당해 배치설계권을 이용할 권리를 독점하게 된다.

다만, 이러한 독점권이 인정되는 않는 예외가 있다. 이를 구체적으로 보면

① 배치설계권자가 타인에게 그 배치설계를 독점적으로 이용할 수 있는 권리를 설정한 경우, 그 설정된 범위 내에서 전용이용권자가 영리를 목적으로 그 배치설계를 이용하는 권리를 독점하는 때에는 예외가 적용된다.

② 교육 · 연구 · 분석 또는 평가 등의 목적이나, 개인이 비영리적으로 사용하기 위한 배치설계의 복제 또는 그 복제의 대행의 경우에는 그 사용이 허용된다.

③ 적법한 반도체집적회로 등을 인도받은 자가 영리를 목적으로 양도 · 대여를 하거나 양도 · 대여를 위한 전시 · 수입하는 경우에도 예외가 인정된다.

④ 불법으로 복제하여 제조된 반도체집적회로 등에 대하여 선의이며 과실없이 인도받은 자(선의자)가 영리를 목적으로 한 양도 · 대여나 양도 · 대여를 위한 전시 · 수입하는 경우 등에도 예외적으로 허용된다.

이러한 배치설계권은 설정등록일로부터 10년간 보호받는 것이 원칙이지만, 그 배치설계의 최초 상업적 이용 일부터 10년 또는 그 배치설계의 창작일로부터 15년을 초과할 수 없다.

이러한 배치설계권을 침해한 경우에는 민형사상의 책임을 지게되는데 형사상으로는 3년 이하 징역, 5천 만원 이하 벌금에 처해지게 되며, 민사적으로는 침해의 정지 또는 예방청구권, 손해배상청구권을 행사할 수 있다.

3. 생명공학발명

4차 산업시대에는 생명공학 역시 시장을 창출할 수 있는 중요한 산업분야임은 분명하다.

생명체와 관련하여서는 현재 한국 특허청에서 특허법에 의거하여 특허등록을 관리하고 있는데, 생명공학의 특성을 고려하여 별도의 '생명공학분야 특허심사기준'을 마련하고 이에 따라 특허심사와 등록을 해주고 있다.

이에 따르면 구체적인 특허 대상은 자연 상태로부터 분리, 확인된 유전자, 단백질, 세포, 미생물, 변종식물로서 무성적으로 반복 생식할 수 있는 식물, 미생물, 식물, 동물 등의 형질전환체, 형질전환체를 이용하는 방법, 형질전환체의 산물 등이다.

그러나 자연계에 생존하는 동물이나 변종식물 자체를 단순히 발견한 경우는 특허로 인정되지 않는다.

세계무역기구(WTO)의 무역관련지적재산권협정(TRIPS)[16]에서는 인간과 동물의 치료 및 수술 방법은 특허 대상에서 배제할 수 있도록 규정하고 있다.

다만, 미생물 및 본질적으로 비생물학적인 방법은 특허로 등록될 수 있어야 하고, 동식물은 특허 대상에서 제외할 수 있으나, 식물 품종은 특허 또는 이에 상응하는 독자적 체계를 통해 보호해야 한다고 규정되어 있다.

---

16) 무역관련지적재산권협정(TRIPS)은 1989년 5월 워싱턴에서 체결되었으며, 가맹국은 자국 영토 내에서 지적재산권을 보호하고 불법행위를 방지해야 할 의무가 부여된다. 이 협정은 특허권, 의장권, 상표권, 저작권 등 이른바 지적재산권에 대한 최초의 다자간규범이라고 할 수 있다. 우리나라는 이 협정이 타결됨에 따라 세관은 지적재산권 침해 물품의 수출입을 금지하고 있으며, 수출입통관과 관련한 지적재산권침해 사범에 대하여 단속을 하고 있다.

이와 관련하여 최근에 논란의 대상이 되고 있는 것은 유전자특허 문제인데, 그 이유는 유전자특허가 단순히 발견한 경우에 해당할 수 있기 때문이다.

유전자 특허에 대한 반대 입장은 초기에는 제3세계 운동가, 제1세계 환경운동가 및 양심적 과학자 단체, 제3세계 국가의 정부가 주를 이루었으나, 최근에는 인간게놈프로젝트의 발표 전후로 과학기술자 집단의 비판도 거세지고 있는 추세이다.

이처럼 유전자특허를 반대하는 주된 첫 번째 이유는 유전자 특허를 통해 초기 연구성과가 소수기업에 의해 독점될 가능성 및 인간의 존엄성이 손상될 것이라는 우려 때문이다.

두 번째 이유는 환경적 위해성와 식품안전성이 의심되는 형질전환체에 특허를 줌으로써 공서양속에 반하는 발명에 특허를 주고 있다는 우려 때문이다.

앞으로 유전자 특허문제는 4차 산업혁명과 함께 지속적인 논쟁을 가져올 것으로 예상된다.

4. 비즈니스 모델

비즈니스 모델(business model)이란 어떤 제품이나 서비스를 어떻게 소비자에게 제공하고, 어떻게 마케팅하며, 어떻게 돈을 벌 것인가 하는 계획 또는 사업 아이디어를 말하며 첨단산업재산권의 한 분야로 분류되고 있다.

이 또한 특허법에 의거하여 특허청에 특허등록을 하여야 하는데, 생명공학발명처럼 별도의 심사기준을 마련하여 특허출원심사와 등록을 해주고 있다.

이러한 비즈니스 모델은 미국 프라이스라인의 '역경매'와 아마존의 '원클릭 서비스'가 대표적인 예이다. 이러한 비즈니스모델은 인터넷 기업들이 사업 아이디어 자체를 특허 출원하기 시작하면서 세간의 관심을 끌기 시작했다.

비즈니스 모델을 구체적으로 정의해 보면 '제품이나 서비스를 소비자에게 편리하게 제공하는 방법'이라고 말할 수 있다. 그리고 특정의 마케팅 방법을 이용해 일정한 정도의 수익을 내겠다는 일련의 계획도 비즈니스 모델에 포함시키고 있다.

그러나 아이디어 자체를 특허 대상으로 한다는 점에서 전통적인 특허법리상 논란이 많았다. 그럼에도 불구하고 미국 법원에서 이를 BM특허로 인정하면서 인터넷 기업들이 이러한 비즈니스모델을 다른 업체가 모방하는 것을 사전에 차단할 목적으로 특허출원을 하게 하는 결과를 가져 왔다.

최근에는 이러한 비즈니스 모델이 특허로서 권리를 보장받는 과정에서 법리적 논쟁이 많이 발생하면서 순수한 의미에 있어서의 특허권에 비해 효과적이지 못하다는 정서들이 확산되고 있다.

따라서 최근에는 이러한 비즈니스 모델이 단순한 아이디어 차원을 넘어 수익성과 기술력을 중시하는 방향으로 진화되고 있다. 즉, 사업 아이디어를 내기 위해서 일시적으로 투자하는 것에 만족하지 않고 장기적으로 이익을 창출하는 방안도 함께 제시하여야 비즈니스 모델로 인정하는 방향으로 진화하고 있다.

이러한 관점에서 본다면 기업 결산 자료에서 영업 이익이 크게 증가하였다면 해당 기업의 비즈니스 모델은 성공적인 것으로 특허권을 인정받을 수 있겠지만, 반대로 손실이 발생하면 특허로 인정받기 어려울 것으로 생각된다.

이처럼 4차 산업시대에는 산업간 융합이라는 점에서 기존의 지식재산권 제도만으로는 새로운 신기술을 보호하고 장려하는 데에는 한계가 있을 수밖에 없다.

따라서 반도체배치설계, 생명공학발명, 비즈니스모델 등과 첨단산업재산권이 급속히 증가할 것으로 예상된다.

아직까지는 법제도적으로 완전하게 갖추어지지 않은 첨단산업재산권인 만큼 창업자들이 이를 제대로 인식하고 준비를 하면 신기술로 새로운 시장을 개척하고 지배하는데 큰 도움이 될 수 있다고 본다.

찾/아/보/기

ㄴ

ㅅ

ㅇ

ㅈ

저자 약력

전삼현

숭실대학교 법학사
독일 프랑크푸르트대학교 대학원 졸업(법학박사)
(현) 숭실대학교 법학과 교수
숭실대학교 대학원 IT정책경영학과 교수
과학기술정보통신부 규제심의위원
(전) 삼성증권(주) 이사회 의장
한국자산관리공사(캠코) 비상임이사
법무부 상법개정특별위원회 위원

저자와의 협의하에 인지생략

4차 산업혁명시대
성공적 창업

2018년 2월 20일 1판 1쇄 인쇄
2018년 3월 5일 1판 1쇄 발행

저 자 전 삼 현
발행인 김 광 식
조 판 아 람 기 획

07285
발행처 서울특별시 영등포구 선유로3길 10, 617호
도서출판 **탑 북 스**
등 록 2009.12.21 제 2016-000101 호
전 화 02)365-2223 팩스 02)365-2224

정가 20,000 원
ISBN 979-11-87343-76-9-93320